U0928151

当你突然有钱了，你该怎么做？

如何将一次性财富变成可持续增长的财富

〔美〕罗伯特·帕利亚里尼◎著　朱钦芦◎译

南海出版公司

图书在版编目（CIP）数据

当你突然有钱了，你该怎么做？/(美)帕利亚里尼著；朱钦芦译. — 海口：南海出版公司，2016.7

ISBN 978-7-5442-8341-0

Ⅰ. ①当… Ⅱ. ①帕… ②朱… Ⅲ. ①个人财产－财务管理 Ⅳ. ①TS976.15

中国版本图书馆CIP数据核字（2016）第108347号

著作权合同登记号　　图字：30-2016-030

当你突然有钱了，你该怎么做？

〔美〕罗伯特·帕利亚里尼 著　朱钦芦 译

出　　版　南海出版公司　（0898）66568511
　　　　　海口市海秀中路51号星华大厦五楼　　邮编 570206
出　　品　北京读书人文化艺术有限公司www.readers.com.cn
发　　行　北京经纬纵横图书发行有限公司
　　　　　电话（010）82605557　　邮箱 dsr@readers.com.cn
经　　销　新华书店
责任编辑　聂　敏
特邀编辑　张　芹
装帧设计　朱　红
印　　刷　三河市中晟雅豪印务有限公司
开　　本　700毫米×990毫米　1/16
印　　张　20.75
字　　数　240千
版　　次　2016年7月第1版
印　　次　2016年7月第1次印刷
书　　号　ISBN 978-7-5442-8341-0
定　　价　49.80元

致读者

本书出版的目的是仅仅想从信息方面为读者提供一个总体的指导方针。希望读者理解，出版人和作者并不是为了提供专业的服务或给出具体投资的意见。总体的指导方针涉及财务管理、会计学以及法律等方面的实践，而这些实践可能极具地区性差异，并且是经常变化的，高度地依赖个体的状况和具体的情形。至于说要作出任何可能有重大意义的财务、法律、税务或其他方面的决定，没有一本书能够替代个性化的专业建议。读者不应该认为这本书能够替代向有专业经验的律师、会计师或是其他财务专业人士的咨询或请教，他们更适合于针对个体的特殊状况作出指导。不同类型的投资与不断变化的风险程度相关，没有谁能准确掌控未来的具体投资活动和投资策略，本书中讨论过的投资理财产品不一定就有利可图、适合所有的读者。如果读者对书中的投资策略或讨论过的产品是否适合自己有任何疑问，请咨询专业的理财顾问。

超过 90% 的意外财富失去了。

如何处理这笔财富，你做好准备了吗？

别让自己成为统计中的又一个数字。加入他们吧，他们已经从对金钱感到困惑和担心中走出来了，自信并有效地掌控了自己的财富。

了解你需要知道的任何事情，每天只需要 5 分钟。

有趣的互动式体验；

很多视频、图表和真实的案例；

采用手机、平板电脑或者电脑教学；

有针对孩子们该如何继承财产的完美初级教程；

提供一对一的教学。

了解更多完整、独特、双向互动的学习经验，

成为迎接意外财富的有准备者！

欢迎访问意外财富网站：

http://www.suddenwealthsolution.com

序 言

我们都希望能在每一道彩虹的边缘发现一罐金子，然而，找到金子是一回事，能否保有这罐金子又是另一回事。

在我开始从事写作或参与投资评估，甚至更早以前当我还在做音乐行当时，我从沃伦·巴菲特那里学到了怎样了解市场。

我亲眼目睹了一些人因为别人写了一首流行歌曲或唱红了一支曲子而迅速走向成功的过程，这些人因此就开始幻想自己能够获得何种魔法，以便像别人那样快速地得到功名。

成功者的生活瞬间骤变：从瘪瘪的旧车、狭窄的一居室换成了宽大的豪车、私人飞机和洛杉矶大厦里的豪华套房。生活变化得如此迅速，火箭般蹿高的新生活方式和一夜成名显示了他们在某领域的工作有多努力。他们开始大肆挥霍。但不久，他们心魔的阴影开始变得既大且浓。

音乐行业很残酷，昨天你还干得好好的，今天你可能就没饭碗了。我见过不少歌星，成功时他们那摆放在架子上的唱片诉说着主人的骄傲；快速成功一段时间后，他们的音乐档期被取消了，召唤录音的邀请再也收不到了，金钱之源枯竭了。分期付款的昂贵玩意儿被收回了，总是围绕在你身边的朋友消失了，大厦里的豪宅被抵押了，生活又变回了瘪瘪的旧车和仅有一个房间的蜗居。这些不幸者吟唱着“想怎么样，能怎么样，应该怎么样”，颓废地了此残生。

娱乐行业的变数在其他行业也同样存在。大约有80%的职业运动员在退役5年内生活变得窘迫起来。每个天真少女都希望成为银屏里的“时尚女孩”，每天都有车载斗量的美貌年轻的女孩子为这一目标准备着。但同时，又有多少童星跌倒在这个不幸的黑洞里。这样的新闻早已让我们没了新鲜感。在经历了一连串的糟糕选择后，那些彩票中奖者因入不敷出而心力交瘁。就家庭而言，漫长的失业期让曾经生活在舒适温馨之家的家庭成员心神不宁。

其实事情原本可以不是这样。意外财富应该成为生活改善的机会。只要采取正确的手段，哪怕只得到很微薄的一点遗产，也能将其可靠地运作成足以改善生活的财富。罗伯特的书就是帮助我们远离不正确的意外财富处理方式，并指导我们思考正确的选择。因此，不管你捡拾到的天上落下的馅饼是大是小，它都不会消失在遥远的回忆里。

并不是每一个人都有机会成为彩票的中奖者或者从死去的有钱叔叔那里继承一笔遗产，但一旦有机会，我们该怎样抓住这样的机遇呢？从情感和理智上讲，这都是一件很费口舌的事。罗伯特在本书中为我们提供了相关的训练，确保我们的意外之财终生陪伴我们。

下一代人将要面临我们国家历史上最大的财产转移问题。即将面临退休的婴儿潮出生的一代人将会从他们大萧条时期出生的父母那里继承12万亿美元的财产，而在他们走向生命尽头的时候，将会为其千禧世代的后代留下30万亿美元的遗产。

本书是教你如何处理意外财富的《圣经》，因此，现在就读读它吧！

玛丽·巴菲特

2014年5月

目　录

第一部分

意外财富的 12 条原则

意外财富原则介绍

“一切都在变”，这是二十多年来我从我的意外财富获得者客户口中一次又一次听到的话。意外财富让他们的情绪就像过山车一样，忽而爬上巅峰，忽而坠入低谷。意外财富还被说成是给当事人带来灾难的祸水，其实它能为改善你和家人的生活带来令人意想不到的机会。我为很多意外财富得主工作多年，目的就是让他们明白哪些事是要做而哪些事是不能做的。凭借着正确的指导和对书中概述的12条原则心甘情愿的坚守，你就能避免跌入陷阱，保住你的意外财富并把它变成持续的财富，为自己和他人创造更加幸福的生活。

意外财富可能来自于运气，例如买彩票中了奖；它也可能来自于多年的努力，例如通过出售多年苦心经营的企业赚了一笔钱；它也可能来自于生活中的“失”，例如亲人去世后继承遗产、与配偶离婚，或者遭遇伤害后通过一桩诉讼的庭外和解获得赔偿；它还可能来自于生活中的“得”，例如股票期权的变现、从体育比赛或娱乐节目中获得回报。尽管意外财富的来源十分独特，但它们早已为公众所知晓。许多意外财富得主因担忧财富的安全而寝食难安，并完全被所面对的财务、法律和税务方面的问题弄崩溃了。他们不知道该如何处理这笔突如其来的财富。因为在这之前他们毫无准备，又不知道今后该信任谁。

许多人迅速失掉他们意外财富，不是因为他们作了糟糕的财务决定，而是因为他们作了情绪化的决策，而情绪化的决策比糟糕的财务决定还要糟糕。

意外财富诅咒？

如果你因刚刚失去深爱的亲人而继承了一笔财产或获得一笔伤害性诉讼赔偿，意外之财于你与其说是机会还不如说是诅咒。只有假以时日和正确的引导，你的意外之财才能真正成为改善生活的机会——不管你是怎么得到的。

生活中有很多事情你都能提前作好准备，但是当你得到一笔超乎想象的钱时，事情就变得不一样了，甚至连最稳定、最牢固的个人生活也会被这笔钱所颠覆，因为这是不可能准备好的。你可以在脑海中尽情想象科罗拉多大峡谷的样子，但当你身临其境地坐在悬崖边上屏住呼吸往下看时,你会发现它同想象是完全不一样的感觉。

我们大多数人的财富都是通过数月数年甚至几十年积累来的。这些财富代表着我们数年的努力、付出和决策。就像对待自己的孩子一样，我们尽心竭力地“培育”它们，废寝忘食地为它们操心。伴随着它们的成长，我们掌握了许多技能，自身也变得成熟，成为更称职的“父母”。在财务的其他领域，我们也变得经验丰富，游刃有余。

早些时候，我们使用简单的1040EZ联邦税申报表，随后我们学会使用特波税务软件，再后来拥有一个会计师替我们打理税务。多年以后，我们还将扩大我们的责任保险范围，并且雇一个律师替我们准备法律和财产方面的文件。简而言之，我们和我们的财富一起成长。这是一个逐渐提高的过程，需要跨越几十年的岁月。我们作了很多，也学到了很多。

离水之鱼

艾迪·墨菲在《比弗利山庄的警探》、汤姆·汉克斯在《飞向未来》、保罗·霍根在《鳄鱼邓迪》、达丽尔·汉纳在《现代美人鱼》中扮演的角色有哪些共同点？直白地说，他们全部是离水之鱼。在书中和电影里，离水之鱼的主角被置入一个崭新而陌生环境这一情节非常受欢迎。这些作品之所以受欢迎，是因为其中的喜剧和戏剧化情节。我们喜欢看疯狂的情境，例如一个边远的贫穷家庭因为其土地上发现了石油而迁移到了比弗利山庄（美国顶级富人区——译者注），篮球坏小子丹尼斯·罗德曼被派到会议室和唐纳德·特朗普（美国地产界大亨）谈论生意。这些情节在作品中非常有趣，但若发生在实际生活中，你就不会感到有趣了。

如果把你多年积累的财富比作一部平缓运行的自动扶梯，几十年后它才将你送到最高点；意外财富则如一艘火箭，瞬间就能直接将你送到那个高度。你的生活在一夜之间发生改变，这让你完全没有机会去逐渐适应和成长。更糟糕的是，你通常会被迫在很短时间内作出有关财务、法律和税务方面的决定，而这些决定通常会导致长久的、戏剧性的后果。情绪奔腾激越，压力随之而来。如果这么说还不够，你可以感受来自离你最近的亲戚朋友的压力。他们向你提供支持、鼓励甚至建议，但他们对这种局面的见识通常并不比你更多。而且，如果这些支持并非你所需要的，甚至可能还会绷紧你们之间的关系，在你已经高度紧张的情况下，让你的焦虑和压力倍增。

因为责任感、焦虑和紧张关系的冲击，你可能会作出很糟糕的决定，或者对自己所爱的人粗喉咙大嗓门说话，或者因自身的不确定性和无力感而一筹莫展。虽然一些人掌控这种局面的能力比其他人好些，但对大多数人来说，横财之梦更像是一场噩梦。

但是意外之财不应该导致这样的情形。虽然它通常扮演为主人制造一个悲惨局面的恶魔角色，其实它是能给当事者提供自由的。

金钱的力量

几年前，我看过一部名为《破茧威龙（*Lock up*）》的电视剧。这是一部颇具纪录片风格却有故事情节的节目，讲述了美国监狱里发生的一些最声名狼藉和最危险的事。这些监狱场景后面的故事吸引了我。但是看了十多集后，监狱看守和囚犯的血流到了一起……唯有一人幸免。这不是讲述监狱犯人而是讲述监狱看守的故事。监狱看守——一名女警官遭到 个囚犯残忍的攻击。她被打得遍体鳞伤。囚犯一次次用拳头砸在她的脸上，并用脚反复地踢她。她身上多处骨折，下巴被打碎，几乎晕死过去。她在医院的病床上躺了数月，挣扎在死亡线上，完全靠身上插的管子维持着生命。那种情形是你我完全难以想象的。令人称奇的是，通过几个月的康复治疗，她竟然不可思议地恢复了！身上的管子不见了，伤口痊愈了，但是精神的创伤仍然通过梦魇、相关的情景和无端的恐惧留在了她的脑子里。尽管身处安全的医院环境，她依然无法赶走心中的恐惧。

金钱解决不了所有问题，但可以改善它们

当你带着身体的不适每天花3个小时奔波在上下班的路上，还在公司里遭到老板的训斥，这是一个问题。因为顾虑到姐姐，你不情愿地掏钱为外甥买背带裤，这也是个问题。别蜷缩到角落去思考你如何在金钱和幸福间进行选择，这不是一个互相排斥的问题，两者你都可以得到。它不是金钱或生活意义的二选一，而是金钱和生活意义的双选。

但是现在她——从死亡线上挣扎过来的女警官——带着脸上流淌出的泪水，身着制服，穿过监狱的大门，回到了那个几乎要了她命的地方。身体颤抖着，她对着镜头说自己别无选择。她没有存款，也不能找到除此之外的别的工作，而她需要交房租，需要买生活用品，不工作就无法生存下去。所以她纯粹就是为了挣钱而工作。

她绝不是个例，在这个世界上数以亿计的人忍受着工作中的痛苦遭遇，因为他们没有别的选择。幸存是一大幸事，但是对幸存者来说，他们面临的最大问题通常是灵魂的破碎。妇女和儿童遭遇性、情感或身体上的虐待仅仅是为了获得生存。他们之所以不能逃离，是因为他们没有钱。

意外财富不能解决你所有的难题。事实上，所有人都有烦心事，不管你是谁，也不管你有多少钱。意外财富将会制造甚至连你自己都不曾想到的难题，但是它也会帮你实现愿望。金钱能提供机会和自由，并赋予你塑造有尊严生活的力量。金钱能买到食物、稳定、安全、庇护、教育和医疗。

意外财富能够成为帮你开启更好生活的催化剂。

我们的生活已被系统预置。银行账户中的存款数额设置了我们的生活方式。但是当我们得到意外财富后又会发生什么？从此不再有铁窗之虞了吗？无论什么时候我们都能做自己想做的任何事？这就是为什么意外财富能让人觉得如此自由但也如此怪异。当你能做任何事时，你还选择什么？

意外财富赋予你清偿挥之不去的债务的能力，给你准备好足够的养老金，甚至能实现你再造生活的梦想。对很多人来说，这是一辈子也难遇一次的重新开始生活的机会——清除掉他们在没钱的岁月所造就的错误，在人生的跑道上重新出发。这是意外财富方案的承诺——帮助你把一时的财富变成持续的财富，创造更美好的生活。

原则 1
实施控制

如果你没有财富规划，别人会有。

意外财富能把你的生活变得颠三倒四。客户们描绘说他们被意外财富剥夺了自己习惯了的、感到舒适的一切，就像掉进了一个陌生的环境里。想象一下，行走在异域的土地上，你不懂所在国的语言、规矩、法律或风俗；而且，你也不认识任何人。一旦遇到麻烦，怎么联系你的朋友和家庭？怎么返回你的家？刺激？可能吧。紧张不安？绝对是！

我喜欢到世界上有异国情调的地方旅游。这些出游都是从工作中挤出时间进行的短期休假。每次旅行都充满刺激与冒险，但这让我觉得没有什么比生命更值得期待。当飞机的轮子接触到美国的土地，我立即获得一种释然感。在不熟悉的地方产生的紧张心情立即被熟悉的舒适感取代了，终于可以放松了。一架 737 飞机加 15 小时左右就可以让我回家的愿望变为现实。但是对一个意外财富获得者，因为被赋予新的地位和责任，他们常需要数月甚至数年才能感觉到轻松。

一些意外财富得主在控制自身所承受的压力和不确定性方面做得很好，而另一些人则深陷其中不能自拔。这两类人之间存在的根本区别在于怎样看待他们获得财富后的角色。

那些采取消极态度的人滑向自我挣扎。他们不把自己看作这个过程的参与者，而仅仅看作是一个旁观者，因而不采取任何行动而任由局面控制自己，等待被告知该怎么办。有时他们也接受他人的建议和忠告，那是因为他们不喜欢提问或亲自作决定。那些以积极态度控制和赢得局面的人比那些坐等别人来观照他们的人不知要强多少倍。

幸存者们的做法有什么不一样

拥有意外财富和飞机坠落有什么共同点？在得到横财的头几天，当事人会经历坠机时的那种精神震撼和分裂状态。两者都是高度情绪化的反应，这会阻碍我们的肾上腺素和皮质醇水平，由此开始出现亢奋、低落或是战斗的应激反应。和好莱坞的电影相反，研究发现意外财富得主们并不恐慌，但是他们在情绪方面会表现出僵硬和麻痹，并对危机作出反应。《生还者希望你知道的事》的作者和研究者阿曼达·瑞普利在《时代》杂志中写道：“恐慌的人很少。最大的问题是这些人做得太少、太慢。他们有时候彻底关上心扉，完全跌入麻木状态。”

专家说，最好的解决办法是控制好情绪，但也许更重要的是活在现实中，并依据实际发生了什么作出相应反应。与其问“为什么是我？”，不如更关注事实，并提出更好的问题解决方案，诸如“现在发生什么了？我能做些什么呢？”

那些对获得意外财富作出最好反应的人通常是把自己的情绪控制得很好的人，这些人能精准地评估局面，根据实际需要而承担起自己应有的责任。你不必有全部的答案。当你面临新情况时，通常不知道怎么办，这是意外财富导致的后果，是完全正常和可以理解的。

> 控制并不意味着你必须有全部的答案或者需要作出决定。你只需积极地对待，任由事情在你眼前呈现。

曾经在海军海豹突击队对队员们进行灾难生存训练的凯德·科特利说：“别指望着什么人跑来救你。作为一名军官，我过去总是被告知不能有丝毫幻想等着有人来把你救出去。没有谁坐在某个角落等着帮你。”

几乎对每一个人来说，意外财富就像是小说中才有的事。绝大多数的人在面临这种情况时都是缺乏经验和相关知识的，感觉自己就像是个外国人在陌生的土地上行走一样，但你不能消极。在最好的情况下，被动消极导致犹豫不决；在最坏的情况下，你会被他人利用。如果你不对局面进行控制，会有其他人出面干预的。如果你走运，他们只在心里为你保留最大利益，但事实不可能是这样的。

不要任由意外财富在你面前自生自灭，振作起来，负起责任，并切实地拥有它。不管你是刚刚得知自己会得到意外之财，还是你已经得到几年了，学习如何控制这笔意外财富永远都不迟。下面教你怎样控制这笔财富……

建立你的自信

你需要树立这样的信心：无论发生什么你都能控制。心理学家把这叫作“自我效能”——这是你对自己能否成功地完成某项任务所作出行为的主观判断。即使你在财务、法律和税务方面经验有限，你都要相信自己能挺起腰板来管理好局面。积极的态度能促成一个更成功的结果。下面是怎样建立自信心的一些方法。

小成功

树立自信心的一个最好办法是取得一些小成功。读完这本书就是一个成就，应该庆祝一下；了解和接触几个律师是一个成功；告诉一个要求借款的家庭成员“现在不行”是一个成功；注册一间个人财务工作室是一个成功；出席一次会议学习怎样控制你的开支是一个成功。要关注你在迈向辉煌中所取得的每一个小成功。

找到行为榜样

作为意外财富获得者，如果你能找到一个好的行为榜样，你会更轻松、更成功地走出财务的迷宫。如果你能从你的律师或财务顾问那里分享他们的客户成功地把控自己并用其意外之财打造更好生活的经验，一定能大大提高你的自信心。

回顾过去的成功

有可能你之前从未有过获得意外之财的经验，但你或许有无数次主持完成某项困难项目或成功达到某个富有挑战性目标的经历。只要有可能，重新回味一下这些成功事情，它们将进一步证实你在新事物面前或被需要的情形下取得成功的能力，即使当初你曾经有过担心和犹豫。

咨询他人

如果你有个铁哥们儿或者经常把你鼓励得热血沸腾的家庭成员，要求他们从其成功的过往中告诉你一些具体的范例，问问他们为什么认为你能管理好自己的意外财富。

形象化

心智练习被证明能对行为产生积极、重大的影响力。形象化地控制你所面临的局面，让你的生活更成功。甚至这个结构化的白日梦也能对你的自信产生积极影响。

知识就是力量

你曾有过窒息或不能呼吸的经历吗？想象一下：你身处中非最高山峰的一个小帐篷里，不能呼吸，而医疗救援队几天后才能赶到，四周就只有你和山峰。你能想象这会是怎样一种恐慌吗？你会怎么做？

这是发生在我身上的故事。在我攀登非洲乞力马扎罗山时，半夜我觉得自己停止呼吸了！但是我没有恐慌，反倒笑了。为什么？因为我知道为什么会这样。在这次旅行前，我偶然了解了一种在高海拔地区才会出现的现象——周期性呼吸，即你的身体会在夜间间歇性地停止呼吸，以适应低氧情况下的需要。多可怕的一次经历啊，想想我差点死去或者可能出现的严重后果——真的要感谢那条知识啊！害怕通常是由于无知造成的，因为我们不知道为什么会发生这样的事，以及接下来会发生什么。

意外财富和这没什么不同。获得意外之财的人之所以感觉到焦虑，多数情况下是因为他们不知道接下来会发生什么。如果你懂得自己目前位于哪一步，并能预见接下来会是哪一步，你就能很好地处理你的财富了。这样会让你在面对问题时感觉更轻松，帮助你更理性、更少地在情绪的支配下作决定。我发现当客户们懂得获得意外财富的阶段性和步骤后，他们能够领会自己处于哪一个步骤，并因为明白自己正在经历的事是正常的而感到更自信。

专业小窍门

我在海豹突击队了解到掌握下面4个技能的重要性。它们能使你树立无敌的信念，并充满激情与活力。如果你最近成了富人并正在应对因震惊而产生的不良情绪、巧舌如簧的骗子和令人眼花缭乱的机会变化，这些技能是非常有用的。

1. 设置聪明、适度的目标。你必须制订计划，并对这个计划配备适合自己的目标。坐下来花点时间静静地想一想，把你的财富目标想清楚、想透彻。把潜在的目标过滤一下：这个目标适合你的个性和能力吗？这个目标重要到要将你的宝贵时间和精力投入其中吗？投入这个目标的时机正确吗（因为时机太早或太晚你都可能会失败）？最后一点，这个目标便于理解和执行吗？只选择那些能满足上述标准的目标，然后以具体、可量化、可完成、真实且有时限的方式陈述它们，以取得最佳效果。
2. 形象化。在开始按照目标工作前，你要树立必胜的信念。把你想要达到的内心成熟、充满情感的心理意象具化成一个人的形象（即健康的、幸福的、强壮的、平衡的、有内控力的、有灵感的和仁慈的），即你所选择的特定目标的最终状态。
3. 保持积极、乐观的人生态度！消极对事业无益，而且还会让你的生活中聚集一些无为之人，增添一些负面之事。海豹突击队里都是永远充满积极、乐观态度的人，以致他们无往不胜，所以你也应该成为这样的人。学习控制的情绪，通过积极的自我对话培养自己的胆量。

4. 呼吸训练。深深的横膈膜呼吸能够化解你生活中的压力，培养镇定、冷静的性格，而这是你处理意外之财所必需的。深吸一口气，保持4秒后再呼出，呼出的时间同样是4秒。每天上午花10分钟做这个练习，全天中只要感觉有压力时都可以做。

马克·迪万　原海军海豹突击队军官　《海豹突击队成功之道》作者

你处于意外财富的哪个阶段？

阶段1：取得财富前

阶段1是你知道你会得到一笔财产，但是还没有实际得到。

遗产　你的婶婶最近过世了，留给你一大笔财产，但是你还没拿到钱。

离婚　你正在办理离婚手续，并知道自己会分得一份资产，但是你们还没有进行到财产分割那一步。

诉讼　你和你的律师正在与对方谈判庭外和解的赔付方案，但还没有签订协议文书。

股票期权　你所就职的公司股票上市，你分得了一大笔股票期权，但是得等到6个月后才能使用期权或卖掉股票。

彩票　你买彩票中了奖，但是还没有兑现资金。

关键特征

彩票兑奖会让阶段1持续几天，遗产继承或股票期权卖出则要等数月的时间，而诉讼和离婚可能要等上数年的光景！阶段1的主要特征是“意外财富的预期”。你几乎可以得到，甚至已经能看到并差点就可以触摸到，但就差那么一点才能够得着。这个阶段是以旋风式情感为特征的。我的客户们通常被可能性激动得寝食难安，整天想着该用这些钱来做些什么和帮帮谁。他们经常在心里盘算着如何花这笔钱——买一辆心仪已久的车，或是让住房变得更大、更舒适些，或是带全家到夏威夷旅行一趟——尽管还没有拿到钱，有时候他们已经开始大方地花钱了。

对这些客户来说，这个阶段是一个心潮难平的时段，他们与亲戚和朋友的关系相当积极。但是对一些客户来说，这个阶段极不平静且变数很大。他们不是去拥抱获得意外财富的机会，而是早就被这个机会压倒了。这个阶段里谁要是能香甜入梦那才是怪事呢！意外财富得主的情绪摇摆不定，语带自嘲，感觉难以摆脱死亡感。而对已经拿到意外之财的人来说，他们的经历更糟糕。他们得到了一大笔可以彻底改变他们生活的钱，亲友们也都很兴奋。从理智上说，这些亲友们知道自己也应该高兴，但是他们的复杂感受多于激动。他们经常想自己怎么就不走运，或是想那人不配独享这么多钱。你也许可以听到他们大声喊叫“我做错什么啦？”或是“我为什么这么不走运？”他们处于矛盾状态，一方面知道应该为亲戚朋友感到高兴，一方面又高兴不起来，反而烦恼和郁闷。他们不走运的情绪会制造出一个痛苦的圈子，反过来促使意外财富得主陷入越来越深的烦恼中。

意外财富创伤后紧张综合征

一些意外财富获得者经历了创伤后紧张综合征，诸如重新体验当初的场面（例如一遍遍检视中奖彩票的号码）、过度警醒（例如精神高度集中或敏感）、精神麻木（譬如缺乏兴趣），或者充满无助感。在这些情况下，你应该从心理治疗师那里寻求专业帮助。

如果意外财富得主被他所面临的新情况和情绪压倒，就会设法隐藏感情，甚至从众人身边消失，因为他们不想让别人看到自己很疯狂。他们甚至会关掉手机，宅在家里，或者把兴趣转向酒精和毒品。当然，这不完全是他们的过错，要知道意外财富获得者在第一阶段中经历复杂的情感和思想起伏完全是正常的。通常经过很长一段时间他们才能认识到，不论自己的感受怎么样都是正常的。

掌握控制技巧

创建一份愿望清单。你已经在想用自己将拿到的钱去做什么，继续想下去！只要你愿意，有多少愿望都行。在下一章，你将学到更多关于创建愿望清单的内容。但是现在，先把当财富投向你怀抱后的打算写在便笺上。

写下你的问题，以备向顾问咨询。阶段1可能是令人沮丧的，因为你苦于很多问题没有答案。写下你面临的所有问题，当你与顾问见面后，它们都将得到解答。

寻找顾问。意外财富得主内心非常复杂，充满了关于税务、法律和财务方面的问题。你需要专家帮你，指导你。“意外财富原则3：求助”就是针对你的具体情况帮你找到最佳顾问的一章。

找一个知己。我强烈建议你尽可能不要外传获得意外财富这件事，但是你至少得有个知己——既可以是家庭成员，也可以是亲密朋友——总之是你可以倾心与之交谈你正经历着的事和想法的人。你不必与他分享你的意外之财，但是你可以向他坦承你的担心和恐惧。

看心理医生。如果你被面临的局面所压倒，而又不愿意向家庭成员或密友倾诉，可以考虑看心理医生。你与心理医生的交谈是保密的，他会应用专业知识帮你排解那些你认为不适合告诉家庭成员和密友的问题。

管理你的压力。处于阶段 1 是令人激动的，但也伴随着巨大的压力。你可以通过散步、打坐冥想或者其他方式缓解压力。

须避免的事

作不必要的决定。在阶段 1，根据意外财富的类型，你可能只需要作很少几个决定。在下一章“意外财富原则 2：放慢节奏”中，你将了解到你需要作哪些决定和避免作哪些决定。底线是：除非需要，绝不作决定。

花钱。可能很多时候你都在想用得到的钱做什么，但是阶段 1 不是花钱的时候，因为你仍然不知道要缴纳多少税金，拿到手上可以花的钱究竟有多少。如果你受到购物的诱惑，先把它写进你的愿望清单中。

任何事情都答应，甚至作出承诺。在阶段 1 就做涉及财物或非财务方面的承诺太早了！千万不要在此时就向你的亲戚或朋友许诺什么。再强调一下，此阶段你还不知道你能得到多少，可以支配多少。

和别人分享你获得意外财富的消息。不要扩散你获得意外之财的事。知道的人越少越好。这样你不仅可以避免那些不靠谱的建议，而且还可以避免他人施加给你的压力。

自我孤立。尽管你不想向全世界广播你发财的消息，你还是应该避免躲藏，而是像往常一样出现在朋友圈，参加各种社交活动。

这样可以把你从个人的小圈子里拉出来，帮助你保持群体归属感。

用酒精和毒品麻醉自己。我理解你是想通过这样的方式从烦恼困顿中解脱出来。任何人只要面临这样的情况都会感觉压力山大。虽说酒精和毒品能一时缓解你的压力，但这是不可持续的，而且只会让你面临的情形更糟糕。其实还有很多健康的选择，例如锻炼、和朋友交谈或者看心理医生。这些才是真正有效的方法，并且为你进入意外财富下阶段的训练打下良好基础。

阶段 2：获得财富后

当你收到作为意外财富的钱后，这标志着阶段 1 的结束和阶段 2 的开始。你不必再预期或疑惑自己到底能拿多少钱。钱已经打入你的账户，你能看到它，触碰到它。这是同阶段 1 的一个重要区别。在上一阶段，我的客户们总担心会发生某些节外生枝的事，从而影响他们拿到钱。在阶段 2，所有的担心都消失了。在大多数案例里，阶段 2 将持续 1~6 个月。

关键特征

如果说阶段 1 是有关思想和准备活动的，那么阶段 2 则是关于计划和行动的。在这一阶段，客户们通常会聘请顾问（尽管在钱还没有拿到时他们就因种种原因答应请这些顾问帮助打理税务、法律和财务方面的事务，但只要没拿到钱这一切都是梦中月、水中花）。

阶段 2 是这样一个时段：你和你的顾问设置目标和目的，开账户，做投资，确定你的消费计划，保护资产，完成你的购房计划，考虑慈善计划，针对到手的钱和今后的税金制订一个税务策略。阶段 2 是这样一个空间：你和你的顾问制订的行动计划置放其间。其中通常有很多会议、电话、你和你的顾问讨论关于意外财富细节的电子邮件。这个阶段的文书工作量很大——与顾问的协议、投资计划书、银行账户申请书、保险文件、基金、企业实体以及大量的其他表格。这些规划的编制和实施需要花费大量时间，你的生活很容易就被会议和决策劫持了——每一项工作都被视为急迫和重要的。

阶段 2 对客户来说通常是令人激动的。在阶段 2 期间，你可以在缴纳了各种税金和费用后确定你真正拿到手的这笔钱究竟有多少。你的机遇开始于与顾问一起描绘你未来的蓝图。但是如果你觉得被各种活动和决策方面的事务缠身，兴奋感将很快消退。直白地说，大多数律师、会计师和财务顾问没有放慢节奏以便让你清楚地解释他们在做些什么。这有可能给客户留下这样一种感觉：我甚至连这个过程的参与者都不是。顾问们做的那些事超出了意外财富得主的控制，因为他们甚至都不大明白那些事。一旦这样的情况发生，许多客户就会无所作为。他们会停止回复邮件，并开始不出席会议。经过一阵努力挽回，重新获得控制感后，他们才又恢复了合作。但这期间，所有实施计划将会停滞，从而不可避免地导致税务、法律和财务方面的问题。为了避免这样的情形，重要的是要寻找有经验的顾问一起工作，并要求其放慢工作节奏。

实施控制的技巧

放慢节奏。快速的头脑反应很重要，但事关长期事业的成功，节奏不宜太快。如果你感觉难以适应，干脆停止做事，直到你感觉适应为止。意外财富的操作对你的顾问来说不是一件新鲜事（至少不应该是）。他们办理这种事就像你几十年来每周工作 50 小时一样寻常。所以，慢一点，好多事情用不着那么急迫。

你是正常的。无论你感觉如何都是完全正常的。就像阶段 1，如果你对新情形下产生的要求存在适应困难，找家庭成员或朋友交谈都可以。如果你喜欢，还可以找有经验的心理医生。

保持你的习惯。阶段2可能会让人紧张，因为所有计划的制订和实施会在一个时期内把你的生活搞得上下颠倒。持续地坚持做你平常感觉美好的事非常重要。例如，如果你喜欢每天上午做锻炼，就不要在这个时间段同你的顾问安排通电话或是开会。尽最大可能地保持你原有的日常生活习惯。

要避免的事

盲目花钱。不要让消费超出你支付得起的范围。你能花得起多少钱取决于许多因素，得花些时间来确定。在顾问确定你的税金和算出你会有多少钱之前，避免作出任何财务支出方面的决定。

停工。意外财富通常会把客户扔进他们不熟悉的局面中，而这正是他们不希望被卷进去的。尽管意外财富被视作天上掉下来的馅饼，但是阶段2却是很压抑的。要避免通过停工来让工作节奏慢下来。重复读读意外财富的第二条原则，并和你的顾问分享。这是你的钱，这是你的生活。纵使你不太喜欢这样的新局面，然而你操控着它。别让过度急切的顾问走得太快。

冻结你的资金。如果你雇的顾问是个好人，这种事是不会发生的。避免投资于不必要地冻结你的资金的项目。避免“红色”投资将会在“意外财富原则11：财富增长”中讨论。

阶段3：保持

阶段3是监督你在阶段2所制订的各项计划。阶段3要证实你制订的措施和方案是否偏离目标，目前的税金是否最小化了，投资证券组合分配是否正确，依据现存和预计的财政和经济展望，你的投资是否合适。

关键特征

阶段 3 是放慢节奏的时间。账户已经开设，投资已经进行。现在，你可以过你在阶段 2 中设计好的生活。你已知道自己能消费多少以及在财务方面哪些消费是受到限制的。来自顾问的电话和会议少了，曾经似乎是永远不会结束的工作收尾了，现在你可以集中更多的注意力用于工作或你以前喜欢做的活动上了。如果你不再需要工作，你则拥有比过去更多的时间和财力。然而，对于许多意外财富获得来说，这是一个危机点。

对那些可以辞去工作的人来说，许多人能创建新的生活意义和目的，寄情于他们的新生活。他们可以通过相关活动和项目来填满自己的时间和精神世界。对另一些有很多钱和时间但却没有方向的人来说，这个过渡不大平顺。一些人体会到了空虚感，尽管他们没有什么责任和压力，并且能随心所欲地生活，但他们没有找到有意义的活动来填满他们的时间。这在“意外财富原则 8：创造更好的生活”中有大量的细节描述。但对于现在来说，无论你感受如何都是正常的，我们有办法帮助你创造充满意义和满足感的生活。

实施控制的技巧

愿意作出变化。阶段 3 是对阶段 2 所做计划进行评估和调整的过程。在阶段 2 中把你的时间占用得紧紧的“计划”并非静态的。所有的财务计划都是动态的和变化的，需要根据你的生活状况以及经济发展和投资情况而变化。不要消极和心神不宁地试图保持和以前一模一样的生活。好的计划一定是处于变化之中的，有时候需要对它进行微调或大调。

需要避免的事

逆向而动或消极。唯一不变的就是变化本身。意外财富得主们很容易受到市场和媒体的惊吓，想要对计划和投资作出逆向变化，但是这些情绪化的逆向变化对他们制订的长期计划通常是有害的。适应和调整计划没有错，但要确信这么做有正确的理由。

引领局面

意外财富方面的知识能增强你的自信，但只有在合适的情况下采取行动才是重要的。在操作意外财富的过程中，不管你处于哪一阶段，有很多让你变得积极活跃的方法可供选择。

把问题记录下来。意外财富带来的问题比你想象的要多，如果你不细心，很容易让自己感到困惑。你会觉得自己处于顾问建议的决策和计划的圈子之外。为了获得控制感，你能做的最好的一件事是为顾问专门列一份问题清单。我建议客户使用制作愿望清单的同一个笔记本，采用同样的规则——捕捉你产生的任何疑问，不管你觉得这些问题是大是小，是机智还是笨拙，立即把它们记录下来。记住把所有问题集中到笔记本中的某一个位置。

坚持你的作息习惯和时间安排。不要让意外财富控制你。如我们在前面提到过的，尽最大的努力坚持你在获得意外之财之前的日程安排。你可能同顾问们有很多的会议和电话交谈，但是尽量按照得到意外财富以前的作息规律和工作习惯行事。

每周与顾问进行例行交流。焦虑通常产生于对事情的不了解。太多的焦虑不仅有害于我们的健康，还妨碍我们理性思考和正确决策能力的发挥。对付焦虑的万能药是对情况有所了解，知道事情发生的进度和可以预期的前景。这就是为什么你每周要同顾问进行例行沟通如此重要的原因。在必须进行的沟通中，你可以通过他们知晓事情的进展如何，并获得有关疑问的解答。如果他们的回答没有让你感到满意，那你绝不要忘记他们是为你工作的，你是付费购买他们的服务的。如果他们不愿意每周做交流或者匆匆忙忙地应付同你的沟通，那你就考虑找一个更有经验的顾问吧。

把问题留待第二天决定。很少有什么税务、法务或财务方面的问题必须当天作出决定。问问你的顾问，你是否可以把问题考虑一晚上后再作决定。在作出决策前你需要一个晚上的时间来瞻前顾后，权衡利弊。如果存在疑问，问问你的顾问是否能假以时日让你把问题彻底想通、想透。

“意外财富原则 1：实施控制”的目的不是为了卷入那一刻时，让当时的情形和情绪对你最有利，而是帮助你在面临彼时彼刻时的混乱情绪中退后一步，用更有管理性的情绪取代冲动。当我们需要作出合乎逻辑和理性的决策时，紧张不是我们的朋友。通过实施控制，你能够更多地使用你那条分缕析的大脑，减少自身本能的战斗或逃避反应。

司机和乘客

意外财富能创造一个有趣的角色扮演。一方面，这是你的钱和你的生活，顾问是为你工作的，是你在掌管和发号施令，这时你是“司机”。另一方面，大多数意外财富获得者被免税代码、法律条款和财务策略这些东西烦得要死，所以你必须要依靠一个团队来帮助你，此时你又变成了“乘客”。

司机和乘客有着关键的区别。一些意外财富获得者好走极端，例如他们或者当甩手掌柜，把本属于他们的控制权扔给团队，因为他们觉得这事太烦心劳神。另一些人则卷入其中亲力亲为、指手画脚，这就让他们雇的专业团队非常头疼。这两种倾向都会给事情带来灾难性的后果。问题的关键在于确定在哪些事情和哪些情况下你必须是“司机”，在哪些情形下你又必须得做“乘客”。我认为下面几点有助于你做好此项工作。

作为“司机”，你要向大家解释你的目标、目的和想法。有时候，好心的律师、注册会计师和财务计划师对形式的强调超过了内容。他们设计出的策略从财务上看是正确的，但却可能过于复杂，如果照做，你的总体构想和简单化的愿望就会落空。他们在你面前用高技术的细节滔滔不绝地解释，让你莫衷一是。但记住，你才是确定目标的人。

为你的团队设置期望目标时，不要忘了你是“司机”。必须再次强调：你的顾问是为你工作的。不管你的受教育水平如何或有过什么样的人生经历，也不管他们的名字后面有多少头衔，是你花钱购买了他们的服务。作为结果，你必须设置期望目标，例如多长时间碰一次面，他们怎样跟你保持联系，他们应该怎样向你说明事情。

作为“司机”，还涉及提问权和确保你知晓事情的进度。你所问的每一个问题都是有效的，都值得对方回答解释。大多数人一生中仅有一次意外财富的经历，但他们的顾问可能打理了成百上千桩这样的事。这种事对他们来说就是“显而易见”和“常识”，但对你却不是。所以你不要不好意思问他们很多问题或者要他们解释这个那个，直到你自己弄明白为止。

然而，你不应该试图在每种情况下都做“司机”。你雇了所能找到的最好的律师、注册会计师和财务顾问，他们有数十年的知识和经验积累，你也花了钱，所以，让他们做他们应做的工作吧。这意味着给他们自由的空间去探索不同的策略，去和团队的其他人开电话会议，对他们的想法和建议保持开放的心态。

客户与团队的关系最好是这样的：客户画出一个大致的轮廓，表达他想要什么，希望达到什么样的目标，然后，剩下的就是让顾问去精致描绘怎样帮你达到目标和愿望的线条。你只需专注于最终的结果，让你的团队去解决用什么方法把你带到那个地方。

积极主动地与你的朋友和家庭联系

由于意外财富事件被高度宣传，例如彩票中奖、体育界或娱乐圈签大合同、股票套现或者一些诉讼，可能你的家庭成员和朋友因为他们的忠告和建议未能得到你的采纳而冷淡了下来。为了避免这种事的发生，我找到一个既直接又贴心的好办法。把这样一封电子邮件发给你的亲戚朋友吧：

"谢谢您这么关心我。您可以想象，最近我的生活变得如此疯狂。我很抱歉没能及时回复您，但您知道我非常珍视我们之间的关系。我现在和顾问团队一起工作，一旦事情有个了结，我会告诉您最新情况。在目前这个节骨眼上，我暂时不需要新的建议，如果我需要您的意见，我会告诉您。再一次感谢您的理解。我期待着不久就又可以和您在一起。"

求　助

为那些意外财富获得者工作接近二十年，如果问我从中学到了什么，我会说"这确实不是当事人自己可以完成的事"。如果明天我买彩票中了奖，我也会向他人求助的。如果你想自己完成这些事是非常困难的——其中有太多涉及税务、法律和财务方面的事。不管你处于意外财富的哪个阶段，尤其是你处于“阶段 1：拿到钱以前”，应该尽快组建你的顾问团队。为什么？因为你可以为此节省数百万美元！例如，如果你在某场诉讼中的期望值是 500 万美元，但结果你只获赔 300 万。这怎么可能？因为惩罚性赔偿和补偿性赔偿的税金是不一样的！所以，要尽快地雇请专业人士建立你的顾问团队。请读“意外财富原则 3：求助”，以便为自己找到合适的顾问团队。不要混淆了控制和作决定的区别。我们非常害怕在压力下作决定，如果说意外财富确定带给了我们什么东西，那一定是压力。有时候，控制就是作出这样的决定：不要再做任何决定并且慢下来，这就是我们在意外财富原则 2 要讲的。

原则 2
放慢节奏

明白哪些决定你急需要做，哪些可以推迟做。

客户们形容说他们觉得自己就像一条“离水之鱼”，任何事情都和他们无关。当他们走向床头，一觉醒来后恍如身处异国他乡，没有人讲自己熟悉的语言，完全无法沟通。一个客户说：“这类似梦魇中的情况，你做着梦，身体就像被控制了不能动——一种激动万分和局促不安的感受，明明知道自己应该做些什么事，却不知道怎么做。”

意外财富得主经历了各种各样的情感变化——有时候在一天时间内会上演从快乐感变负罪感，从兴高采烈变惊慌失措。这些剧烈摇摆的情绪状态十分不利于他们作出明智的决策，而且他们在经历这些摇摆情绪时也非常不快乐。你的情绪越是放松，越能把注意力集中到生活中最美好的事情上，此时你的心情就会越好。别指望你的亲友能帮助你指点未来的情况或告诉你放慢节奏，他们自己也经常陷入和你一样不能把控的情绪状态。随着你获得的意外财富一道，他们也间接地经历了同你一样的情绪高点和低点。在一些案例中，他们对当事人获得的意外财富还会掺杂他们自己的考虑。

如果你的顾问不熟悉意外财富所带来的心理影响，那他对你的帮助有限。大多数人实在不理解为什么要慢下来。我们的底线是：是否所有的事情都慢下来以你感到适合接受的步调为准，这完全取决于你自己。

当所有事都让你感觉乱成一锅粥，很难集中精力作出更舒坦、更能把控的决定时，意外财富原则在早期阶段间提供了一座桥梁和建筑。回想一下本章中那些关于健康、平稳过渡到意外财富的措施和对策，一个客户认为这些建议使其在意外财富操作中避免“晕船”。

幸运的是，人类完美地适应了怎样应对起伏较大的经历和环境。意外财富能拓展我们的能力，有时候甚至超越了我们的极限，因为我们没法预先就此做好准备。意外财富可能是突然冒出来的，我们会突然被甩到一个非常不熟悉的领域，而且需要很快地作出改变我们人生的一些决定。而我们不可能预先设计好对策来对付这个局面。更糟的是，使人非常忧虑的局面让我们更难适应和作出决策。

大多数人认为人类是合乎情理的生物，耳听六路眼观八方，通过分析比较达成理性的决断，但这恰好不是我们的优势所在。我们是高级的情感动物，高度非理性的，尤其是当我们处于压力之下时。

意外财富让我们不得不进入了一个充满了压力、夜不能寐的陌生领域，如果不把步子收小一点以便让事情慢下来，我们很可能作出各种糟糕的决定。当我们被情绪控制时，符合逻辑、深思熟虑的考虑就被驱赶得无影无踪。所以即使不能一晚上就改变自己，但只要明白了我们自身的局限性，了解了慢下来过程中的策略，我们就能最大程度地减少出错和作出糟糕决定的可能性。

意外财富压力和决策

怎样用西班牙语讲“谢谢你”？即使你不会讲西班牙语，都有可能知道谢谢是“gracias”。如果我告诉你我学了半年的西班牙语还回答不了这个问题，你会怎么想？让我详细告诉你这是怎么回事吧。我通过收听音频节目、每天坚持阅读来学习西班牙语，但是我没有应用语言的机会。几个月后，我终于有了机会。我跑到一家墨西哥餐厅，急切地想试一试我的西班牙语水平。我的第一句话是：“Habla Espanol?（讲西班牙语吗？）”但是事情由此变糟。我很快意识到我的嘴发干，心脏在胸腔里咚咚直跳，那些想说的词儿都记不住了。我甚至忘了“点一杯水”或“谢谢你”用西班牙语该怎么说！这是一场灾难。但是为什么一个无伤大雅的情形（诸如在餐馆里点个菜）都能造成这么大的压力，以致我都无法想起简单的词句？

你会相信一条蜥蜴能帮助你决定兑现你的4800万美元中奖彩票是一次性整付呢，还是用年金付给？或者帮你决定是辞去工作买个门前有湖的别墅呢，还是保留工作并买一套海景房呢？很明显，我们不可能去向蜥蜴咨询以期它能帮我们做如此重要的决定。那么，我们真的不会这么做吗？神经学家和行为经济学家可能和你看法不一样。

根据相关研究，我们的大脑由三个区域组成，这意味着我们有三个脑子。第一个也是最简单的区域被叫作“爬虫动物脑”，也被许多人叫作“蜥蜴脑”。它控制着我们的呼吸、心跳和其他很关键的功能。我们的蜥蜴脑十分重要——它让我们活着，掌管与理性思考无关的部分。它的任务是作出快速决定以确保我们的幸存。在今天这个少有生死攸关的世界里，蜥蜴脑仍然重要，但是它很难区分被一只狮子追逐的压力和获得意外财富的压力有什么不同。

你曾经遇到过危险情况或是一场交通事故吗？在你开口说话之前你会高度紧张吗？你可以谢谢我们大脑的第二个区域——脑边缘系统，或者叫“猴子脑”。为什么叫“猴子脑”呢？脑边缘系统是对思想和情感最负责任的部分，控制着激素（例如肾上腺素）的释放。它是对情绪记忆起关键作用的器官，这就是为什么过去曾产生强烈情绪的事件仍让我们记忆犹新，而那些日常经历的事情却被忘得干干净净的原因。

第三个脑子的区域叫“大脑新皮质”，它是大脑中负责分析的部分，掌管着计划、组织和让思维活动看起来有客观性和逻辑性。

你曾经经历过与某人的争论吗？当你保持镇静并试图用逻辑解释你的观点，但是那人却高声叫喊着，情绪十分激动。你的逻辑性怎么为你工作？我确信以你对客观事物分析的理性风格，他们会平静下来并理解你的观点。现在你可以开始看看我们理性大脑的局限性。当三个脑区域协调一致，它工作得很棒。但是在高度压力之下，结果就完全不同了。当我们的生理激素和情绪很高时，没了逻辑部分的大脑让情况变得无法忍受。

这种情况下，我们会怎么处理意外财富？一定会超出你的想象。尤其在意外财富的阶段 1 和阶段 2，得主是高度充满感情和情绪的。虽说我们不会面临身体方面的危险，但我们的生理激素开始脉动，我们的蜥蜴脑和猴子脑活跃，就像是一场激烈争吵引起的生理和心理反应。你可能会觉得这和警察要你路边停车的反应是一样的。这个反应的发生是自动的和即刻的，但与领到一张超速罚款单后几分钟你的冲动就平息了还不太一样。当意外财富事件发生后，你大脑中负责的逻辑和理性的脑区将被非理性化情绪强行控制数周或数月。我们生活质量取决于自身所做的决策，如果我们所做的决定是依据于史前动物（即蜥蜴）和情绪化（即猴子）的思想，我们就在暗中破坏了我们的财务状况和人际关系。

有什么解决办法？一些顾问建议在收到意外之财的六个月内不

做任何决定，但这个目标不大切合实际。不作决定和盲目地做太多决定可能同样具有破坏性——够招致你在税金、法律和财务问题上损失数百万美元。问题不应该在作决定还是不作决定上，而在于做必要的决定和推迟做某些决定上。如果你不想在作决定上感到为难，就要学会区分哪些决定你能做和应该做，哪些决定不应该立即去做。

根据下面的指导，决定哪些类型的决定你能作，哪些决定你应该避免作。

绿色决定

这些是安全的决定，你（你的蜥蜴脑或猴子脑）但做无妨：

1. 研究并雇请必要的顾问（例如律师、注册会计师和财务顾问）；
2. 研究和施行税金最小化策略；
3. 去看心理医生；
4. 创建一份愿望清单；
5. 开设银行和投资账户；
6. 制订基本的不动产投资计划；
7. 升级你的财产和意外伤害保险；
8. 购买个人超额损失保险；
9. 继续正常地支付你的账单。

黄色决定

你得小心翼翼地对待下列决定。最好在作决定前征求顾问们的意见：

1. 你是否应该花点时间办理离职手续；
2. 接受媒体采访；

3. 与你的合作伙伴分手；

4. 投资于短期债券和其他流动性强的保守投资；

5. 跟你的亲朋好友透露你的意外之财；

6. 旅游；

7. 彩票奖金是全额领取还是以年金支取；

8. 和前配偶到法院诉讼孩子的监护权和抚养费问题；

9. 移民到国外或搬迁到别的州；

10. 签署任何文件或表格；

11. 支付任何赋税留置权；

12. 预付任何账单。

红色决定

总体来说，下列这些决定应该在数月内避免作出，直到你和你的顾问仔细检查了你所有的计划：

1. 是否可以辞去目前的工作；

2. 买一辆新车；

3. 建立孩子大学教育的储蓄账户；

4. 你是否应该搬家；

5. 是否应该向慈善机构捐款；

6. 是否应该资助亲友，资助多少；

7. 你的钱应该怎样投资；

8. 结婚或者离婚；

9. 承诺为亲友支付一些项目（如大学学费、买车、投资其生意）；

10. 购买人寿保险或养老金；

11. 不可改变的馈赠或转移财产以减少税金，保护资产；

12. 转移金钱或财产给别的什么人（包括你的孩子）；

13. 签订雇佣协议；

14. 清偿所有的债务（包括信用卡债务和从亲友那里取得的借债）。

作为一个经验法则，如果要做的决定不是关系你意外之财的税金或法律方面的问题，你最好等等。这样做可以让你有足够的时间深入了解新情况，掌握主动性。同时，等意外财富的压力逐渐消退，让你的理性大脑来接管。

情绪化消费

当你觉得压抑你会去逛商店吗？不止你一个人会这样。相关研究表明，情绪在自我控制和冲动购物中扮演了一个重要的角色。压力之下，我们可能会作出一些非理性的决定。这些决定不仅会耗尽自己的资源，还会给自己留下易受伤害的冲动习惯，包括冲动购物。”但并非只有压力才导致冲动消费，兴奋也能产生同样的后果。《首尔商业杂志》2008 年有份研究报告显示：“当一个人感到一定程度的刺激、兴奋和愤怒时，最可能导致其冲动购物。”要当心。

你能怎样实施控制

下面是你怎样实行情绪控制和放慢匆忙作决定的节奏，以便更好地管理你的步调。

使用愿望清单

这方面的内容在前一章讨论过了，但这是放慢节奏最重要的事情之一。愿望清单会阻止你的蜥蜴脑和猴子脑作出情绪化的决定——现在必须买东西，而且让节奏慢下来。你可以用清醒的脑子思考问题，检视和确认你的心愿和主意。为了确保愿望清单的成功，写下任何在你心里想用得到的钱做的事。这包括你所想买的（例如新房子、汽车、游艇），你所想经历的（例如继续求学、旅游），你想为别人做的（例如送礼、为慈善捐款，设立一个基金会），以及有关你新生活的愿景。别自我预言。不管你想到什么，都写下来。现在还用不着按照轻重缓急或分门别类地排列它们。只要你把脑子里想到的立刻变成白纸黑字就行。

确信不管你在哪里，你都能够抓住思想的火花，把所有你能想到的事都记录下来。我送给客户一本"鼹鼠皮"笔记本，要求他把主意和想法都写在上面。如果你每天上下班的通勤时间很长，考虑买个小型车载数字记录器，因为有些客户喜欢用电子产品记录他们的想法。智能手机里安装相关 APP 软件也是一个不错的选择。制定愿望清单有三条重要的规则：1. 把你想到的事无论大小都记录下来，不论你觉得它们是否可笑；2. 有些念头像电光火石一样转瞬即逝，抓住它们，不要等待；3. 把你所有的想法都记录在同一个地方，不管是使用纸质笔记本还是电子产品。

致电一个朋友

还有更好的办法，就是同朋友聚会。继续你的社交生活，依靠朋友们的支持和鼓励。这些交互作用对你的心灵成长有益，并让事情不出偏差。如果你在自己的生活中变得太压抑或目光短浅，会导致缺乏社交的愿望。但这恰好是我们最需要沟通和联系的时候。

锻　炼

研究证明，日常锻炼能像处方药一样减缓你的烦恼和压抑，它们是天然的心境转换器和放松药，所以应该把某些形式的日常锻炼加入到你的日程表中。它们可以是很简单的晨间散步，也可以是晚饭后的自行车骑行。总之，锻炼是最轻松的放慢节奏的方式，让我们的蜥蜴脑和猴子脑休息会儿吧。

减压策略

为了放缓需求和决定的坝流，试试用以下方法清醒你的头脑：瑜伽、冥想、祷告，或是做有意识的深呼吸。许多意外财富获得者在这些平静的活动中找到了慰藉。

保持不愿意改变的

“什么事情都变了”，一位高兴不起来的意外财富得主这样描绘她的经历。一次意外财富事件不禁让我们联想在未来生活中我们想买什么和能做什么，但“什么事情都变了”这样的事并未发生。事实上，也不应该“什么事情都变了”。金钱的确是能够改善你的生活的工具，但关键词是“改善”。而那些人不高兴的原因主要是获得意外财富后，他们的生活被彻底改变了。他们扔掉了和现在不一样的生活。他们回想起“旧日好时光”，那时他们的生活远没有现在这么复杂。但是金钱本身并没有没有改变他们的生活，而是他们自己改变的。你将在“意外财富原则 8：创建更好的生活”中学到怎样创建你的好生活，但是在生活没有发生变化前，请你编制一个“你喜欢过去的生活中的……”的清单。

什么给了你幸福感和成就感？你什么时候专注于你的目的？什么活动（不管大小）让你最享受？什么样的固定程序让你最欣赏？谁对你来说更重要？别随意地给出答案，郑重地写下来。通过这份清单把你想要保持东西清晰地呈现出来，并汇入你的新生活。在你的清单上用大字写出标题“我想保留的跟过去一样的东西”，然后把具体内容写出来。跟亲友谈话，问他们“你们不愿意改变的东西是什么”。这个过程使你确信创建你有能力做到的最好生活，让你对拥有的一切心存感恩。这会在情绪奔腾、事情变得疯狂之际，为你提供一个你需要的暂停键。

寻找精神导师

如果你信教，去和你的精神导师交谈，告诉他让你兴奋和纠结的事。或许他可以鼓励你并帮助你树立符合实际的信念，升华你的生活目标。

向志趣相投的人寻求支持

意外财富能造就孤立。如果你认为没有人理解你正在经受何种煎熬，你一定是倍感寂寞的。听着，现在就去做一件事——向某人寻求帮助，他一定要能理解这种情形，并理解你内心的煎熬。这个某人可以是一本书，也可以是一个提供帮助的团体。

寻求专业人士的帮助

最好的方法是每月你花上几百美元去看专门针对意外财富心理方面的职业心理医生，最多数月你就能调整过来了。虽然你有比较知心的朋友或亲戚，但最好还是向专业人士寻求帮助，而且他们与你正准备做的财务决定没有任何关系，并能提供比较客观和新鲜的观点，那才是你减轻压力和放慢脚步所需要的。

做志愿者

你真的想得到一个看待生活的新视角并且心里踏踏实实的？每周去做几个小时的志愿者吧！你可能会感觉生活被掉了个儿。当你在孤儿院或盲人学校待上几个小时，你就会发现自己的难题根本算不了什么。做志愿者虽不能够改善你眼下的处境，但它能转变你的视角——当你被卷入税金、法律和财务的具体事务的杂草丛中时，有些东西其实我们可以轻松地放弃。

找到你的生物节律最高点

你在什么时段工作效率最佳？生物节律周期是我们经历的自然的日循环。研究显示，生物节律周期使得我们在一天之中面对工作时产生不同的效果。例如，大多数人在下午 2~5 点期间的认知能力和精力都呈下降态势。这是我们所熟悉的午后倦怠期，此时认知能力差，生产和工作效率都随之下降。若此时我们管理税务、法律和财务方面的问题，将不可避免地面临自身状态的挑战。所以，我们干吗要在脑子不清醒的时候安排开会、通电话呢？如果你的工作时间有弹性，尽可能把和顾问的会议或通话挪到上午 7~11 点，因为此时大多数人的认知水平都达到最高峰值。

照顾好你自己

意外财富的经历类似许多体育竞技项目。为了取得最好成绩，你需要处于峰值的条件之下。不，我不是说你需要去参加马拉松训练，但是你的确需要照顾好自己！再说一次，这个项目可能面临挑战，所以你应该给自己创造种种有利条件，不仅要从这个过程中走出来，还要享受这个过程。健康饮食，避免过量饮酒，晚上睡足8小时。你的感觉越好，你做的决策才越正确。

做一次旅游

如果在获得意外财富过程中被广泛宣传，例如彩票中奖或赢得一场诉讼，你最好安排一次旅游以避开媒体记者的疯狂追逐。这个旅游不应该是一次度假，而是一次回避式休息。你可以和家庭成员以及为你策划未来财富规划的顾问一起待上几天。在一次难忘的回避式休息中，我领着赢得一场大诉讼的客户及其一大家子人（不少于25口）住进一栋别墅。起初，他们还有些忧虑和不确定的感觉，但到了最后，每个人都觉得安全和舒服。我强烈地建议：当面临同样的局面时，你和你的顾问避开媒体一两天，为你的意外财富计划做些准备。

守口如瓶

事关你的重大利益，所以不要随便向他人泄露你获得意外财富的信息。这事虽然是不言而喻的，但是你可能会感到惊讶，怀疑意外财富当事人能控制他们的激动情绪到什么时候——他们一定会把自己天大的好事分享给亲友的。如果他们那么做，那是绝对错误的，尤其是在事情的早期阶段。你刚拿到钱，还没有考虑好后面的事该怎么处理。你不需要所有人毛遂自荐给你出谋划策甚至热心地要参与进来。这会让你的判断被云遮雾罩的情形所影响，想让随后的步子慢下来的努力势必变得更困难。如果你憋不住想把这件事告诉给什么人，最好选那么一两位你非常了解并信任的人。即使这样，你还是没有必要把你获得财富的细节或会得到多少钱的事告诉他们。仅仅依靠他们在情感上的支持而已，不要在税务、法律和财务方面征求他们的意见。

尽管慢下来是非常重要的，这有利于你调整自己以面对新的现实，但你很快就会面临许多缴税、法律和财务方面的决定。求助的时候到了。

原则 3
求　助

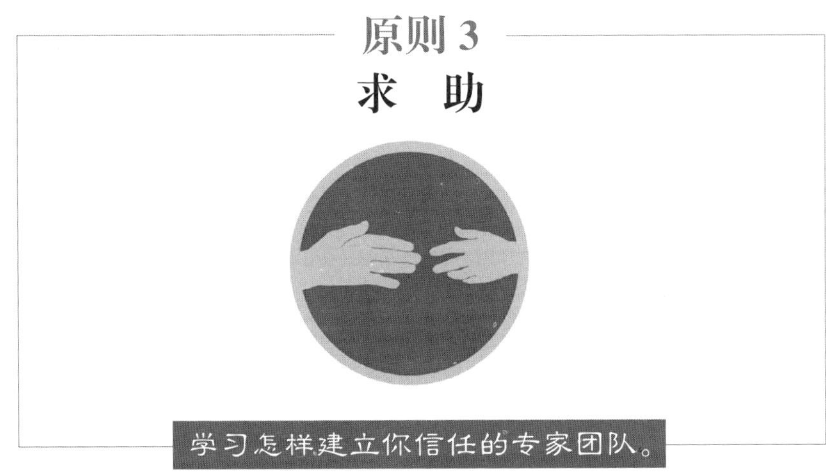

学习怎样建立你信任的专家团队。

作为一个意外财富得主，你可能会被一大堆税务、法律和财务方面问题搞昏了头，走出困境的唯一方法就是有一个精于此道的专家团队。我专门研究有关意外财富的财务计划和投资管理将近二十年，但是如果我明天中了彩票大奖，你们可以猜一猜我做的第一件事是什么？组建一个我自己的专家团队！因为那里有一大堆挠头的事，你自己根本不可能有那样的专业脑子去考虑如何用最新的策略来解决。

当一个幸运者拿到他的钱后，我通常要为他工作数月甚至数年，这事才能有个了结。我整天忙碌于税务、法律和财务策略这些专业人士才能打理的事物之间。如果你每天挣 1000 美元，或者只得到 5000 美元的保险赔付，那你就没有什么好利用的选择，但如果你的意外财富足够庞大，你就有诸多的选择和策略，因为它们有可能让你省下的不是一点点而是很多很多的钱。多少？我曾经看到一个客户签写支票给美国国税局上缴联邦收入税：1500 万美元！对客户来说，这么高的税金，听起来就像一场灾难。但是如果她没有雇请一个专家团队的话，她上缴的税金会接近2500万！正是聘了专家团队，她才省下了接近1000万美元的州和联邦收入税。这笔“拣来的”1000万，比她一生所挣的钱还要多，用于投资的话，其价值将会超过1亿。正如客户所说：“这投一笔，那投一笔，不要多久，坐收赢利。”

这章的目标是让你熟悉：谁应该在你的团队里？他们各自扮演什么角色？他们的职位要求应该是什么？而所有这一切最具挑战性的是：如何找到他们？

你的团队里都应该有谁?

每一种意外财富类型都有自己独一无二的特点，并面临税金、相关的法律和财务方面的挑战。这是本书第二部分要讲的主要内容。因此，并不是所有意外财富都需要同一类型的专家。你的专家团队至少要有下面三个顾问：律师、注册会计师和财务规划师。这三个顾问构成了团队基础，我称之为“顾问三和音”，他们就像一把凳子的三条腿。你需要将它们组成一个稳定的平台，让你可以安全地坐在上面了解税务、法务和财务问题方面的情况。

你的顾问三合音：财务顾问、律师、会计师

律　师

一个好律师的价值等同一个金人。问题在于，你必须知道自己需要的是哪方面的律师。在专业律师队伍里，有成百上千种专家——从刑事到版权，从破产到离婚，再到房地产等等，“律师”只是一个通称，类似于医学领域中的“医生”。人们把凡是从医学院校毕业出来从事医学工作的人都冠以这样的称谓，但你不会到一个皮肤

科医生那里去做阑尾手术。同理，你不会雇一个商务律师打理税务事宜。

下面列举几种你可能需要的律师类型。

税务律师

依据你得到的意外财富类型，你的团队里需要有一个具备税务专业知识的律师。对于处理大笔来自于诉讼判决或庭外和解、出售企业、股票期权、体育界和演艺圈履行合同，以及彩票中奖的意外财富来说，一个税务律师是非常有价值的。

税务律师将扮演一个高度专业的角色，他将确保你采用让税金降至最低的策略，即使你的团队里已经有了一个注册会计师（当然这是非常应当的，我们将在随后讨论到这个角色），你还是需要雇一个税务律师。为什么？难道一个注册会计师没有很广泛的税务知识吗？因为税务律师更懂得税务法规，具有更加全面、专业的税务领域的知识。例如，如果你正期待着一场大诉讼的判决，税务律师是唯一可以帮你盯着在这个过程中避免税务损害的人。如果你有望得到几十万乃至上百万美元的判决结果，那你真的需要一个税务律师，他可以在不违反法律许可的情况下把你的税金减至最低。

税务律师相当于受雇的执业枪手，但他只在有限时间里受雇于你，通常是几周或几个月，并通过自己的努力减少你在获得意外财富后当年上缴的税金数额。雇请税务律师应该尽可能早些，最理想的是在你收到意外财富之前，因为他们能在企业出售和判决等方面提供最佳税务方面的意见。

房地产律师

房地产律师又被叫做“信托房地产律师”，专门处理使你的房地产税和赠与税最小化的工作，并替你起草遗嘱文件，在你身前或身后执行你的财产分配愿望。从时间上讲，在意外财富的第2阶段开始雇请房地产律师通常是比较适当的。税务律师只是在最初的阶段参与你的工作，但房地产律师则不同，他需要持续地与你保持联系。

财产保护律师

对于打官司来说，钱是块磁石。你的钱越多，盯上你的人也越多。在法律领域有很多保护你和你的财产的诉讼手段，所以你需要一个具备财产保护知识的律师，因为他们专门关注和研究这方面的法律法规。但如果你的房地产律师不精于财产保护，你就只好再请一个专门做这方面的律师了。

通用商务律师

一个通用商务律师可能熟悉不同领域的法律，即使他仅仅能帮你找到各个领域的专门律师，那他也是你团队中非常有价值的成员。我观察到一些客户陷入的麻烦是，他们让自己雇请的通用商务律师做一切事情——避税、起草信用文件、建立有限责任公司，等等。我的一个客户告诉我他有这样一个通用商务律师，不光帮他办理离婚，还负责起草公司的房地产计划和买卖合同。不管他多聪明，多有水平，一个律师不可能高效地处理三个领域里的法律事务。要避免这种情况，不要选择通才，而要选择专才律师。

当雇请律师时，有些事情你需要考虑。第一点我们已经讨论过了，雇请专才律师要比通才律师更有必要。专才律师更有价值，你可以根据业务需要多请几个，但是需要多支付几倍的报酬。

第二，雇请律师是从较大的还是较小的律师事务所选比较合适？我认为这事和下载音乐的道理相同。你不会从环球音乐集团下载歌曲，因为它是一家唱片公司。你只会从你喜欢的艺术家那里下载。律师事务所是律师们汇集的地方，这个国家一些很不错的律师待在雇员少于10人的小律师事务所里。所以别雇请事务所，而是直接雇请律师！

费用是需要考虑的另一个问题。许多意外财富获得者被他们顾问团队报出的预付费和其他费用吓呆了。这并非不寻常——第一年的顾问费超过了他们未获得意外财富前的年收入。有两个方法可以降低收费：第一，你可以雇请低于平均水平线以下的顾问团队；第二，你亲手打理你的税务、法务和财务。很明显，这两个选择都是很可怕的。这并不意味着你必须支出高于市场价的费用，也不意味着仅仅因为其中某些人的报价高于他们的才能。我们将随后在本章讨论这个问题，但是现在放轻松些，因为我们有办法让你支付给律师和其他顾问的工资变得合理一些。

最后，每个州都有对在其州内执业的律师的限制。在加利福尼亚州获得执照却居住在密苏里的律师，不被允许提供法律意见。所以，对你来说，重要的是确信你将要雇请的律师的执照是被允许在你所在州执业的。

注册会计师

注册会计师和律师一样，是被各州管理的，所以确信你雇请的会计师有在你所在州的执业资格也是非常重要的。

注册会计师提供的服务十分广泛从审计司法财会到公司财务。你雇请的会计师应该专注于税务、税金的最小化和相关财务准备。会计师不是你雇来的枪手，在限定时间为你从事具体的事务，而应该是你顾问团队里长期的、关键的成员。你全年和他一起工作以把州和联邦的所得税最小化。他们会帮助你预测你可能要缴纳的税金，准备纳税申报单。

你收到意外财富的当年和下一年需要更加复杂的税务计划。在这期间，你可能不仅需要一个注册会计师，还需要一个税务律师在你的团队里。毫无疑问，在这几年中你的收入税、税务计划和税务准备账单涉及的最多。过了这个时期，事情通常变得简单。你的税金量和需要支付的税务顾问费会大幅下降。

财务顾问

凳子的第三条腿，即构成完整的顾问"三和音"的最后一个就是财务顾问。一个好的财务顾问甚至在你收到意外财富之前就会同你一起工作。他们将是帮助你准备接收财富和制订便于理解的财务计划的关键智谋。财务顾问在精通意外财富税务和法务方面扮演着重要角色。他们同团队其他成员一起制订将税金最小化、保护财产和其他方面的好策略。当然，一旦你收到钱，你的财务顾问将管理你的资产，提供不间断的财务报告、财务监督，调整你的计划及投资。

许多客户抱怨说他们向所有这些专家都支付了工资，但是没有一个专家知道别的专家在做什么——会计师不知道房地产律师在做什么，也不知道办保险的家伙提供了什么建议。这将导致你的房地产、财产保护和财务计划出现低效率、额外花费、计划不周和漏洞百出等问题。

为了创建一个综合性的财务计划，客户们不得不关注和管理这笔意外财富，但是经常发生的事是：律师和会计师一门心思在细节上。于是，客户不得不亲手管理每个人和每件事。不仅客户不应该亲手做这样的事，尤其是他们花钱雇请了顾问，而后者却经常没有资格知道其他合作伙伴在做什么或要问什么问题。

一个好的财务顾问不仅应该在意外财富的早期阶段扮演关键角色，而且他也是最适合管理其他顾问、协调和监督计划的最佳人选，还是当你有了问题后打电话找的第一人。当财务顾问扮演他的这些角色时，他被称为“财务四分卫”（橄榄球术语，指球队中的核心角色），因为他理解和掌握客户在税务、法务和财务方面的全部运作部分。他还能确定什么时候应该雇请别的专家，并确保你全部的财务基础全无遗漏。

但为什么是财务顾问最适合扮演这个角色，而不是其他人呢？因为他是综合财务计划的制订者。他能提供保险、现金流动管理、退休计划、税金、房地产计划、财产保护以及投资这诸多领域的专家意见。听起来似乎是很难完成的任务，事实确实是这样。大多数财务顾问通常做不到这些的（不管他们在网站、电视广告或小册子怎么忽悠），但你将学会怎么从一群菜鸟中区分出真正的才俊来。

鉴定财务顾问的 8 条规则

在这个行当里有很多类型的财务顾问。他是财务规划师？有合格证书的财务规划师？投资顾问？财富管理者？这是一个最容易让人蒙骗的行业。财务行业里许多人声称自己卓尔不群，能提供范围广泛的服务。因为与受州政府控制的律师或会计师不同，这个行业里任何人都能称自己为财务顾问、财务规划师或者其他任何头衔。“买主当心”的告诫用在这里再恰当不过了。但是相信在这部分结束的时候，你会更好地懂得财务这一行业和你应当雇请的作为你团队核心人物的财务顾问的类型。

标准 1：雇一个信托人

这里告诉你怎样剔除 90% 的财务顾问人选。目前主要有两大类顾问——信托人和非信托人。简言之，信托人有法律义务把他们客户的利益放在首位；相反，非信托人可能提出并非从你的利益出发并适合你的建议。很显然，你应该理所当然地同总是把你的利益放在第一位的顾问一起工作，而对那些把自己或所在公司的利益放在首位的人不屑一顾。

标准 2：雇一个金融理财师

金融理财师的名称授予要通过一系列综合考试，完成一系列课程，接受职业道德规范培训，拥有财务策划三年以上的职业经验。CFP（国际金属理财师）可能是公认的衡量一个金融理财师综合财务策划能力的权威头衔。有别的名称的吗？是的，有数百个。有的很好，有的近似于空洞（例如保险公司培训委员会会员，特许共同基金顾问，等等）。金融理财师的头衔显示，这种顾问在综合策划上至少有基本的水准——懂得税务、房地产规划、投资、保险和退休计划，以及现金流动管理。一些很糟糕的财务顾问却有金融理财师的头衔吗？是的。一些很好的财务顾问却没有金融理财师的头衔吗？是的。但是作为一个概率，我高度推荐拥有这个头衔的人担任你的财务顾问。

标准 3：寻找受过高等教育和专业培训的人

理财规划师这个头衔代表了最基本的训练，你寻找顾问应以此为基点。就像你因拥有驾照而取得了印第安纳波利斯赛车运动的资格。这是一个好的起点，但是你寻找财务顾问别满足于最低限度，应寻找拥有更高级名衔或学位的人，包括法学博士、注册会计师/注册税务师、注册金融分析师、特许管理会计师（投资证券组合设计和投资分析），获得税务、财务规划、经济学、财政学硕士学位的人，特别是在财务和投资方面获得工商管理学硕士的人。此外，由于管理意外财富尚属于高度特殊的领域，最好寻找那些有经验的、专注于这个领域、为意外财富获得者工作过的人做财务顾问。

标准 4：坚持 10000 小时的法则

心理学家安德斯·埃里克森曾研究是什么让表演者成功的。他的结论是：实践，大量的实践，10000 小时法则作为一个经验法则出现，回答了需要多长时间才能在一个领域成为专家的问题。通常需要十年的时间才能在某个职业领域炉火纯青。再说一遍，这是一个普遍性的问题，如果我要雇一个博士或专家，我会雇那些在专业领域至少有十年从业经验的人。当你正在选择财务顾问、法务顾问或注册会计师之际，我强烈推荐你选择那些既有资格又实践经验丰富的专家。

标准 5：不选只收佣金的顾问

在向财务顾问支付费用方面，你有多种选择方式。你可以基于财务顾问为你运作管理的财产数额（被称为资产管理规模或者管理的财产）的百分比付费、以小时或以月为单位付费，或者是收取佣金，或是以上方式的任意组合。只收佣金的顾问——时下通常是股票经纪人和保险推销者——应该避免。他们全部的财务工作基于把你的东西推销出去以挣取佣金。你的团队应该成为你的助手和合作伙伴，而不是对手，所以要坚持雇请付费顾问。他们收资产管理规模费，还可以偶而收点保险顾问费或者单一的顾问费，但绝不能收佣金。

标准 6：检查有无不良记录

审查你打算聘请的顾问的背景，确信他无违反行业规定和法律的不良记录。在下面的网站可以查看他们是否有过违规违法记录：

美国金融业监管局：http://www.suddenwealthsolution.com/check-your-advisor；

证券交易委员会：http://www.suddenwealthsolution.com/check-your-advisor；

金融理财师董事会：http://www.suddenwealthsolution.com/check-your-advisor。

用核实查证代替盲目信任

别依赖你的顾问提供给你的或者是他个人网站上的简历。如果他自称是金融理财师执业者，请对此予以查证。这费不了你多少工夫，但可以省去未来昂贵的麻烦。退役的全国橄榄球联盟明星瑞奇·威廉姆斯在这个过程中买到了教训。他的财务顾问拐走了他账上的600万美元，并且撒谎说自己毕业于哈佛大学商学院。不要盲目信任，而是查证核实。

标准7：检查他们的ADV表格

每一家注册登记的投资顾问公司必须完成一份文件，公开关于其公司的许多细节，如他们的客户、发展历程和其他有价值的信息。这对你评价你的顾问来说是一个非常宝贵的有利条件。你所要寻找的是一个有经验（至少10年以上经验）的顾问人才，要受过很好教育，持有证书，专注于为高净值收入人群和意外财富获得者提供服务，没有负面的违法、违规问题，帮投资者管理过巨额资产——至少500万到10亿美元作为起始点。你可以要求投资顾问公司提供一份载有公司相关信息的表格副本。

标准 8：使用“顾问适用”网站提出正确问题

我在电视剧《美国人的贪婪》中看到许多片段，片中毫无防备之心的善良人们被肆无忌惮的顾问们骗去了他们一生积蓄的钱财。这让我不得不做点事以保护人们别被那些并没什么复杂财务手段的骗子掠去他们的财产。这就是“顾问适用”（http://www.advisorfit.com）网站的诞生。这是个免费的在线提问和分析的工具，专门用来筛选合适的财务顾问，帮助客户提出正确的问题，同时收到来自资深顾问的回答。

帮助你评估你的顾问

评估候选的财务顾问时，你可以通过“顾问适用”网站（http://www.advisorfit.com）向顾问提出要问的问题。下面是一些提问的样本：

——你是怎么应对 2008~2009 年的经济衰退和财政危机的？你觉得应该怎么做？

——你的报酬来源是什么？

这里告诉你怎么操作：一旦你在筛选过程中发现有你感兴趣的顾问，登录我们的“顾问适用”网站，然后向他们的电子邮箱发送一份很详细的问卷，你将会收到他们的答复和对这个答复的分析，这能够帮助你更好地理解他们的服务方法，确定他们是否足够优秀，是否适合你的需要。这不能保证你一定就能找到最好的顾问，但通过提出难度较大的问题，能让你们的合作走得更远。

你还想为团队增添哪些顾问

“财务三和音”仅代表你的核心团队成员，但你也许还需要别的专家，比如以下这些职位。

会计员 会计员能帮你财务做账，替你支付账单，平衡你的账面，同你的注册会计师一起让缴税准备工作更容易。

商业经理 商业经理通常是为好莱坞明星和体育明星服务的。他们向客户支付账单，归档纳税申报单，甚至充当门房服务，例如处理假期计划，查证信用卡费用，管理家里的项目或工程，等等。

保险顾问 在收到意外财产后，你需要增加保险种类。比如你买一所大房子、一辆新车，或者想要了解购买房产的税金保险单，你就会需要保险顾问。

目前主要有两种类型的保险顾问——代理和经纪人。前者为一家保险公司做代理，他只能卖给你他所在保险公司的保险。经纪人却能够向你提供20家甚至更多的保险公司的产品。因此，我推荐你选用保险经纪人。你还可把保险进一步划分为财产保险、意外事故保险和人寿保险。财产险和意外险顾问会在保单上提供建议，诸如有关房主的、汽车的、游艇的、土地所有人的、商业债务的，等等。然而人寿保险顾问关注的是健康、生命和伤残。如果你的保险经纪人声称这两种类型的保险顾问他都能做，那你要小心点。尽管它们都是保险，但两个领域却是高度特殊的。保险不是一个可以掉以轻心的领域。我主张寻求专才做你的保险顾问。

怎样同你的顾问工作最好

最好的食材不一定能作出最好吃的饭菜。你可能拥有在专业方面堪称世界最好的顾问，但是如果他们没有一个好的领导与其进行有效的沟通和协调，对整体的策略缺乏一致的意见，双方在一起工作时便不能相互配合，这个局面一定混乱不堪。而一个混乱的局面必然会逐渐破坏客户财务计划的执行，或在某个时候对客户制造出不必要的压力，而这些顾问本应该为客户创造更轻松的生活，消除其压力。最后，当顾问团队运转得不平稳时，也会伤害到客户。这就是为什说要有一个人来管理、领导团队——担任责任成员的角色，推动计划向前走，整合税务、法务和财务方面的问题，确保顾问间以及顾问同客户之间的沟通。

有时候这个领导是客户自己，但是通常这个角色是由财务顾问来担当的。不管这个角色由谁担任，有很多策略可以让团队工作得更有效率，让客户感觉团队像一个不可分割的整体。

选择领导

要尽可能早地作出由谁担任团队领导的决定，以负责监督计划的执行和管理顾问团队。如果这个人是你，很好，让你的团队都知道你扮演了这个角色。如果不是你，从你的团队——律师、会计师或财务顾问中选出这个角色。别指望某人会自己走向这个位子，然后行使控制和领导的职能。挑选出这个人是你的责任，然后同他谈话，并向团队宣布。

司机 VS 乘客

正如我们在第一章讨论过的一样，你要知道自己什么时候当司机，什么时候当乘客。作为司机，掌控总体目标和目的，他的角色是“What”。但对一个执行具体计划的乘客而言，他的角色是“how”。依靠顾问们对免税代码、法律和策略的经验和知识，你塑造着计划的发展方向。

设置沟通的期望值

顾问通常在本职工作上干得很好，但是客户缺乏理解顾问内心的能力。如果你对顾问怎样与你保持联系（例如电话、电子邮件或发短信等等）、多长时间联系一次有自己的偏好或习惯，尽管告诉他们好了。什么时候联系你最方便？是在工作时间还是下班时间？上午什么时间给你打电话合适？一些客户注重细节，总想经常保持联系，但其他人很少这样。例如，如果你想一周通一次电话和一封电子邮件让顾问向你汇报大概的工作进度，把这个要求告知顾问。一个胜任意外财富管理工作的顾问会询问你有关双方沟通方面的问题，但如果你的顾问不主动这样做，把你的习惯让他们知道就行了。

确定和讨论你的沟通风格

设想你是一个安静、喜欢分析细节、作决定非常谨慎的人，而你的律师却是一个说话大嗓门、容易激动、简单汇报几句工作就要求你作决定的人。或者相反，你是一个高瞻远瞩、喜欢迅速作决定的人，但你的律师却是一个高度重视细节和工作方法的人，他觉得有必要解释所提建议或是结论。以上两种情形，都会让你感到与对方难以沟通，让你泄气甚至动怒。你的顾问也许是全国最好的，但是如果他们的沟通方式与你不能很好地匹配，你们的合作不仅不是一次愉快的经历，你还可能听不到或不能实施他们提供的建议。因为你不可能把他们的建议和他们本人分开。

当客户以一种确定的方式去思考、沟通和决定，却与他的顾问采取的方式大相径庭时，他与顾问的关系中最常见的崩溃是不匹配的沟通风格所导致的结果。所以当你找到一个风格相投的顾问时，你一定感觉很美妙。这就像用收音机的调频钮找到一个确定的广播电台一样——声音立即变得嘹亮并清晰。如果你和你的顾问团队未达到良好匹配状态，你会听不到来自他们的声音。

你顾问团队中的专家是一些你将要与其一起共事很长时间的人。你会同他们分享一些不便让外人知道的事。如果你想和他们建立很好的人际关系，最好的办法就是让他们知道怎样与你沟通和作决定才是最好的。对你的顾问们来说，与你的沟通风格尽量保持一致是他们的责任，而不是由你去适应和迁就他们。帮助他们了解你的工作节奏和喜欢的沟通方式，并与他们分享。

别让你的顾问“胡闹”

我接到一位女士的电话。她说她和一家大银行的一个投资顾问在一起工作多年了。她说顾问的工作一直很棒，但她却看不懂顾问呈递给她的报告，甚至不明白自己作了哪些投资。她告诉我她68岁，拥有的唯一财产就是她的房子和通过这个顾问做的投资。她的言语流露出一种担心，甚至说现在不关心自己能挣多少钱，而是担心会损失多少钱。尽管她的顾问对她说，她的“投资分配是非常保守的”。我让她把投资报告传给我看看，以便清楚地了解她究竟作了哪些投资。我花几分钟快速浏览了她的报告，明白了她的投资问题所在。她的投资证券组合中有98.8%的投资在股票上。那些股票大多数是高技术股，其中许多是中国的互联网公司。

我又翻看了以前的投资报告，事情一目了然：一开始，这个顾问的投资分配还是妥当的，随着为客户的工作时间变长，这个顾问的胆子变得越来越大，把客户的资金投向了一些高风险的投资账户，顾问可以随意买卖，他不仅可以改变投资方向，还可以改变投资分配。他从最初的理智发展到有些疯狂，让投资证券组合变得像是胡闹。为什么这个顾问要冒这么大的风险？

有时候，这是为了填补以前的亏损或错误的投资——熟悉的拉斯维加斯双倍策略，以挽回损失。但那不是全部的理由。有时候客户对他们的能力变得太自信，认为他们不可能做亏。简单说来，是他们忘记了客户的目标和目的，而专注在他们自己的目标和目的上了。幸运的是，她行动得快，没有造成损失。但是当一个顾问走向胡闹，可能会在一夜之间摧毁投资证券组合。

为了防止你的顾问走向胡闹，密切关注你的顾问用你的账户所做的交易。你收下了财务报告，你就必须承担你所有投资证券组合分配的风险。

不能忍受的事

你的顾问有没有做什么事惹得你不高兴？也许你是一个实话实说的人，你的不高兴是因为你的其他顾问们跟你的律师讨论他们的周末计划，而你的律师是计时收费的。或者也许你的时间排得非常紧，但是你的财务顾问却总是不及时接听电话。这些看起来是小事，其实完全不是。如果这些问题持续得不到解决，可能破坏你们之间良好的关系。填写一张表格，写下你不能忍受的种种方面，并分享给你的团队。

别担心这会比较尴尬。在一天结束的时候，你是在帮助你的顾问们如何与你沟通，从而让他们同你的工作以更理想、更顺畅的状态进行，这样你才能作出正确的决定。而这正是你所需要和你的顾问们所想要的。

每周的例行电话

提醒一下，当你快要收到意外财富之时，每周安排同你的顾问通一次电话；收到钱后，你们之间的通话频率应该更密集些。每周例行的通话时间可长达 10 分钟或 15 分钟，你应该事先把要问的问题写在一个本子上，并记下顾问在电话中所讲的要点。这些电话有助于你在重要的事项上和你的团队保持联系。

怎样才能找到好顾问?

在美国，大约有 120 万律师，70 万注册会计师，几十万财务顾问。你怎样才能从中找出最佳的三个人选呢？正如你所能想象的一样，这事并不很轻松！下面有几条指导方针，当你开始寻找顾问的时候可以参考。

别从这里寻找顾问

“最好顾问”名单 这里有不可胜数的号称“全国最好的”财务顾问或律师的名单，但是大多数毫无意义，因为水分较大。从一些案例中可以看到，如果他们付上一大笔申请费，没什么经验的顾问也能取得资格进入名单。

电视 别仅仅因为某个律师、注册会计师或财务顾问上了电视而雇请他们。好的顾问确实也上电视，但并非上了电视的都是好顾问。我上过电视节目，所以我掌握电视节目运作的一手材料。有些节目审查过程极其细致——他们真的是优中选优；但另一些节目，他们仅仅是选些职业混混。如果你从电视节目中选择顾问，也许你选了一个好顾问，也许你选了一个善于推销自己的人。如果你从电视上看到某人，觉得他可能符合你的要求，研究研究他，并遵循这章的指导方针，确信他有资格和经验提供顾问指导，而并不是因为他在电视节目中表现得不错。

当地银行　意外财富的管理需要很复杂和高度专业的知识。不管当地银行的经理多么和善，他或她大概不会有什么这方面的经验或专门的能力可以指导你。你需要的最好的顾问也许在当地银行的分支机构里，也许没有。你认为为这个国家最富有的人群工作的顾问会是当地银行的某部门经理或出纳员吗？绝对都不是。威利·萨顿抢银行是因为“钱放在那里（银行）”。但是如果他要什么人帮他管理他的钱，他大概会开着车路过当地银行去人才所在的地方。

你现在的顾问　一些意外财富获得者已经雇请了打理税务的人、财务顾问或律师，他们相互认识并在一起工作。这会让你产生一种错误的安全感：你已经有一个合适的团队在帮助你，但这通常不是事实。这事很艰难，因为意外财富可以制造焦虑和精神错乱，所以当你看到熟悉的面孔时会感觉放心。任用当前顾问的难题在于他们通常不是处理意外财富的专家，缺乏相关的知识和技能来应对局面的复杂性。事实上，你觉得他们不错，是因为当时情况急迫，而你没有这方面的人才可以选择。在收到钱以前，财务顾问帮你建了一个人退休账户，或是为你买了一份个人寿保险，可能让你感觉很适合你那时的需要。可是拿到意外财富后，你就完全不是在同一个水准上玩了,你的顾问需要与这个水准相匹配。在你获得意外财富之前，为你打理税务的人很对你很友好，他为你作了 1040 税金返还项目，完美地符合了你的要求，但是他们在收取顾问费后，懂得怎样使你的税金最小化吗？可能性很小。

朋友和亲戚 假定你收到了意外财富，而你的内弟恰好是一个律师，你最好的朋友恰好是一个注册会计师，接下来会发生什么？难道你不会产生这样的想法：同自己信得过的人一起工作，同时也是肥水不流外人田，可以造福于自己的亲戚和朋友嘛。绝对的，但是不要把钱花在那些缺乏相关经验或专门技能为你提供最好服务的人身上。好意不能为你避税或保护你的财产。可能你很难张嘴对亲戚和朋友说“不，谢谢你”。我曾经看到过因为不能拒绝而造成巨大财产损失的结果。我也看到过客户因为说“不”而造成其人际关系破裂的事例。这里没有轻松的答案。“意外财富第5原则：管理人际关系”将为你提供更多的洞察力和工具帮助你处理亲戚或朋友中那些想要做你的顾问却又不具备资格的问题。现在，请专注于这样的事实：你需要而且应该要得到最好的建议，不论它们来自哪里。而你的财力越雄厚，你才越可能向你的亲戚和朋友们提供帮助。

推荐 意外财富事件发生后，你通常会得到不请自来的忠告和举荐：“你应该和我的那个顾问谈谈。”被意外之财砸中的人几乎都会遇到这种情况。尽管这些建议比起发现一家不错的餐馆或知道了有哪部电影可看更有价值，然而这是寻找高度专业化的专家，你不大可能根据一次推荐就能找到合适的顾问。

那么你该从哪里寻找呢？一个靠得住的地方是通过专业协会的网站。例如，你可以登录金融理财师网站寻找那些在意外财富管理方面的顾问。你可以使用美国律师协会提供的律师信息和在线服务信息工具（http://www.americanbar.org）与你所在地的分会联系，请他们为你推荐律师。美国注册会计师协会（http://www.aicpa.org）可以作为你开始寻找的路径。

寻找你的“三和音”（律师、会计师和财务顾问）成员的一个策略是：先找到其中一个，然后通过他再找你团队所需的其余成员。

理想的情况是，如果你找到了一个很棒的专做意外财富这一领域的律师，他会向你推荐他们圈子里其他方面的意外财富专业人士。

求助于评价顾问

寻找顾问的过程中遇到麻烦了？或是不知道准备雇请的人怎么样？聘一个人做秘密调查。收费分为按小时计或收取固定费用。他们能帮你确定人选是否符合你的需要，以便提供合适的人选。请放心，由于他们是秘密调查，不存在侵权或是赔偿方面的问题。

选最好的，还是最接近你的？

我从意外财富得主那里听到最多的抱怨是他们不能在他们附近找到一个有资格的顾问。这是一个正当的抱怨，因为它确实是一个问题。如果你居住在像洛杉矶、芝加哥或纽约这样的大城市，寻找高水平的顾问一点儿问题都没有。但是如果你没有住在大城市，怎么办呢？难道你会为了就近而降低对他们资格和水平的要求吗？如果是我，这是一件很容易决定的事，我会毫不犹豫地作出选择。我一定会以找到一个高质素的顾问为根本目标，而不管他居住的离我是远还是近。事实上，我的会计和律师都和我住在不同的城市里。我在意的是，我是不是和最棒、最合适的人一起工作，而不是他和我之间的距离问题。当有了疑问、经验方面的错误，你宁愿说“我有一个全国最好的顾问，但是我希望他离我近些”呢，还是说“我的顾问就住在镇上，任何时候想见他都行，但是我希望他水平更高一些”呢？

如果你决定雇请某位顾问而他和你不在同一个地方居住，尽早设定你的期望值。我建议最初你们面对面地谈一次。在多数情况下，负担都在顾问那里，因为他得来见你。如果你习惯面对面地商量事情，那就确定多长时间你们见一次面（例如一年一次还是一年两次）。有些顾问不大愿意长途旅行去见他们的客户，但有的不介意。这最好在你们最初见面的谈话中就确定下来，以免省去后面很多麻烦。

和远距离顾问保持亲密联系现在变得越来越容易。电子邮件、电话会议、网上开会和其他手段让聚在一间会议室的办公桌前开会的形式变得不再那么重要了——尤其是一旦计划适当，你处于第3阶段时。我的客户就居住在美国的四面八方。如果你不能在自己周围找到合适的顾问，不要太在意因为距离问题而导致与的顾问之间的联系不方便。如果你找到了很中意的人，不管他们在哪里，你们之间的联系都不会构成问题。

现在既然你已经有了为你的最大利益服务的专家团队，你也应该确信你正在为自己的最大利益努力。陈旧和无效的金钱观和行为会破坏你在管理意外财富方面所取得的成功，所以你需要升级你的金钱观念了……

原则 4
升级你的金钱观念

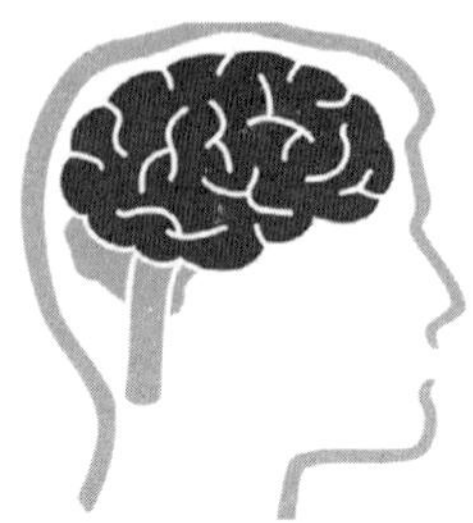

抛弃阻碍你成功的狭隘金钱观。

当一些人听到“升级金钱观念”这个词时，他们的眼神立刻呆滞了。我完全理解这种反应。我们所有人都有金钱信仰，但许多人的信仰是狭隘的。他们的观点就是赚钱、存钱和花钱，而不是它需要怎样。这章的目标是让你学会思考我们怎样看待金钱。如果你发现自己正在以一种没任何帮助的方式思考或使用金钱，你会学到不一样的策略来认识金钱——用可操作的手段帮你更有效地管理好你的意外财富。

当我们说意外财富问题与金钱没有太大相关时，绝大多数人都会非常吃惊。相对于他们的认知来说，其实意外财富更少有关财务问题，而更多的是牵涉到心理学方面的问题。意外财富造成的问题很少事关金钱，而几乎都是心理、情感和人际关系方面的问题。正如一个客户嘲讽的，“如果你能直接得到你的思想，你就能消除许多因获得意外财富带来的潜在问题。”

为什么你的思想和金钱观念扮演了如此重要的角色？就其本质来说，意外财富仅仅就是一个工具。它原本没有价值。因为金钱有多种用途，其价值和意义躺在我们每一个人心中。例如，金钱能够用于旅游看世界，借此赋予它冒险、学习和激动的价值。金钱还能用于控制朋友和亲戚，并赋予它权力和重要性的价值。你在储蓄、花费、管理和投资方面如何支配金钱呢？与金钱保持良好的关系能确保你作出正确的决策，从而得以用金钱创造一种更好的生活。与金钱保持糟糕的关系——你被狭隘的金钱观念折磨的——可能造成不必要的焦虑、人际关系紧张，并导致在短时期内消费无度。这无关金钱。

意外财富原则 4 聚焦于认识和克服金钱观念的狭隘性。即使你已经采取了控制手段，步骤已经慢下来了，而且你已经有了世界上最好的顾问所组成的团队，但如果你不升级你的金钱观念，你会很快破坏你与顾问们的关系，作出一系列的错误决定，直到你的钱花得精光。听起来有些刺耳，但这种情况却是真实的。在过去的二十年间，我一次又一次地目睹了这样的情形。事情无关金钱。

怎么确保你不会变成自己最恶劣的敌人？从认识你的狭隘金钱观入手，然后去寻找更健康的观念予以替换。接下来我将告诉你怎么做。

升级你金钱观念的 5 个步骤

1. **确定你最大的需求**。知晓自己最大的两种人性需求和你用来满足它们的手段，因为它们决定了你的决策和你最终的生活质量。
2. **避免金钱垄断的现象**。并非所有钱财都是被均等创造出来的。你是怎样得到意外之财的，这决定了你怎样看待这些财富。而你怎样看待这些财富又决定了你怎样管理它们。

3. *放下你的金钱包袱*。你的意外之财从性质上说可能是中性的（例如彩票中奖），也可能是负面的（例如从虐待你的父亲那里继承了遗产）。如果是负面的，这个“金钱包袱”可能导致糟糕的财务决定和不计后果的行为。

4. *消除负面金钱的痕迹*。负面金钱痕迹是典型的孩童期发展起来的无意识金钱观念，它推动着糟糕的成人财务行为的发生。

5. *扩大你的财富舒适区*。我们都有一个财富舒适区——情感的财产之家，在这里我们感觉最安全，对自己的决策和能力充满了自信。但是意外之财能把我们甩到完全不同的财务邻家，在那里我们觉得自己脱离了安全范围，充满了不确定性。

步骤 1：确定你最大的需求

“我们为什么这样做以及我们怎样做”，这是从 15 岁开始一直吸引我的问题。那时我读高中，恰好有一门基础的心理学课程。我学习了许多关于“我们为什么这样以及我们怎样做”的心理学理论。其中一个我觉得最重要，因为它帮助我理解了自己和他人的行为。这个理论叫做“人类需求心理学”，它提供了一个镜头，透过这个镜头，你能够解读人们的行为，不仅仅是懂得我们为什么做和我们做什么，还能预计将来我们会做什么。这是我发现的用来评估人们行为动机的最准确的方法。

人类需求心理学是一门有关人类行为发展的理论，是由著名的家庭心理治疗师科洛·麦德尼斯（Cloé Madanes）和心理学专家安东尼·罗宾斯（Anthony Robbins）创立。人类需求的前提十分简单：生活在这个星球上的每个人都有 6 个方面的需求。虽然我们在财富、人种、宗教或生活的地理环境等方面存在差异，但我们无一例外地有着6种最基本的需求。

意外财富客户发现，懂得这6种需求以及如何满足这些需求对他们非常有帮助。尽管我们都有6种需求，但是其中两种最顶尖的需求影响着我们的决定和行为。这些是必须的，不是希望的、想要的或愿望的。我们必须满足我们的这些需求，尤其是排在最前面的两项对我们施加的影响最大，不间断地用力拉扯着我们，并让我们作出决定来满足它们，有时候还要让我们以其他需求、人际关系甚至是财务作为代价。

你对这6种需求理解得越好，尤其对最顶尖的两种需求认识得越清，你就会对自己为什么作了那么多的决定解读得越透彻。这有助于自身驱使你行为产生的内在动力，以及更好地评估你未来的决定。

根据人类需求心理学，这6种基本需求分别是：

1. **确定性**。对稳定性、安全、舒适的需要，对能避免疼痛、获得快乐感到自信。而避免疼痛和不确定性则是最为关键的。高确定性人群会避免冒险，对未来进行周密计划。他们有预见性，寻求控制；比较起有挑战性的工作来，宁愿从事稳定的工作。因为重视稳定性，所以他们的生活似乎缺乏热情，甚至有些平淡、无聊。他们的力量来源于其所在的可以依赖的组织。
2. **不确定性/变化**。对变化、新的刺激、未知事物的需要，从身体到情感范围都需要来自多方面的刺激和各种兴趣。他们处于动态的、令人愉快的状态，非常风趣。高不确定性人群能够很快就卷入许多事情中，从一个经历跳到另一个经历。他们甚至可以把自己置身于身体、情感和经济方面冒险中。他们不喜欢习惯和常规。无聊是令他们诅咒的、情愿付出重大代价来避免的状态。

3. **重要性**。感觉自己重要、特殊、独一无二和被需要。高重要性人群认为幸福来自于被尊重和人们重视他。他们可以很卖力地显示自己跟别人不一样，或是试图扮演领导角色。他们通常工作努力，对自己有很高的标准，为达成目标而不顾一切。但是因为不断地需要感觉自己在别人眼中的重要性，他们似乎显得目中无人、傲慢自大。他们通常纪律性强，争强好胜，可能是完美主义者。

4. **爱与归属**。归属的需要和感觉与他人、他事有密切联系的需要。他们对自己喜欢的人非常慷慨，并大力保护他们。他们经常扶持他人，对他人有支持、有担当、有帮助，尽管这样可能会使自己吃亏。他们有时宁可压抑自己的需要，也不会对他人说“不”。为了不让别人对自己失望或觉得自己可有可无，或者不被欣赏，他们愿意为别人做任何事。拒绝别人对他们来说太难了。

5. **成长**。学习、成长和发展的需要。高成长人群强烈地感觉到发展自己的智力、情感、体力和精神的需要。他们喜欢学习和挑战自我。他们可能变得独立，不愿意人云亦云，这有可能导致其低估人际关系的价值；与此同时，他们也尊重别人。他们普遍爱思考，情绪平静，做人可靠。其他人可能会把他们视作自我修养的楷模，尽管他们这样做是出于自尊的需要而不是为了获得他人的尊敬。

6. **贡献**。超越自身的奉献和支持他人的需要。高贡献人群相信他们的生活是不完整的，除非他们为他人或某项事业作出贡献。虽然他们关心他人，却可能忽略了关心自己和身边离他们最近的人。其他人可能不理解他们为何把时间和精力都投入到事业中去了。他们的力量来自于其对受助者的同情以及勇敢、坚持和慷慨这些品质。他们通常开朗、热情，但面对不公平和非正义的情况时也会变得富有对抗性和异常愤怒。

你能看出一个重视“爱与归属”“贡献”的意外财富得主作出的决策同那些看重“不确定性 / 变化”“重要性”的人作出的决策有多不一样吗？指出这点很重要：某种需求不一定就比别的需求好——每一种需求都有其价值，6 种需求我们都必须满足。但是，你可以开始看到，依据这些驱动着我们行为的不同需求，我们可能作出迥然相异的决策。

你最大的两种需求是什么?

有多种方式可以确定你最重要的两种需求。首先，只需读读我们上面提到的愿望清单，从中选出两种似乎最重要的愿望。对一些人来说，他们会准确无误地挑出六分之二的需求。

专注于优势，避免挑战你的顶级需求

意外财富导致压力，而压力会测试出你的极限。正如你已经看到的，每一种需求都有你想要关注的优势，也有你想要避免的挑战性。改变你的顶级需求会是一件非常困难的事。专注于你的优势，明白你的挑战并作出改变，尽量不使它们变成问题。

需求：确定性

意外财富优势：你寻求一种井然有序的、稳定的生活。对看重确定性的人来说，意外之财让他们觉得自己的世界被颠倒了，因为他们失去了控制，自己的财务甚至生活都充满了不确定性。如果你的顶级需求是确定性，“意外财富原则 2：放慢节奏”是关键。不要陷入强烈的兴奋或狂喜中而不能自拔，让一切都慢下来。按照过去的模式和习惯生活。不要急着做决策。无论身处哪里，要保持生活的稳定性，尽可能坚持按照获得财富以前的日程表行事。因为意外之财打乱了你对未来生活的计划，所以同你的顾问一起通过举行定期的电话会议，创造生活和工作的新稳定性。把你所有的问题集中于一处，以便你传达给他们。尝试不要专注于新情形带来的不确定性，而是关注于意外财富所能够提供的稳定性和安全性。

意外财富挑战：当你不知道接下来会发生什么的时候，这个财富会给你带来不确定性和压力。为了控制这种局面，你可以试着控制你身边的人。顾问们作为细节方面的“乘客”，放手让他们去做吧。意外财富获得者中的高确定性人群通常想避开不认识的人和不熟悉的场合，这对他们寻找顾问并同其一起工作成为一件很困难的事情。以从容不迫的态度去认识他们吧——一起吃顿午饭，从个人层面了解他们。你对危险非常敏感，一点不寻常的事就能让你害怕，这能保护你免于遭遇恶劣的局面，但也会使你对雇来的顾问产生麻痹，对他们言听计从，不经过充分思考就作决定。告诉你的顾问，他们最能帮到你的是以现实的方式帮你解答疑问和消除担心。

需求：不确定性 / 变化性

意外财富优势：你会从刺激、独一无二的事物和不断变化的经历中感到激动。你会遭遇情绪和智力的挑战——但是你喜欢这样。你会把经历当成一场冒险。你有无穷无尽的精力，总是在期待着接下来做什么。你喜欢见以前没见过的人，可以与不同年龄、不同行业的人一起工作。不管处于意外财富的哪个阶段，这都是很棒的特质。

意外财富挑战：高不确定性/变化性的人群可能会太相信别人，而这会导致他们被人利用。你想确信你的顾问是否也是像你这样勤奋地工作？核实一切事情，不要相信任何人的口头承诺。处于对工作感到兴奋和期待接下来做什么的状态中，你会对需要你及时就税务、法务和财务细节作决定心生厌烦。可能的话，和顾问安排一次短会吧，别试图通过长时间的会议快速推进，并自始至终坚持短暂休息，这样你能站起来在附近走走，让头脑清醒。当你认为其他人正试图控制你的日程或你的生活的时候，你可以采取防御的姿态。一旦顾问了解了你对整体情况的需要，并避免以较大的冲突来处理问题，他们会努力地为你工作，避免支配你的生活和日程进度。

需求：重要性

意外财富优势：很少有什么事能比意外财富事件更独一无二或更特殊。你可能期待成为办公室中最重要的人物。一些意外财富得主让他们的顾问和计划退居次席，自己成为主角。你喜欢扮演领导者的角色，不惧怕冒险或对抗，觉得是老天降大任于你。

意外财富挑战：高重要性人群对哪怕是轻微的批评或被告知该怎么做都恼怒不已。你想要领导他人，而不是追随他人。虽然你也许会成为一个大人物，但是你的顾问在专业领域懂得比你多，会给你提供有益的忠告和建议。如果你在接受他们的意见时产生屈尊或被小看的感觉，你就会作出消极的反应。给你一个好的建议：因为你如此重要，你可以雇请最好的顾问为你工作。你不是他们的追随者，而是雇用了他们的领导。他们是在为你工作。你的顾问会支持你在重大问题上成为“司机”，当他们需要你成为“乘客”的时候，会提醒你曾经告诉过他们要去哪里，而他们现在正是在帮助你到达那里。

需求：爱与归属

意外财富优势：那些对爱与归属有强烈需求的大多数人都是很好的听众，对不同年龄和背景的人有很好的联系能力。所以你会感觉到自己被紧紧联系着成为团队一分子，而且很享受与顾问们一起工作。你很和善、开朗，富有表现力，这些都是处理意外财富所需的很强的特质。

意外财富挑战：对你来说弄清楚或关注于自身的需求可能是一件困难的事。当你计划未来或作决定的时候，这会成为一件极具挑战性的事。加之这类人群寻求被接受和赞成，让他们说“不”非常不容易。当情况对你不是很有利的时候，你所拥有的顾问会按照顾问团队的建议行事。所以你把关注点转移到自己身上是非常重要的，尽管这会让你觉得自私和有点不对劲。你的顾问会很好地支持你，帮你勾画出你的目标轮廓和清晰的需求。如果他们发现你在经济上过于关心他人，他们还应该放慢你的节奏。

需求：成长

意外财富优势：意外财富对那些重视自己成长的人来说是一个理想的机会。他们可以发展自己的新技能，学习新知识，接受情感和智力方面的新挑战。而意外财富也需要个人有一个很大的成长。所以只要这两方面的需求结合得正确，高成长人群可以变得出类拔萃。你可能领会到了意外财富事件前后大量的事实和细节的意义。那些折磨许多意外财富得主和那些通常重视重要性需求的人群的问题，是当初他们不得节衣缩食地积累物质财富。而另一方面，你现在不再对物质财富那么关切了，你更感兴趣的是如何丰富自己的阅历。

意外财富挑战：重视自己成长的人关注自我。他们最大的兴趣是个人的成长和发展。他们可能被看作独立的、缺乏人情味的和严重自我依赖的人。此外，你在自己的时间和隐私上作了细心的设置。你可以领会阶段 2 中的恐慌是怎样的，并因为会议、高度个人化问题以及你作为团队一分子所必须作的决定而给你造成负担过重、压力太大。顾问们会支持你，耐心地倾听你的询问，并从细节上加以解释并充分理解你对个人空间和隐私的需求。

需求：贡献

意外财富优势：你的精力高度充沛，尤其是想帮助他人时。规划意外财富时，你生命中强烈的目的性和使命意识可以指引着你，帮助你作出决定。你对自己所信仰的道路和想做的事一点儿也不畏缩。你的顾问会准确地理解你想用你的意外之财做什么。

意外之财挑战：你太专注于帮助全世界的人，却忽略了自己和身边的人。当你没把事情想得很透彻就把钱拿走时，这会成为一个问题。你可能觉得你的顾问对支持你的事业缺乏热情，蔑视了你，没弄清楚你是谁。事实上，他们可能更专注于你的需求，而不是你是谁。看待这个问题的一个不同方法是：你要认识到你越能专注（至少暂时的）自身的需要，在帮助别人时你就能做得越好。为什么空乘人员要求我们“在帮你的孩子戴上氧气面罩之前你自己先戴上”？这是同样的道理。通过了解你的信仰和你所支持的事业，你的顾问会最大限度地支持你。但同时他们也会委婉地鼓励你也适当关注一下自身的需求。

怎样满足自身的需求?

手段是行动、信念和我们通常用来满足自身需求的行为。需要是目的地——我们想要到达的地方。手段是怎样到达那里。你的两种顶级需求创造了拉力，但是我们选择的手段和我们创造的规则决定了我们会用我们的意外财富和我们的生命做什么。下面这个例子告诉我们选择的手段如何塑造了我们的行动。如果一个意外财富获得者把“重要性”作为自己的顶级需求，他想要体会到重要、被需要和不寻常。在这点上，我们不能预测他会用钱具体做什么，但是可以预见他会用这笔钱以某种方式满足他对重要性的需求。为了满足感到重要、被需要和不寻常的愿望，他可能会用意外财富买一所新房、一块劳力士手表或一辆法拉利。这些购买给了他炫耀财富的能力：“瞧我多不一般，多了不起！”或者他会用一种完全不同的手段去满足自己对“重要性”的需求。他可以向慈善机构捐赠一笔相当大数目的款项，或者开出一张大额支票支持某个有特定意义和影响的项目。同样的需求，不同的手段，不同的生活。

为什么改变这么难？

为什么我们所做的事情中甚至包括有害的东西？我们抽烟、大吃大喝，虽然也知道不应该，但是不管怎样仍然照做不误。为什么？需求在推动着我们的行为！如果我们一以贯之地持有某种想法或行为，是因为它满足了我们一种或更多的需求。不那么肯定？选择一个你所喜欢做的活动（或者不能停止做的活动，即使你知道应该停止），设定 1~10 分的分值以对应它满足你需求的程度。你会发现，它会在高水平上满足你的前两三种需求。你不会改变自己的行为，即使你知道应该改变，除非你发现有一个替代选择能满足这个需求。

把需求和手段区分开是很重要的。有钱不是一种需求；驾驶劳斯莱斯不是一种需求；带你的家人乘坐邮轮游历欧洲不是一种需求；为你的侄子支付大学学费不是一种需求；完成你的学位不是一种需求；坐在公司董事会的位置上不是一种需求。记住，人类只有6种需求（即确定性、不确定性、重要性、爱与归属、成长、贡献）。所有上述的项目都不是需求而是手段。

当拥有了比过去更多的钱，你突然就能支付得起昂贵的东西来满足你的需求。例如，上面选择“确定性”需求的某些人可能会通过建一座堡垒、雇全天24小时看家护院全副武装的保镖保护他们，以此满足安全的需求。然而其他人不会这么做，而是把他们的意外之财放到一个银行账户里。我们再一次看到，同样的需求却通过不同的手段来满足。

为了最好地管理意外财富，明白其中的不同非常关键。一旦你这样作了，你可以看到自己在看待金钱和花钱之间的区别。可能你会感到有一股拉力拽着你买一所你还买不起的大房子（手段）。但是如果你把问题深挖一下就会发现：其实背后是你试图满足的某种需求在驱使你这么做，而你可以寻找一个更为积极和更少财务花销的手段来满足这种需求。

积极手段 VS 消极手段

需求是中性的，但手段却不是——它们可能是积极的或消极的。积极的手段对你、你所爱的人、周围的世界和身边的人是好事，是可持续的。用你所有的意外之财投资于你的亲戚和朋友的企业可以满足你对“重要性”“贡献”或“爱与归属”的需求，对他们来说这是好事，但对你来说未必就是好事，也未必能够持续下去。

消极手段对你、你所爱的人、周围的世界和身边的人不是好事，是不可持续的。例如，我有个客户，她的需求是“不确定性”。尽管有上百万种方法可以满足这种需求，但她的手段却是网上购物。她在不同的网站上激动地搜索，挑选不同的物品，拆开快递送来的盒子。她是如此痴迷以至于危及到了她的财务状况。很明显，她的做法不利于她、她供养的家庭，也是不可持续的。

两个人可能对“贡献”有着同样的需求，但是他们满足这种需求的方式却截然不同。安东尼·罗宾斯讲了一个极端的例子。2001年9月11日，恐怖分子操纵着飞机撞向世贸中心大厦。当大厦受到撞击后，消防员们冲向楼内。一方是希望夺去无辜生命的杀人犯，另一方是希望拯救别人生命的英雄。透过人类需求心理学的镜头，恐怖分子满足其对“贡献”需求（尽管是曲解的）是通过牺牲他们的生命成就事业的大局；反之，消防员们满足其对“贡献”需求是通过冒险和最终牺牲自己的生命以拯救陌生人的生命来实现的。恐怖分子满足他们需求的手段是杀人；消防员们满足他们需求的手段是救人。

用积极手段替换消极手段

需求都是中性的，无好坏之分，但是手段却能被分为积极的和消极的或正面的和负面的。我们所选择的手段或能够服务于大局，或为了过上富有、充实的生活，或是为了我们所爱的人，但它也能摧毁我们自己和他人的生活。

目标不是替换或重新排列你的需求（尽管多多强调“成长”需求和“贡献”需求可能是理想的），而是鉴别你用来满足需求的手段，用积极的手段取代那些消极的、中性的手段。

金钱能创造新的机会来满足我们的需求。你拥有的金钱越多，你可使用的手段也越大、越多。你的需求不会在一夜之间改变，但是满足需求的手段却可以。事实上，由于意外财富会带来焦虑，许多获得者发现他们更紧紧地抱着他们的需求。如果什么人的顶级需求是“确定性”（即稳定、安全）并且中了彩票大奖，他们会继续甚至以更大的程度追求确定性。

意外财富的危害性是突如其来的横财造成了原来不可行的手段突然变得可行。如果你之前只挣 3 万美元的年薪，这限制了你满足自己需求的手段，但如果你的银行账户上有了 1500 万美元，过去难以企及的手段现在轻松就能得到。

人们可能会违背他们自己的价值观念和道德准则以满足自己的需求。他们可能会花天酒地、吸毒、欺骗他们的配偶、赌博，甚至花掉孩子的教育储蓄金以临时性地满足自己的需求。人不可能摆脱自身的需求，但可以改善自己的选择，用自己挑选的手段来满足它。如果你寻求“重要性”，并发现你的手段是在物质层面上大把花钱以满足重要性，其实有无数很少花钱的方式可以用来满足对重要性的需求。没有人要求你改变自己的需求，只是改变满足需求的手段。拥抱你的需求，改变你的手段，下面告诉你该怎么做。

1. **弄清楚你的两种顶级需求**。确定你最重视的需求的最好方法是在网上做一下简短的评估测试。
2. **决定手段**。在收到意外财富前你做些什么来满足那些需求？列一份你通常用来满足你的两项顶级需求的思想和行为的清单。
3. **把积极手段和消极手段归类**。通过你的手段清单把它们归到两个类别中：（1）积极的——那些对你和他人有益的，可持续的；（2）消极的——那些对你和他人无益的，不可持续的。

4. **以积极手段排挤消极手段**。排挤效应在节食减肥中非常流行。这种方法不是关注你没吃不好的食物，而是更多地关注你吃了好的食物，所以你不会在感到饥饿时而去吃不好的食物。这个原则应用在这里也是一样的。不少人使用积极手段和消极手段相结合的方式去满足他们的顶级需求。与其白费力气，不如考虑让你的消极手段慢下来，与此同时花更多精力在你已经用于满足你需求的积极手段上。当你花更多时间用积极手段来满足需求时，你就排挤出了消极手段，因为你没有什么时间和精力来使用它们。

5. **开动脑筋找到新的积极手段**。看看清单中的消极手段，动动脑子找到能够满足你最重要的需求而又没什么破坏性的手段。问问自己：什么经历能够以一种新的手段满足这种需求？对你来说，什么必然的发生让你感到你（你的顶级需求）在一个高水准上？确信你的新手段处于你的控制之中。如果你选择的手段被其他人或事所控制，它很难一贯地满足你的需求。

6. **试验新手段**。试一试你清单里的新手段。它们有的能用，有的不能。测试新手段直到确定哪个能用，哪个不能用。如同我的一个好朋友经常说的："寻求进步而不是完美。"

一旦明白了"是需求在推动你的行为"的道理，手段和方法就是无限的了。你可以创造一种方法，用积极手段取代消极手段。有些客户作出了非同寻常的改变，用新的方法满足了他们的需求，从根本上把自己的生活变得更好。而之前他们的行为是极具破坏性的，曾经毁了他们的生活。

步骤 2：避免金钱垄断的现象

一对新婚夫妇去拉斯维加斯结婚。他们没什么钱，事实上，支付了小教堂简单的服务费和一瓶廉价的酒外加一顿自助餐后，新郎口袋里只剩下了为保面子的 5 美元。和新娘走进卧室，他告诉她想去老虎机上碰碰运气。他乘扶梯上了赌场所在的那层楼，立刻发现自己掉进了老虎机的海洋。他把 5 美元塞进机器里，然后拉开控制杆。铃声响起，灯光闪烁！他赢了！经理赶来祝贺他赢得 65000 美元。他大喜过望，把幸运的 5 美元装进衣兜里，收起了赢得的筹码。

扣人心弦的轮盘赌吸引了他的注意力。他把所有的筹码堆在了红色区，赢了！他又把筹码堆在黑色区，又是赢家！一夜之间，他的财富从 5 美元变成了 1000 万！在太阳升起之前，他把 1000 万美元筹码全部压在了红色区域。骰子骨碌碌地旋转着，跳动着，滚动着，终于停住了。输了！没剩下一个筹码，他筋疲力尽，蹒跚着走回自己的房间，此时他的新娘刚好醒来。“手气怎么样？”她问道。“还不坏，”他从口袋里掏出 5 美元，“我不赔不赚。”

我一直很喜欢这则寓言。它令人心痛地说明，金钱不是按照同等的条件创造出来的。赢来的 1 美元和挣来的 1 美元是不同的，这是一个非常关键的重要概念，值得意外财富得主好好领会。如果他们不接受这个教训，就会像故事中的新郎一样轻易挥霍掉他们的意外之财。

拉斯维加斯那位赌徒很明显是大脑进水了，你和我绝不会随随便便地押上 1000 万美元的。钱毕竟是钱，对吗？ 1 美元在你的左手心里和在右手心里实实在在的是同等价值。你明白在钱包里的 1 美元和在银行账户里的 1 美元是一样的。你还明白自己辛辛苦苦地上班挣来的 1 美元和赢来的或从地上捡到的 1 美元也是等值的。别那么快地让它溜走……

也许你不认为自己是拉斯维加斯那位赌徒，但是你捡到过钱吗？你会很珍惜它、保管它，一如你自己辛苦挣来的钱吗？不会的。因为这是个“礼物”。你有没有发现你会用它来买某样你不曾舍得花钱来买的东西？如果是这样，那你就不孤单了。一个人捡到了20美元，把它买了彩票，没想到中了大奖。我问他如果你没有捡到这20美元，你会掏钱买彩票吗？他盯着我，好像我是个傻瓜，“当然不会，你以为我疯了？”

从逻辑上说，不管钱从哪里来，我们都知道它们的价值都是一样的，但总觉得自己挣来的钱比捡来的钱更值钱。研究显示，那些意外得来的钱比加班挣来的钱更可能被花掉。心理学家和行为经济学家为我们这种对待钱的不同倾向创造了一个词：心理账户。作为一个意外财富得主，你需要懂得这一金钱观念会怎样蒙蔽你的辨别力和进行正确财务决断的能力。

“心理账户”绘出了我们根据钱的来源不同而以不同态度对待它们的倾向。那些不能领会“心理账户”所带来的真正影响的意外财富得主可能招致巨大不幸后果——他们一夜之间飞来的横财将会飞快地消失掉。我的工作就是作为意外财富顾问，帮助客户像对待工作中挣来的钱一样珍惜他们从彩票中奖、法律诉讼、遗产继承或其他意外财富事件中得来的钱财。

认识到这一点很重要：即使你不是通过彩票中奖赢来的意外财富，它也带有一夜暴富的性质。因为它是如此庞大的一笔数目，能让你产生“捡来的”或不劳而获的感觉。一个通过庭外和解拿到大笔钱财的人把得到的钱称为“假钞”，尽管为拿到这笔钱他用了几年的时间打官司，并因此失去了和家庭成员的亲密关系。

这位经过打官司得到遗产的人告诉我，从逻辑上说，他知道“心理账户”的道理，但还是禁不住地把银行带着一堆数字的对账单看作别的任何东西但不是“占有的金钱”。不管你是赢来的彩票大奖、从法庭判决或庭外和解中继承的财产、从体育或娱乐界签来的合同、可兑现的股票期权，还是你的商业买卖，如果你认为这些钱不知怎么总不如你工作挣来的钱更有价值，后果会很严重，并且充满戏剧性。

“心理账户”的观念不仅适用于那些意外财富获得者，也同样适用于我们。有本叫《金钱的社会意义》书中提到一项由薇薇安·泽丽泽（Vivian Zelizer）所做的研究，说明奥斯陆的妓女是怎样创造了一个“分裂的理财”。她们从社会福利、保健福利金和其他合法收入中得到的钱，“被小心地计划和预算，用于普通人寿保险租金和账单”，而她们从皮肉生涯中挣来的钱被她们轻看，这些钱被迅速消费在外出交往、吸毒、饮酒和购买服装上。结论是什么？“肮脏的钱把你的口袋烧了个洞，所以它们溜掉得快。”

为什么我们重视自己参与挣来的钱，轻视非参与得到的钱？例如，心理学家哈尔·阿克斯（Hal Arkes）在《横财心理》一书中认为，意外之财可能被存放于一个特殊的、心理上被认为是“横财”或“假钞”的账户中，从而与挣来的钱分开。或者被拥有者认为这笔钱纯粹是一个有害之物，不可能把它放到任何账户里。在这种情况下，这些钱就只是不被精心打理的东西，只存在于奢侈、无聊和投机等用途上。

怎样重视意外财富？

不管我们为什么坚持认为意外之财和其他钱财不一样，关键问题是我们怎样避免这种认识，怎样赋予更多的价值、分量和尊严于意外财富上，让它的价值和我们挣来的、从退休金账户上领取的钱完全一样？我们应该怎样避免从观念上低看自己的意外财富？

1. **意识上清醒**。想要把意外财富和挣来的钱看得同等重要？有时候意识到我们重视挣来的钱却轻视我们“捡来”的钱这个倾向是非常容易的。和客户作了这样的谈话后，我经常看到发生在他们身上的变化，这主要反映在他们是怎样谈及他们的意外财富以及为此所做的财务计划上。他们心理转变的程度通常是看他们怎样评价自己的意外之财的功能。他们可能根据新得到的观念，后悔之前作出的消费意外之财的决定。有的甚至嘲笑自己考虑意外之财的想法不合逻辑，对教给他们的新认识心存感恩。

2. **换一个视角**。这个训练是给脑子吹点风、供点氧。统计一下，你拿到意外之财用了多长时间？一些最极端的例子可能是数十年。或者下次当你买东西的时候，计算一下你花了多长时间买到它。然后问问自己，如果是你辛辛苦苦挣来的钱，你会不会这样花掉？为了获得不同的视角，考虑通过其他人把钱捐给那些一无所有的人，看看他们会多把这些钱当回事。

   我开办了一个非营利组织，专门收养那些孤儿和生活中遭遇不幸的孩子。当我访问我们在越南的一个项目时，其中一个有心脏缺陷的小姑娘正濒临死亡。你知道为她做外科手术需要多少钱？只要400美元！从把钱放到她身上所产生的价值这个角度讨论一下吧！（我们出钱为她作了手术，现在她生活得很健康、很幸福。）

3. **创建一个心理账户**。当其他做法都失败了，拥抱你的心理账户吧！从你的意外财富中取出一小笔（小到损失了你也不会心疼的数额），把它放到一个标记着“私房钱”名义的户头上。把其他的意外之财放入另一个账户里。如果你想轻视你的钱，至少给它戴顶帽子表明为什么轻视它。

认为“捡到”的钱不同于挣来的钱，这可能导致戏剧性的后果。意外财富的主人有用“捡来的”钱采取冒险行动的倾向，花掉它不大在意，并花得又快、又浪费。虽然他们的意外财富不是捡来的，但诸如彩票中奖和任何意外财富事件都能歪曲你对这些钱的评价。所有贬低意外之财的得主们都处于危险之中，即使是那些遭受了巨大痛苦才换来这笔钱的人。

为了避免这样的危险，按照上面给出的方法把处理意外财富的节奏慢下来,并让它真正成为你的财富。只做那些你不得不作的决定，对你的大宗购买和生活决定，摁下暂停键！

步骤 3：放下你的金钱包袱

意外财富可能变成附带伤害，这是完全可以理解的。当意外财富来自于遗产、诉讼或离婚的时候，这种事尤其可能成真。因为这类事能够给当事人造成很大的痛苦和愤怒，并且他们容易把这些情感投射到金钱上去。比如：你收到的一份遗产来自于过去曾虐待过你的叔父；你失去了一个孩子，得到一张庭外和解的支票；你容忍了一段痛苦的婚姻，得到了一半的企业所有权。收到的这些钱让人感到五味杂陈，这是非常自然的。

这种钱类似于法律上说的“毒树之果”。如果钱被污染了，那么和钱相关的任何事情也都被污染了。如果你享受这些钱所提供的东西（例如旅游、新车），那会不会让你感到自己也是个共谋犯？

那岂非你暗含了宽恕钱的来源？一个客户问道：“我怎么会感激这些带血的钱？！”

因为这些钱是如此残酷地和强烈的情感捆绑在一起，所以对于许多意外财富得主来说，克服狭隘的金钱观念尤为困难。这要花很多时间、耐心和工作，才能让他们把意外财富与其来源分开。

意外财富提供了（或者至少可能是）一个机会。它对你以及你所爱着的人来说意味着更好的生活。它意味着不用继续做你不喜欢的工作。它让你自由地追寻更高层次的愿望。它还意味着你将有能力帮助他人。但是如果意外财富的来源让你产生愤怒和有罪感，使得你惩罚金钱，这些事你就一件也干不了。

哪些标志说明意外财富得主正在惩罚他们的意外之财？他们通常把这笔钱和自己辛苦挣的钱从账户上分开。他们一想到这些脏污的钱和自己原来的钱混在一起就会变得不安，甚至厌恶它。他们试图让自己与其保持距离——有时候会把这两笔钱放在不同的银行账户里。他们从精神上到肉体上都想摆脱意外之财的附着。他们会避免在和配偶或顾问的谈话中提到它，即使不得不提到它时也只用“那笔钱”作为代称，并会告诉财务顾问这笔钱不受限制。他们可能把不公开的意外财富的例行月报塞到抽屉的角落里或者把它们撕掉。因为这钱和痛苦的过往连在一起。他们越少想起这钱，就越少回到过去的痛苦之中。他们虽然这么做，但是自己也明白这是非理性的。我的一个客户一说到这事就泪流满面，他告诉我他也知道不应该这样，但就是无法控制自己。

制造与意外财富的距离也是一些意外财富得主的共同做法，好在这通常无害。最危险的情况就是，意外财富获得者惩罚金钱。这种情况发生在他们满不在乎地花钱或分派这笔钱。他们把金钱花得越快，从痛苦中解脱得越快。这样做似乎很好，但到最后，有可能他们把钱花光了，但是痛苦却依然存在。这是一个可以理解和同情的情感，但是毫不在意地花钱会导致进一步的负罪感和苦痛。

用花钱治疗情感的伤痛断不可行。顾问们通常不欣赏金钱治疗的力量。他们认为说一千道一万，意外之财仅仅是钱。他们不明白那些客户么为什么愿意把几百万留在银行账户上什么都不做，其实他们可以把它放在金融市场上挣点钱的。他们不能理解为什么客户拒绝谈到意外之财，或是为什么没有在会议上露面并错过了例行的电话会议。他们试图从逻辑和理性的角度理解客户的所作所为，但这一切都是白费工夫。如果我和这些不能理解客户行为的顾问们一起工作，我会提出以下方案来一起讨论。

假定你从地下室发现了一个德国纳粹时期的人工制品，并被证实是用来折磨和杀害孩子和婴儿的。你可以把这物件卖了或是捐给华盛顿特区的大屠杀纪念馆，这会让你犹豫吗？你能看出这和意外之财看起来有什么不一样吗？当你用卖掉这个物件所得到的钱到夏威夷度假，躺在海滩边的吊床上时你会想到什么？你愿意想到无论如何你正在受益于那场暴行？这里没有正确或是错误的答案，仅为你提供这样一个视角：因钱的来源不同而产生的不同影响。

把来自于你父亲的遗产和你挣的钱分开是一个可行的做法，因为他生前虐待你的母亲。下面是一些可能对你有裨益的策略……

1. **创造新的意义**。这取决于你怎样看待这笔钱。有无数的方法来看待你的配偶离世后所引发的诉讼判决。最后，你选择的东西会形成你的决定。最好的解释是能创造你最好生活的东西——无论那会是什么。

2. **创造暂停**。许多人经历了人世的苦难，使得他们生活的使命就是帮助身边那些正在遭受苦难的人。允许他们暂停一下并用他们一部分甚至全部的意外财富完成使命。这是开启人生意义的一个做法。与其说这是用钱增加自己的负担，不如说他们是在用钱减轻别人的负担。这让他们从受益于不义之财的负罪感中解脱了出来。相反，他们用带血的钱治愈了他人，其中也包括自己。这正是贝卡·布朗（Beckie Brown）在儿子死后所做的——她建立了一个反对醉酒驾驶的组织。和你的顾问在工作中更亲密些，在你把所有的选项都深思熟虑地思考过以前，不要作重大决定。例如一个客户在女儿死后，她先前想把得到赔付的几百万美元捐给一家儿童医院，经过情况反馈以及同她的顾问商量了以后，她决定辞去工作建立一个小慈善组织，专门帮助那些失去了孩子的家庭。通过暂停，她让自己摆脱了不由自主的迅速反应，代之以可以持续的计划，专注于她的新生活使命。你可以决定放弃自己应得的钱，但是要留有充分的时间来考虑你所有的选项。
3. **把钱和来源相分离**。因为一笔遗产或一桩因死亡或严重伤害情感的诉讼得来的钱让你觉得这笔钱就像是用一个生命和金钱进行交易的结果，似乎生命的价值反映在支票上数额的大小。如果我花这笔钱，意味着我认同并接受了他们赔付的我所爱的人的生命价值。很自然地，他们一想到自己所爱的人的生命是被买去或赔付了，他们的心就纠结起来。他们把这个因果联想得越多，决定正确使用这笔钱的可能性就越低。有时候，他们会在脑子里展开这个因果关系。他们认为，这笔钱就是造成所爱的人死亡或受严重伤害的原因。我的工作目标就是把钱和死亡的关系断开，让客户认识到这是各自独立的两个东西。哀悼死者，但不要哀悼金钱。

4. **把钱和使命结合起来**。在意外财富原则 8 中，你将会学到如何运用你的意外财富去为自己和他人创造更好的生活。对许多意外财富获得者来说，他们能够再次创造，或者可能是第一次为他们的生命创造一个使命。这个新使命的背后可能有一个你所信仰的原因，也可能没有。不管你怎样解释自己的使命，如果你能专注于金钱怎样帮助你追求和达至你的使命，你就能克服狭隘的金钱观念，把你先前认为的“坏”的钱转变为达成使命的工具。

5. **专注于未来**。我见过很多这样的情形，那些意外财富获得者忽略了为自己的家庭提供一些基本的东西，因为他们不想用“那笔钱”。这种情形下他们不会赢。你越专注于未来以及身边你所爱的人，对自己和他们越好，那么你会怎么使用这笔钱帮助你的家庭和那些你所爱的人呢？

如果你因为失去一个所爱的人并正陷于精神折磨中，书中的区区几页是不够的，在做事关金钱的重大决定之前，考虑去看看心理医生。想找到专门从事意外财富问题治疗的医生，可以登录意外财富网。那些反应飞快、不考虑行为后果的客户经常说他们被两项失去折磨着：一是失去所爱的人，二是伴随着负罪感所作决定的后果——金钱的失去。

步骤 4：消除负面金钱脚本

“金钱脚本”这个词是心理学家布拉德·克洛茨（Brad Klontz）和泰德·克洛茨（Ted Klontz）杜撰出来的，用于描绘驱动我们财务行为和关于金钱的核心观念。金钱脚本就像应用软件一样在后台工作，但却影响（有时候是控制）着我们怎样思考金钱和作出财务决定。鱼对水是没什么感觉的，因为水就是其存在的一部分。我们就像鱼一样，通常对我们的金钱脚本之水和它们造成的影响毫无意识。

金钱脚本通常是在童年时期发展，并在我们的文化和家庭内一代一代地传递，它通常只包含了部分真理。金钱脚本从一个文化的、金融的光点（例如经济大萧条），或者从一个单一却充满情感的戏剧性结果，或者从有创伤的个人或家庭的财务光点（例如被父母抛弃、驱逐，不得不睡在家里的车中），伴随着时间而发展的（例如你听到父母谈到钱的问题）。在这些条件下被锻造的金钱脚本，能够让一个人变得抗拒变化甚至走向自我毁灭。好消息是，研究显示，一旦某个人的金钱脚本被识别——那就是说，可以撤销自动驾驶程序——在后台运转的应用软件就能被观察、被改变。

如果你有一个正在后台运转的、可能几十年前形成的你如何看待金钱的负面金钱观念软件，你的意外财富就可能像正在燃烧的燃料。例如，下面将要讨论到的一个金钱脚本就是金钱逃避。它描绘的是：有的人相信金钱是坏东西，不应该得到它。你能明白这样的无意识观念是怎样在经历意外财富事件后妨碍你作出正确决策的吗？

3 个金钱脚本

布拉德·克洛茨、桑亚·L. 布里特（Sonya L.Britt）、詹妮弗·门泽尔（Jennifer Mentzer）和泰德·克洛茨的研究识别了三个与糟糕的财务健康相关的金钱脚本：金钱逃避、金钱崇拜和金钱地位。下面的描述就是其研究成果。

金钱逃避

在金钱逃避上得分很高的个体认为：金钱是坏东西，或者他们不应得到金钱。对金钱逃避者来说，金钱是恐惧、焦虑或者憎恶产生的根源。金钱逃避者和金钱建立消极的联系，相信有钱人都是贪婪和堕落的，认为美德只存在于拥有较少金钱的人群中。与此同时，金钱逃避者可能持有相互冲突的观点，他们承认有更多的钱能解决自身的生活难题，改善自我价值和社会地位。如此一来，他们可能在两者之间徘徊：坚持极端蔑视金钱的态度和认识到有钱人能投入更多金钱使自己的生活得到改善。

因为无意识作出努力，他们尽可能少地占有财富，但这样的态度会妨碍他们在财务方面获得成功或者放弃他们应得的财富。然而与此同时，为了多挣点钱，他们有可能超时工作。别吃惊，金钱逃避者的财务健康状况通常都很糟糕。他们都倾向于只拥有较少的钱和较低的资产。但是他们却加大了超支和强迫性购物的风险，为了他人利益而牺牲自己的财务幸福感。他们在财务上依赖家底和别人，避免看他们的财务报告，试图忘记自己的财务状况，所以在做预算时经常遇到麻烦。

金钱崇拜

在他们的核心思想中，金钱崇拜者确信幸福的关键和解决所有难题的方法是要有更多的钱。与此同时，他们认为人绝不可能有足够的钱，也绝不可能满足自己生活中所有想要的。相信更多的钱和物品将带来更大的幸福和感觉人永远没有足够的钱，这两者之间的张力将导致他们长期的过度消费，并试图用金钱购买幸福。金钱崇拜者更可能只有较少的收入和较低的资产，往往陷入信用卡借债的循环中。他们更可能强制性消费、贮藏所有物，把工作看得比家庭关系还重要，试图忽视或忘记自己的财务状况，即便自己很困难也要帮助他人，财务上依赖他人。

金钱地位

持金钱地位脚本的人把财产净值和自我价值看作是一回事。他们虽然没什么钱，却可能装出有很多钱的样子，结果，不得不冒过度消费的风险以换取人们对他留下在经济上是成功人士的印象。他们认为，如果自己过一种较体面的生活，全世界都会来关心他们的财务需求，他们就能挣像成功人士一样多的钱。他们通常在较低经济水平的家庭中长大，其净资产和收入都很低。他们更可能是强迫消费者，依赖别人的资助，在消费上对他们的配偶说谎。坚持金钱地位脚本的人还可能患有病理性赌博症，指望着依靠一次走运赢得大笔金钱，从而改善自己在别人眼中的价值。

克服限制性金钱脚本

识别你的金钱脚本

如果当你阅读上面有关负面金钱脚本的描述时不住地在摇头，那就到意外财富网上做一个简短的测试评估吧，以确定你在每一种脚本上的得分情况。

盘点你关于金钱的信条

关于金钱，你最早的回忆是什么？关于金钱，你最幸福的回忆有哪些？关于金钱，你最痛苦的回忆是什么？关于富有和贫穷，你得到过哪些教育？你的父母如何看待金钱？你认为他们关于金钱的认识是正确的吗？为什么？

做金钱脚本记录

布拉德·克洛茨博士推荐把金钱脚本记录作为一种方法，以深刻理解你在金钱问题上的思想和信条。他建议意外财富获得者回答下列问题：

1. 你的动机是什么？识别哪些情况、事件或情感引发了你的消极金钱行为。
2. 是什么想法在你脑子里闪现？关注在消极金钱行为前你想到了什么。
3. 你是怎么冲动的？你认为是什么驱使了你作出行动？
4. 你开始作了些什么？最后又作了些什么？

金钱脚本记录创造了一条小路，你可以沿着这条小路到达你金钱行为的源头。当你使用金钱脚本记录时，你可以克服或者至少自动打断金钱脚本，因为金钱脚本记录迫使你暂停，并分析这个过程的每一步。你可以在强制需要做什么和实际正在做什么之间插入问题。例如，你可以问自己："能让我现在感觉好一点的做法是哪一种？""如果我这么作了，后果会是什么？"或者"这样做值得吗？"

金钱脚本和这章讨论到的其他所有狭隘的金钱观念都是类似的。意识到自己的行为，可能足以转变你的思想并树立更多的积极金钱观念。但对一些人来说，明白自身在金钱观念上存在的问题和找到解决办法完全是两码事，他们可能需要更多的帮助。如果你已经识别了自己的金钱脚本，但是仍然不能改变你的金钱观念和消极行为，你应该寻求外在的帮助：寻找金钱心理治疗师或者教练。

步骤 5：扩大你的财富舒适区

财富舒适区的概念可能是将意外财富转化为持续财富最重要的

一个思想。我同客户们谈到这个概念已经有接近20年，其他人尤其是布拉德和泰德在他们的著作《精神胜于金钱》中多处提到这个我认为对意外财富获得者来说最为普遍的狭隘金钱观念。

什么是你的财富舒适区？下面这个问题可以给你一些启发。在一个独特的、时髦的五星级饭店，让你感到非常舒适和轻松的是什么呢？在这里停车？作为招待员在这里工作？作为一个在这里吃晚餐的宾客？还是拥有这家饭店？不管答案是什么，你一定希望它像家一样带给你舒适的感觉。

财富舒适的观念比这更精细、微妙，但是你的回答至少部分反映出你的财富舒适区。我们可以把某些人的财富舒适区想象成气球。这些意外财富获得者的财富舒适区很灵活——他们可以膨胀到超越之前的正常范围，以适应新的信念，满足新的挑战。这些人能很快地适应意外财富的经历，忍受很小的不确定性和烦恼。另外一方面，意外财富获得者中那些灵活性很小的人有很多刚性的边界，扩张他们的财富舒舒适区有一定困难。相反，当他们进入了意外财富的世界里，可能被安放到了舒适区之外。而一旦在舒适区之外，他们就可能开始有意阻止意外财富以退回到他们的财富舒适区，也就是我所称的“意外财富逆行”。

“意外财富逆行”是认知失调的结果——这是当我们的信念或行为同我们自我识别的观念发生冲突时，心理学家用来描述令人不安的情绪的一个词。如果你认为所有富人都是自私的，那么你会怎样处置你得到的1200万美元的意外之财？你既需要转变自己对富人的认知，也需要改变自己毅然决然地放弃这笔财产的态度。

意外财富逆行

意外财富逆行意味着回到了从前的状态，这恰好是意外财富逆行发生的情况。意外财富的获得者经历了强烈的压力和不确定性，这把他们推到了财富舒适区之外。他们从新财务状态里感受到了或者说是领会到了真正的社会孤立、排斥或是来自亲友的冲突。在为了减少焦虑、感受舒适和被以前的生活所接受的尝试中，或在经历一次意外财富事件后，他们有意无意地妨碍了自身的财务期待。如同一个意外财富获得者在评论中提到的："在获得这笔财富以前，我的生活算不上完美，但至少有朋友同情我。"

你能感觉到有一股来自家庭和朋友把你拽回你熟悉的财富舒适区的拉力。你感受到的把你拖拽回原地的力量有可能是隐秘的，也有可能是公开的。意外财富得主们抱怨说他们听到了一些关于"富人"的背后议论，或者是评价他们现在变成了什么样的人。他们感到了压力，想要去做点什么来消除或缓解。

意外财富逆行是一种令人绝望的、试图重新回到过去的尝试，这种做法会损害他们的财务状况及他们与顾问的关系。这种行为的共同点包括：放弃很多属于他们的钱，做糟糕的决定，做很冒险的事，不听从他们顾问的意见，回避讨论他们的财务问题，低估他们的财富，消费起来毫不在意或不顾一切。

这些行为可能是一种尝试，目的是把他们现在拥有的钱花到获得意外之财以前的水平，或者他们的这些好笑行为是为了向其他人显示他没有受到横财的影响，他还是他们中的一员。

狭隘的金钱观念不是关于这样的事实：我们有一个财富舒适区。也不是我们依据有瑕疵的金钱观念，把自己包装到财富舒适区。狭隘的金钱观念是我们不能重新定义它们，原有的观念不能被改变。当我们认为无法摆脱我们今天拥有的金钱观念和行为时，我们就限制住了自己。不知怎么的，我们的财富舒适区被固定在了不知从哪来的旧规定上了。这些墨守成规的东西，谢天谢地，完全不是真实的。

我们怎样创建财富舒适区

我们认为自己就像利己主义者一样，制订我们自己的人生规划。但是在相当大的一个程度上，我们是我们所处环境的产物。根据社会科学家、哈佛大学教授尼古拉斯·克里斯塔基斯（Nicholas Christakis）的观点，我们的社交网络能够发挥一种无形、强大的影响力以塑造我们的思想、态度和信条。我们接受群体的特征，说话像他们，穿衣服像他们，甚至投票也像他们。真见鬼，连我们的体重也和他们一样！克里斯塔基斯的研究显示，如果你的朋友肥胖，那你肥胖的可能性达 57%；如果你最亲密的朋友是个胖子，那你成为胖子的可能性高达171%！这个社交网络的影响力不只限于朋友，还可能扩展到朋友的朋友的朋友——那些你可能从来没有见过的人也可能影响到你。克里斯塔基斯嘲弄道：“人是盲目的模仿者，以各种方式互相复制。”

这听起来挺有趣，但和意外财富又有什么关系呢？我们的财富舒适区不是我们深思熟虑或有意识地创造出来的，更多的是环境教化出来的。社会环境不仅塑造了我们的内在、外在形状，还形成了我们的金钱观念和财富价值观。我们的财富舒适区，我们所认为正常和可接受的金钱观念和行为，都来自于我们早年的社会经济地位，我们所赖以成长的家庭持有的信条，以及我们现在的社会阶层和组成这个阶层的朋友。

我们继承的财富观念可能包括我们怎样定义贫富，我们所认为的正当的收入是什么，怎样才算是经济上的成功人士，金钱是否应该用于购买东西和丰富人生经历，怎样看待债务，有多少钱才可以炫耀财富，以及是应该向其他人谈论自己的财富还是守口如瓶。这些财富信条创造了一个边界，不仅圈定了哪些是我们认为可以接受的，哪些是不能接受的；同时，这一边界还直接影响了我们的决定：我们应该买还是租？债务应该是被诅咒的东西，还是享受生活的代价？你应该炫耀你的新财富，还是缄口不提？

如果你在贫穷的家庭里长大，你可能学到了这样的观念：富人都是自私的，或者你不得不撒谎、骗人，因为要不事声张地成为有钱人。你和伙伴不喜欢为这样的老板做事——他们用金钱操纵规则，脱离实际，除了自己不关心任何人。另一方面，如果你在有钱人家长大，你可能认为穷人懒惰，永远等待别人的施舍。

财富主义

在《继承财富的经历》中，乔安妮·布隆夫曼（Joanie Bronfman）杜撰了“财富主义”这个词，以描绘仅仅因为富人有钱，就把他们具象化为在行为和态度方面都失掉人性的有钱人。所以为了避免遭到世俗的怨恨，一些意外财富获得者尝试隐瞒他们的财富。

无论是长在富人家还是穷人家，我们都会有一个财富舒适区——这里有确定性和安全感。一旦超越了财富舒适区，我们就会感到不快，因为那将是陌生、奇特的地方。我们不懂得那里的规则和价值理念，成为在一块不熟悉的土地上生活的居民让我们感到不舒适。一个客户说她觉得自己似乎“在一部电影中扮演一个角色，就像是个骗子”。当我们扩展出我们的财富舒适区时，改变的不仅是我们的财务，而是整个舒适区域。所以我们自然地要往后退回到令我们觉得更自信、更舒适的地方。逐渐积累的财富让我们慢慢、轻松地适应过渡，但意外财富却迫使我们一夜之间面对所发生的变化。

让我们待在财富舒适区的是一股很强大的力量。只要我们往边界稍微一挪动，我们就开始感到焦虑和不舒服。做做这个实验：双臂交叉。哪只手臂在上面？现在，把另一只手臂换在上面。对大多数人而言，这让他们觉得怪怪的，不舒服。现在，把手臂换回到你感到自然和习惯的交叉状态。这次是不是感觉很好？

如果交换一下手臂都能让我们感觉到那么别扭，那么设想一下，当我们强行闯入一个新的、与我们的财富舒适区格格不入的区域，整个天地都被颠倒了，我们怎么会感到轻松呢？

扩大你的财富舒适区

你必须克服的狭隘观念就是：你目前的财富舒适区不能扩大。

你的财富舒适区是灵活可塑的，不管你是长在穷人家还是富人家，不管你从你的家庭和朋友那里继承了什么样的金钱观念和生活价值观，你能够学着成长并进入一个新的财富舒适区。这是由你的意外财富形成并与你的社会经济地位相称的区域。

当推动某些人超越他们原有的舒适区时，他们既可能成长着进入新的环境，也可能抗拒变化，仍愿意待在目前的舒适区。他们忐忑不安地第一次走进健身房是被推动着离开他们的舒适地的。他们可能被推动着超越他们的恐惧，并继续健身房的锻炼，尽管这个过程可能是不舒服和怪异的。他们也可能会退出，重新回到他们的老习惯上去。

怎样才能扩大你的财富舒适区呢？

意识到你的金钱信条

就像这章中其他狭隘的金钱观念一样，对多数人而言，意识可以作为他们的治疗方法。开始感知你的观念吧。

1. 你如何定义穷人和富人？

2. 如果你接触到一个有钱人，你如何看待他？

3. 当遇上一个戴着大钻戒或昂贵手表的人，你会有什么反应？

4. 你最信任谁？是你的花匠，还是你的老板？

5. 金钱对你意味着什么？得到，还是享受？

6. 财务独立对你意味着什么？

7. 人穷仅仅是因为不走运吗？

8. 财务预算仅仅是针对富人或穷人的吗？

9. 你认为金钱让人产生压力，还是释放压力？

10. 爱财是一切邪恶的根源吗？

追根溯源

如同前面所讨论过的金钱脚本，你的金钱观念和财富舒适区能从源头上予以追踪。尽管这不是本质的东西，但它能让你洞察为什么你会这样看待自己现在做的事。

你的信条如何束缚了你？

识别束缚你的财富舒适区的金钱信条。这些局限性是怎样拽着你往回走的？你的财富舒适区对你的财务和生活带来哪些损害？如果你继续坚守这些信条，仍然走不出你的财富舒适区，会给你的意外财富带来什么样的负面撞击？例如，如果你认为所有律师都是贪婪的、不诚实的，这些信条会如何伤害你的意外财富？也许你会不信任或不听取律师的意见，也许你压根就不会雇一个律师，而是雇一个朋友中尚未取得律师资格的人帮助你。而没有合格的法律顾问，你可能会付出更多的税金并使你的意外财富处于危险状态。

挑战狭隘的信条

你的狭隘的信条中哪些是不真实的？能找出一个真实的吗？如果你坚信所有律师都是贪婪的、不诚实的，那么你有没有遇见过不是这样的律师呢？通过寻找例外，开始削弱你的错误的信条。富人都是自私的？真的吗？你是说所有富人？你可以下这样一个结论：有的律师是不诚实的，只关心钱，但我相信你能找到一个真正关心客户的律师。（如果你没有找到，我当然会介绍一个给你！）

树立新观念，扩大你的财富舒适区

当削弱你狭隘的金钱观念时，你可以通过树立新的信条，为扩大你的财富舒适区提供一个空间。能够替换你的消极信条和扩大你的财富舒适区的积极信条是什么？琢磨一下每一个消极信条，对应地创建一个替代性选择。这些替代性选择不会限制你，而是允许你自由地谋划你的意外财富。这样的信条不是更好吗？

所有的狭隘金钱信条对于你的物质幸福都是有害的。如果它们没有被识别或提升,就会微妙地影响你的思想和行为。你可能会做“感觉”正确的事，因为它们让你感觉舒服，但它们是高度不理性且总体上与你的幸福生活适得其反。同时，你的狭隘金钱信条不仅破坏你的财务状况，还可能毁坏你的人际关系。

原则 5
管理人际关系

怎样保持你最重要的人际关系？

金钱改变着人们。你可能不愿意承认金钱能改变你与朋友和亲戚的关系，但是大多数意外财富得主都经历了他们在人际关系方面的某种变化。这些变化可能是积极的，也可能是消极的，但肯定是不同性质的变化。那些很直率地承认意外之财影响了自身人际关系的人内心感到悲哀，因为意外财富，他们失掉了朋友，或是与他人滋生了嫌隙。他们可能责备自己和他人，但他们认为是金钱破坏了对他们来说非常重要的人际关系。这种情况让人想到你可能会变成这样一个家伙：银行账户上有 1500 万美元的意外之财趴着，却背负着 55000 美元的债务！这样做很崇高，但是一点儿也不现实。你错误地认为你的朋友和亲戚都不想要变化（所以你不花意外之财），但其实不是。

一些意外财富获得者会经常抱怨他们的朋友和亲戚在其最需要帮助的时候却没有出现在他们身边，或者是这些亲友带给了他们太多的压力。而亲戚朋友则会抱怨是这个幸运者没有时间见他们，或者说是金钱让他变了个人。转而咒骂金钱的意外财富得主没有会见他们的亲友，是因为他们和顾问间有太多的会议和交谈，或者是感觉被压力击倒了。他们咒骂意外财富，认为是它造成了自身的离婚、失掉朋友以及与亲戚失和。这也是为什么意外财富得到了不好的名声。不幸的是，意外财富具有长久地损害我们亲密的人际关系的能量。

虽说意外财富改变了每一个人是不可否认的事实，但这并不是说你的人际关系注定要失败。当你想起人际关系时，“管理”可能是出现在你脑子里的第一个词儿。其他类似的词还有诸如：“建设”“享受”或者“保持”。如果你想拥有对你来说非常重要的人际关系，你需要“管理”这种关系，并对它负起责任来。

构成幸福的关键条件之一是拥有良好的人际关系。事实上，它可能是最关键的条件。曾做过三任美国总统顾问的哈佛大学教授罗伯特·普特曼（Robert Putnam）大胆地陈述：“到现在为止，最强的幸福因素是我们的社会人际关系。”意外财富原则 5 的目标就是让你的人际关系保持健康和良好。你的意外财富不必是你的减分器。你可以与亲戚朋友创建一种更强、更好的关系，但是为了做到这点，我们首先来检视一下意外财富可能给我们的人际关系带来的挑战，学习怎样成功地掌控它。

意外财富给我们人际关系带来的挑战

比起掌控错综复杂的人际关系、误会和情感伤害来，管理意外之财带来的税务、法务和财务方面的事务似乎就显得简单了。管理财富是有章可循的，但是人际关系管理却无规可依。需要解决一个税务问题？没问题，做一点儿研究，正确填写美国国家税务局的表格就行。需要解决一个有关人际关系的问题？只能祝你好运。需要保护你的资产？有无数的法律案例和最好的司法实践供你借鉴。需要保持你的人际关系？只能再次祝你好运。

你怎样处理这些棘手的情况？

·你想搬到一个好一些的社区的大房子去住。但是你担心亲友会有异样的反应。

·你和一帮朋友们一起聚会，最后的账单是你来买吗？

·你的姐妹邀请你到一家价格便宜但味道一般的餐厅就餐，你建议换个好一些的餐厅。这顿饭你会提出由你买单吗？

·你的兄弟找你借一笔钱，但你拒绝了。在侄子的生日聚会后你开着自己那辆价值13万美元的梅赛德斯送侄子一家回家，快到他家时你突然感到有些不舒服。你是坚持把他们送到家门口，还是就送他们到马路边让他们走几步回去呢？

·你的父亲下岗了，他没有要求你提供资助，但是你会主动提出从经济上帮助他吗？如果你给他钱，但同时脸色也会不好看吗？如果你没有给他钱，他会觉得受辱吗？

·你和你的朋友想去爬非洲乞力马扎罗山的想法已经多年了。现在，你既有时间也有钱了，会不叫上朋友独自去爬山吗？你会邀请他但是闭口不提为他付费吗？你会悄悄地去而不告诉他吗？

·你打算在你的别墅里为新老朋友举办一次打黑色领结的晚礼服聚会。但是有朋友没有晚礼服并且也没闲钱去租一套，你会为他们付租金吗？你会告诉他们没关系，穿他们喜欢的衣服也行吗？或者你会不会不邀请他们？

·你买了一辆又大、又安全的越野车，而你的朋友在过去六年里一直开着她那又小、又旧且安全性能远没你新车好的车，每天早上送你的女儿去上学。你会告诉你的朋友你不打算再请她帮忙送女儿了吗？你怎么说明原因？或者你会让她开着那辆安全性不怎么好的车继续送女儿上学？

· 你借了一笔钱给你的兄弟，这样他就能够开公司了。但是你的姐姐又向你借钱偿付信用卡借款。你内心不大情愿，但是无论如何你还是会借给她吗？

· 你认识了几个新朋友并想和他们一起去巴黎玩儿，但你知道他们没有支付出游的经济能力。你会为他们付费吗？

· 你和几个伙伴在拉斯维加斯举办了一场单身舞会。你们很投入，玩得很嗨，但是大家晚上住在一个仓库式的旅馆里。你是一个人去好一些的酒店订间房，还是和他们一起凑合，还是干脆为大家买单都住到大酒店里？

· 你很高兴地答应为你的侄子支付大学学费，但是话音刚落，你就被问到能不能也为妻弟的女儿支付学费。你答应吗？

· 你的小姨子因为沉溺于吸毒需要药物康复治疗，但是每月35000美元的治疗费是其他家庭成员谁也承受不了的。你虽然能够为她付费，但这对你的财务状况也会产生一定的压力。你会怎么做？

这些问题你是轻而易举地作答，还是缠绕其中而烦恼不堪？这些可不是虚构的问题，每一个案例都是真实地发生在意外财富得主中的——经常是一个接一个，一次接一次！这里没有正确或错误的答案，但它们确实让你为难。

意外财富关系的挑战

期待变化和预期挑战是你能做的第一件最好的事。下面就是意外财富获得者们在他们人际关系中面临的几个问题。

紧　张

意外财富得主们最共同的一个抱怨就是人们不理解他们的紧张

和压力。当这笔比你整个职业生涯挣的还要多得多的钱突然一下子就扑到了你怀里，你立马就需要对它承担起责任。“我只是不想让事情搞糟了”，这是我听到最多的话。金钱能带给你自由，但对很多人来说，这就像你不可能承受的重量压在了你肩头上一样。你不得不找寻顾问,但是谁值得信任？他们能关照好你的财富和利益吗？他们真的是最棒的吗？这些问题和需要你作出上百个与税务、法务和财务有关的决定萦绕在你脑子里，让你不久久能释怀。紧张？这还是轻描淡写地说的。

强烈的紧张会让你入睡困难，茶饭不香。就像我们在上一章里看到的，意外财富来源不同，因此可能导致不同的情感问题。所有这些因素可能造成你的不良情绪，让你在对待家人和朋友时失去耐心。此外，其他人可能只把这件事看成一个机会，而根本不可能理解你的心情和感受。与你关系密切的人、应该最能理解你的人这时就像陌生人一样。

研究显示，我们在面临压力的时候，尤其需要友好关系和社会互动，但是我们的朋友和亲戚可能不知道该做些什么，或者在此期间他们都有各自的麻烦，不能向你提供帮助。由此产生的距离感可能会损害我们的人际关系。

孤　独

意外财富让你同以前不一样了。当你正沉浸在自己业已习惯的生活中,忽然一夜之间你得到了一笔横财,这便开始了一系列的变化。你和你的朋友、家人、亲戚都需要适应这些变化，如果你或他们不能适应这些变化，你就会感觉断了联系，甚至感到孤独。

人类是社会生物。我们长久地作为一个群体或群落的一部分存在。不管我们生活在世界的哪个角落，不管我们生活在哪个时代，人与人之间都结成了一张紧密编织的人际关系网。我们有很强的动机驱使着我们形成和保持人际关系网。心理学家亚伯拉罕·马斯洛（Abraham Maslow）认为，爱和归属感是最为基础的人类动机。这不仅仅是因为我们喜欢有伴的生活。我们这样做是为了生存。力量存在于数量中，虚弱存在于孤单中。

社会心理学家的研究证实，我们有被接受的强烈欲望。大多数人的担心似乎反映了对被社会排斥的关心。事实上，社会的排斥能够导致一些不良的心理后果，例如寂寞、沮丧、低自尊和攻击性。我们很高兴地适应环境，成为群体的一部分。在非洲大草原，如果你不是群体的一部分，你就是其他兽群的午餐。我们被接受的需要推着我们进入各种各样的情境，例如适应同伴压力，或遵从他人的需要。美国两千万青少年中每年都有不少的一部分人试图自杀，而感觉“和同辈人失去了联系”“被孤立”竟然是他们决定结束自己生命的主要原因。

我们想要的是舒服、安全和来自一群人的尊敬。你需要一个地方，“那里每一个人都知道你的名字。”有了群体归属感才感觉有力量。研究显示，即使是那些不喜欢自己工作岗位的人，如果有一群玩得来的伙伴，他也会继续去上班。

妒　忌

> 当你正在奋斗的时候，拥有一个朋友很容易；但是当你取得成功的时候，他仍然是你的朋友，这样的人才是真正的朋友。

当你得到意外财富后，你的某个或某些朋友或者亲戚转而妒忌你，这很有可能。这是人性使然，相当常见，尽管大多数人都不会承认这一点。相反，红眼的嫉妒之魔正在水下冒泡，而你可能完全没有意识到。或者，他们的嫉妒通过一些评论表达出来，从而造成你们之间的关系停顿或逐渐演变成为对抗。

这取决于你是通过什么方式得到意外之财的。如果你是通过彩票中奖或是从一个远房亲戚那里继承财产，这比经过长时间、艰苦的诉讼争斗或离婚得到钱财更能引起他人的嫉妒。在许多冲突中，嫉妒的一方虽然对自己的嫉妒有负罪感，但是他们控制不住自己的妒火中烧，不知道该怎么办。

权力的转换

在一个家庭内部，也有一个权力结构，就像父亲和儿子之间、哥哥和妹妹之间那样。这个权力结构创造了一个关于人际关系中什么能说什么不能说、什么可以接受什么不可以接受的附加法则。这个权力动态不仅存在于家庭成员之间，还明显地存在于老板和雇员之间，但是它经常以友谊的形态表现出来。尽管事情不总是这样，我们还是愿意认为这在朋友间是平等的。我们不必判断这种权力结构是好还是坏,它仅仅是个事实。但是金钱能改变人际关系中的动态，一笔巨款就能从根本上改变这个动态。

下面这个极端案例是一位律师告诉我的。他的客户是一个长期遭受虐待的女人，而她的丈夫是个酒鬼，动不动就打她并朝他们年幼的女儿吼叫。这个女人想离婚已有多年，但是因为她没有工作，没有积蓄。她随时都担心会和女儿一起被赶到街头,那样会更加危险。她感到无力，无助……直到有一天，她得到了一笔 45000 美元的遗产继承。这不是一个很大的数目，但足以让她立即改变权力结构。

第二天，她一改被权力统治的弱者形象，挺起了腰，带着孩子离开了丈夫，并不再回头。

下面这个例子更能说明金钱是怎样创造了权力在兄弟姐妹间转换局面的。你在家里最年幼，哥哥姐姐们总是把你当成小屁孩。也许他们进入了法学院，有了很成功的职业生涯，而你在经济上却过得很窘迫。但是通过购买彩票你得到一笔意外财富，然后有了豪车、大房子和大把的时间去旅游。你可能没有想过事情会有所改变，但是他们会看到自己的权力和影响力一夜之间蒸发了，因此会作出积极或消极的反应。

意外财富事件亲历

意外财富真的能从思想上改变人际关系。尽管这对我和我丈夫是一个艰难的过渡，其间伴随着彼此间许多情感的伤害。我原本是传统的家庭妇女，后来成了一家交易环境公司的合伙人，公司股票在纳斯达克上市后，在 18 个月内，收入超过了一亿二千五百万美元！在很短的时间内，我从原来一分钱不挣到收入远远超过我丈夫，银行账户上有了数百万美元的存款。坦白地说，这让我丈夫感到了震惊，他从没见过这么多钱。我们在一起生活了 25 年。20 来岁的时候脑子里总在转悠，认为一切都可能发生。但是，真是有趣，我们知道我们可能会经历各种压力——不期而至的祝福（例如金钱）、死亡和妒忌。凡是你能说得出来的，我们现在都经历过了。故事的寓意就是做好准备迎接波涛汹涌的人生，但是记住，金钱仅仅是让你有了更多的存在感。意外财富能让你的婚姻更幸福、诸事更顺遂。当我们不再互相伤害后，我把丈夫视作人生最大的精神支柱。

> 他把我视作超级有本事的女人。他说如果什么时候我离开了他或者遭遇不测，他也不想活了，因为对他来说，没有哪个女人能与我相比。这话让一个女人听起来真爽。
>
> 乔伊斯·蓬，Blamtastic 公司董事长

变动状态中的人际关系

你的亲戚和朋友可能会为你感到骄傲，但同时他们也觉得忐忑，因为你没有得到意外财富以前，他们没有和你建立起很亲密的关系。设想一下：作为雇员，你总爱和你的伙伴在闲暇时闲逛，聊聊公司的管理。如果后来你的伙伴得到提升，进入了管理层，你们之间会发生些什么？他当然会觉得不大自在，因为他的伙伴们看待他会和以前完全不一样了。他的地位变了，而他的伙伴们没有。幸福的周五时光会不一样了——也许更好，也许更糟，但肯定是不一样了。新经理可能会怀念以往他还是你们中一员的日子，而互相信任的哥们儿却被“管理”关系取代了。

当你一夜之间从一个较低的社会阶层进入了较高的社会阶层，会发生什么？当我们进入了我们过去经常谴责的社会阶层，又会发生什么？正如一位客户所说的：“头一天，我还和我的哥们儿在一起嘲笑这个 1%，第二天，我就变成了这 1% 中的一个！我该咋整呢？”

我们从工作中获得一大笔社会性奖励，而工作对许多人来说，是他们与社会互动的主要平台。工作是这样一个场所：你的朋友在那里，所有的人都知道你的名字。如果你的意外财富数额大到足以让你辞掉工作，你将拥有为你的生活作出改变的机会。离职的挑战是你将不得不离开你的朋友们，而他们是你与之相处的时间超过了你的配偶和孩

子的人。再也没了办公室里的闲聊，再也没了食堂里议论昨晚看过的电视剧的快乐，再也没了周五晚上或圣诞晚会的幸福时光。

即使你不辞职，你的意外财富也能对你与你工作伙伴的关系造成冲击。如果你能对这事守口如瓶，可能不会发生什么变化。当然，巨大的财富给你带来的安全感和自信感会让你有些微妙的志满意得，如果你的工作伙伴不敏感的话，他们觉察不到。当你刚和你的伙伴喝着啤酒抱怨很久没长工资了，随后你却开着辆保时捷离开，你们之间的关系会变得有些尴尬。

“富人和穷人是没有交流、没有同情的两个民族；是互相不知对方习惯、思想和感情如同生活在不同地区的居民，甚至是生活在不同星球的生物。”

——本杰明·迪斯雷利著作《西比尔》或《两个民族》

朋友和亲戚可能被忽视

金钱在改变着你，你的朋友和亲戚也在改变着你。一些意外财富获得者会悄悄地把意外之财放到银行账户上，谁也不告诉，然后装作什么事也没发生，继续他们原来的生活。于那些对金融理财没有什么意识的年轻人来说，这种情形具有普遍性。他们中的很多人对金钱持有消极的信念，这让他们接受获得的新财富并把它和生活整合起来成为一件难事。如果他们的亲友们没什么钱，他们会担心自己得到意外之财的事会让亲友们知道，所以他们决定三缄其口。他们可能因为这笔财富而感到耻辱，但同时又渴望把它用于改善生活。

朋友们感到发窘，因为他们没什么钱

意外之财给你带来自由和机会，现在你有能力做你一直想做的任何事。虽然你有了时间和钱，但你的朋友或亲戚却没有。你想乘邮轮到阿拉斯加旅游，但是谁能陪你去呢？你的朋友不可能中断工作陪你；即使能，他捉襟见肘的家庭财政也让他付不起5000美金的旅游费。

受限的交谈

和亲戚或朋友关系亲密的标志是你们能够无话不谈，尽管和普通朋友也能就一般的话题展开交谈，但是无话不谈只在最亲密的朋友间才有可能。一些客户很痛惜地谈到，意外财富事件后他们感到和最好的朋友也不能完全敞开心扉了。新财富使彼此之间的关系复杂化了，他们觉得再也不能相互自由地袒露心声、释放不快和谈论彼此曾经分享过的话题了。

如果你知道你的朋友被解雇了或者经济上有困难，你还能和他们谈起你获得的意外财富的烦恼吗？当你对朋友承认你晚上睡不着觉是意外财富所导致的，之后你会感到轻松吗？自从上次买了一辆本田车后，你激动地在朋友面前炫耀了好大一阵儿，但是当你知道朋友快付不起贷款了，你还会滔滔不绝地说起你的特斯拉吗？或者，你的姐姐对你隐瞒了她在经济方面遇到的困难，是因为她不想让腰缠万贯的你觉得内疚吗？

这可能都是一些小事，但是当你拥有了谈论任何事情的自由后，现在你必须话到嘴边留一分（或者你的朋友、亲戚必须留意他们的嘴巴），这虽然接受起来有点难，但却可以在你的人际关系中钉进一个楔子。

抛　弃

如果你搬到一个新小区并加入了当地的乡村俱乐部，或者开始到许多地方去旅游，你会拜访邻居，那么你就有机会结交到新朋友。

这是很自然的。然而，你的老朋友们可不这么想。你不可能有像往常一样有那么多的时间去关心他们，他们可能觉察到你有了新朋友，就像察觉到你想摆脱过去而追求更好的生活方式一样。过去的一切都是陈旧的，包括他们在内。这样做有可能伤害他们的感情，并引起冲突。你的老朋友可能会蔑视你的新朋友，这使得你把他们拉入同一个朋友圈的努力变得十分困难。这会让你处于很不舒服的位置，不得不在你认为不成熟和幼稚的事上选边站。

一个意外财富获得者的朋友说："我觉得自己好像不再那么优秀了似的。我们成为朋友已经有 12 年了，跟我孩子的年龄一样，但是后来她得到了一些钱，就放弃了过去的生活和过去的朋友了。"但是从意外财富获得者的角度来说，她是这样解释的："我没有放弃任何人。我爱我的老朋友和新朋友。为什么我需要在他们之间作出选择呢？"

脱离联系

金钱替我们解决了很多难题，但它不是万能的。我们还是会有不同程度的紧张和担心，只是担心和紧张的对象不同了。我们不再担心孩子上大学的学费问题，但是我们开始担心投资资金的运营问题。过去是因忧心公司新一轮裁员会砸掉自己饭碗而失眠，现在是操心木地板的安装而睡不着觉。

意外财富既不会增加也不会减少我们经历过的紧张、担心和焦虑。如果某人在获得意外财富前就经常忧心忡忡，那么获得意外财富后他也会经常愁眉不展。在大多数（不是全部）案例里，紧张并没有奇迹般地消失，只是转移到另外的事情上了。你是愿意担心木地板安装的麻烦还是被解雇的可能？尽管巨额财富带来的问题是大多数人都愿意面对的，对意外财富获得者来说，他们仍然在经历着各种问题，而这些问题又导致了紧张。

你的亲戚和朋友们认为对你们的关系来说，危险在于你夸大了意外财富带来的问题。如一个客户的朋友所说："那时我刚离了婚，自己带着孩子挣扎在生存线上，那是我人生中最不幸的一段时光。我没有向我的有钱朋友伸手借钱，因为我觉得她是不会理解的。但是她却跟我大谈在自己的豪宅里举办的假期聚会如何让她有压力。"聚会？有什么压力？她根本不知道什么是压力！"

怎样保持和发展你们的关系

放慢节奏

意外财富造成的紧张甚至能让大多数人感觉天翻地覆，晕眩不已。这可能要经历数天或数月才能让你真正平静下来，迈出开始新生活的步子。在那以前，要放慢节奏。一遍遍地读读意外财富原则 2，尽量遵照减压技巧——吃得好些，睡得多些，坚持身体锻炼。

给朋友打电话

当意外财富影响了人际关系时，我发现如果能有一两个知己最好。如果太多，就会造成"喧宾夺主"的效果。这是一个充满了情感问题和压力的时间段，尽管你需要某个你所爱的人的帮助，但你也不愿意被各种支持、忠告和劝导所淹没。你可以一方面对意外财富的事秘而不宣，另一方面主动同亲近的朋友和亲戚用电子邮箱或其他社交工具联系。

主动交流

公共关系专家总是告诫他们的客户要走在飞短流长的前面。意思是说，你要主动发出信息，不要等到你收到很多议论你、怀疑你的信息才被动地去解释。下面告诉你怎样才能走在飞短流长前面而不至于让你的朋友和亲戚觉得他们被忽视和疏远了：（1）给他们简短地发条信息（不要太具体），告诉他们你最近在忙些什么；（2）让他们知道在你把眼下的事情处理好之前，暂时没空和他们交往；（3）一旦你有喘息的机会，你会主动联系他们。就是这样。你现在还接到那些不请自来的忠告和各种意见吗？当然会的，但是一定要自己有主见。

偶尔孤独

要抗拒聚会的诱惑。让自己孤独是难得的好事。早期，当压力特别大，你需要极大帮助之时，主动向你的一两位挚友求助。如果朋友的意见不是很恰当（这是完全可能的），寻求其他亲友的帮助。一旦事情解决了，你就可以恢复和其他朋友的联系了。

坦陈你的担心

这是一条强有力的策略，它能防止人际关系问题的爆发。做起来也很简单，只需要表达你的害怕和你想避免发生的问题。当意外财富事件刚发生，还没有带来人际关系方面的问题时，这么做是非常有效的。你可以写封电子邮件或是把你的亲友聚集起来，告诉他们你担心的事情——你琢磨过意外财富通常会带来的人际关系的痛苦。和他们一起讨论其他意外财富获得者是如何因为钱财问题而失去了他们亲戚朋友（例如情感伤害、嫉妒、疏远、觉得不公平，等等），而你绝不希望这样的事发生在自己和亲友的身上。这个简单（但未必轻松）的谈话能减少意外财富变成人际关系难题的可能性。亮起红灯并把丑话说在前头，其效果让人感到惊喜。

敞开你的心扉

还有什么比进行一场不大令人舒服的谈话更糟糕的事呢？那就是没有这样一场谈话。没有人愿意同他们的亲戚朋友坐在一起问他们是否觉得你因为有钱而同他们的关系发生了变化。但是如果你不这样做，负面的情绪就会滋长起来，并破坏你非常在意的人际关系。与其让这样的后果产生，最后让你对金钱和亲友都产生愤怒，还不如敞开心扉说出你的心里话，以避免事情朝这样的方向发展。

当心无原则地顺应

你朴素的愿望可能导致你作出种种不合理的事出来，例如放弃你的意外之财、举办大型聚会或承诺从经济上援助你的朋友或亲戚。你可以不这么做，而是要和顾问一起确定你能承受多大的开支。不要出于减轻压力和负疚感或其他情感方面的目的而去做上面这些事。

关注你所想要的

当希望改变时，大多数人所犯的错误是关注于他们所不想要的事物，这样做有两个问题。第一，这可能感觉像一场攻击，被告知你正在做的什么或说的什么是错误的。这会让谈话从讨论逐步升级为一场争吵。第二，这是无益的。把你想要的东西画出来，这样目标就清晰了。当你知道它在哪里，比知道它不在哪里更容易瞄准目标。

观察你的人际关系规则

你的人际关系规则决定发生某些事件时你对人际关系的感知程序。规则是我们创造的“假定”触发器，所以我们知道某个需要什么时候得到了满足。例如，你可能和所爱的人有一系列恋爱规则：绝不争吵，每天他得说你很漂亮，一起享受活动，能够畅抒感情而不被他讥讽。如果这些事情都发生，那么你会感觉到浓浓的爱意。如果这些事中只有两件或三件发生，你便不会觉得有完美的爱。我们的规则是在后台运转，甚至我们都意识不到它们的存在。我们有一个针对事件结果的对比检查清单，所有条款核对无误后，我们就满意了。漏掉一项就会有麻烦。

你创造的规则掌控着你的幸福和人际关系。如果你设定的人际关系规则不可能被你的朋友或亲人满足，你就会感到失望。这与障碍设置高低无关，而是要了解我们的人际关系规则是什么以及确定这些规则是不是有效和健康的。

第一步是盘点你的人际关系规则。在你和朋友、亲戚的关系中，发生什么样的情况会让你感觉良好？绝大多数人的规则是这样开头的："如果你是一个好的亲友，你应该……"我们为你找出开启幸福人际关系的正确措施。现在，做好准备作出些改变。寻找那些难以完成和难以控制的规则，代之以好一些的规则。例如，如果你的人际关系规则是朋友应该懂得你的需要，不等到你张口要求帮助就能主动关心你，那你设置的就是引导你走向失败的规则。朋友们不可能读懂你的内心，也不能预期你的需要。如果你需要他们那么做，那么你会不断地感到沮丧。情理不合的人际关系规则会导致你变得自私和走向绝望。让你的人际关系准则容易达到，并处于掌控中。

对朋友做最好的假设

人际关系的毒药就是做坏的假设。当你对某人做最坏的假设的时候，你也就开始了一连串的感情伤害和破坏行为的反应，而这能玷污哪怕是最好的人际关系。例如，如果你的母亲去世，而你的一个朋友没有送来鲜花，你的解读是她根本不够不关心你。这还将导致其他负面想法。在你假设她不关心你以后，你会如何与她交往呢？负面的假设将让你进入一个恶性循环中。

相反，让自己的想法阳光一些，对她的行为作出最善意的假定吧。也许，你的朋友其实深深地关爱你，但是，当她听到你母亲过世的消息让她想起了自己母亲的去世而悲伤不已。也许，她会以别的表达方式来代替送花。如果这些积极念头和设想存在于你的脑子里，它又会如何主导和朋友之间的关系变化呢？

我们可以有一万条理由来假定某人会做某事。别从最坏的角度，而是从最好的角度去假定你的朋友和亲戚。

关心他人

意外财富能形成一个中心。它长时间地调动着巨大的精力，影响着你周围的人和事。但是你的亲友们也有他们自己的生活、问题和面对的挑战。在意外财富早期阶段，你是他们围绕的中心。你会花费很多脑力劳动和你的顾问一起工作，并思考如何掀开你生活的新篇章，以至于很容易让你忘掉了亲友们自身的需要。实际上，应对意外财富可能是让人筋疲力尽的事，所以给身边和你走得最近的人一点空间。转移一些注意力放在他们身上，了解他们的生活和事业发展情况。

结交新朋友

别害怕交新朋友。对于一些人来说，意外财富带来的可能是孤独。老朋友和亲戚可能不了解你的压力，可能也无钱无闲陪你做一些事，诸如旅游。换个环境，周围可能有别的人能理解你现在的处境。一个客户觉察到：“到别处走走有一种释放的痛快。你不必因为你的财富而东躲西藏，担心什么人来向你借钱。”尽管不是所有的有钱人都能领会意外财富独特的挑战，但新的人际关系不会有旧的人际关系中的那些负担。这位客户承认：“有时候当我来到朋友或亲戚家周围的时候，我就有一种自己是骗子的感觉。就像我做错了事，他们在评判我。感觉不管我做什么，他们总是观察着我的每一个变化。”

可以考虑参加我们的退隐活动，同其他意外财富获得者为邻。在那里，你可以分享你的故事、成功和挑战。

保持看问题的不同角度

这个问题多次重复了：保持你看问题的不同角度。毫无疑问，你正带着许多浮浮沉沉的问题熬过一段有压力的时光。你会有压力，有许许多多新的事要操心，这是可以理解的。但意外财富也是一个机会。感谢老天，你能够改善你的经济问题了，但别忘了，你的亲友们还依然面对着他们的老问题。

意外财富会改变我们，也包括你，你的亲人和朋友。这是很难避免的。对所有人的目标是，进入人生的另一面时尽可能地少一些永久性的伤害。

多少次我们被教育“一个巴掌拍不响”？多少次我们说“你需要满足我一半”或者“如果你做你的部分，我会做该我做的”？表面看，这些话似乎都有道理，如果每一个人做好自己该做的，人际关系就会运转正常嘛。其实不然。最好和最强的人际关系是每个人承担起百分之百的责任，而不必等待其他人完成他们的那部分。

对人际关系，要承担起全部的责任以使其保持很强的状态。你认为你的亲友们很少能意识到这点，因为他们没有叫你一起为你的幸运而庆贺？承担起人际关系的责任来，主动接近他们——尤其是在意外财富事件发生的早期阶段，此时你身边的亲友都因为这事心态有了变化。

大多数意外财富得主都经历过处理人际关系时成长的阵痛，但只要怀着一点内省力、一点耐心和一点同情心，大家都能平稳、顺利地在这个变化中调整自己，并拥有更强、更好的人际关系。我认为，最大的问题是不要小题大做。我的准则是如果什么事情发生了一次，顺其自然。如果发生了两次，我尊重它。它不可能一直在你身上发生下去。你的亲友们也有他们自己头疼的事。如果你偶尔遭遇了关于意外财富的不可思议的事，不必太在意，顺其自然。谁都有倒霉的日子，但如果这种事反复发生，就要引起注意了。无论他们说了什么、作了什么，你将注意力放在它们带给你的感觉上即可。没有必要去谴责他们或与之争吵。你越能克制自己不与他们对抗，他们越有可能最后理解你。

但有的时候，哪怕是最亲密的亲戚和朋友，你也不得不对他们说“不”。

原则 6
敢于说“不”

学习减缓资助请求冲击的策略。

“不”这个字如此简单，笔画如此短少，但为什么说出来如此困难?

如果你得到了一笔意外财富，你会面临很多冲着你钱来的人和事。从亲友到陌生人，再到慈善组织都会来打你钱的主意。他们会要求借钱、投资、送礼和捐赠。他们要求了一次，还会来要求更多次。

这是意外财富非常阴暗的一面。这方面的情况，没有亲身经历过的人是绝不会懂得的。请求是没完没了的，他们会在上一张支票墨迹未干之际，又开始下一个请求。即使最有爱心和同情心的人对此也会感到厌倦，心肠也会开始变硬。

面对这些对你金钱无休止的索取，你束手无策，但是这里有些方法可以让你对付这些情况时更容易些。如果你按照本章的指导去做，你会学到一些策略来表达拒绝。你会拥有更大的自信，因为你有策略和验证系统来说“不，谢谢你”，而这会最大程度减少情感伤害。

“我不知道说什么好，所以我说‘好吧’。”说这话的是一位沮丧的意外财富的得主。然而，这不应该是你的命运。是什么让他们失去了警觉的？最常见的是表达生活绝望的电话、情绪激动的电子邮件、倾诉衷肠的信件、狂乱的文字和面对面的求助。这些请求也许来自你从来没有想到过的人，也许来自那些你根本不认识的人。当你压根都没想到或没有一点儿思想准备的时候，这些人和事出现了。别自欺欺人地认为这事不会发生在你身上，它会！做好应对准备，你才不至于在这种事面前猝不及防。

意外财富，例如彩票抽奖得到的大奖或者是一个贫困家庭收到的社会援助，都不会长久地使其获得者富足。他们不知道关于意外财富的基本道理，面对突如其来的财富和突然而来的请求，他们不知道该怎么拒绝。所以财富很快地就消失了。

——拉尔夫·沃尔多·艾默生

别因他们的求助而责备他们

在上一章里，我谈到了“从最好的可能去假定他人意图”的重要性。当亲戚朋友在经济上向你求助时，认识到这点尤其重要。为了避免你的厌倦情绪和缺乏同情心，下面帮你从他们的角度理解其请求。

如前面我们所提到过的，亲友们无法理解意外财富给当事者带来的压力。他们认识不到你面临的压力或被要求很快作出的诸多决定，当然也就无法理解你的时间有多紧迫。他们是真不明白。意外财富给局外人的印象就是一场“一切都棒极了”的游戏。当然，你知道这并不真实。它是一项艰苦的工作，需要努力、勤奋和全神贯注。再重复一次，他们不明白这一切，只以为天上掉下馅饼就是好事。如果不是亲身经历了这样的事，否则你自己大概也不明白。

局外人犯的最典型的错误就是高估意外财富获得者实际得到的

钱。在彩票中奖、法院裁决、股票期权兑现或企业买卖中，当财富被社会公开时，人们往往被媒体标题上的数字所吸引，但是他们不知道这个数字还需要减去诉讼费、各种开销花费、顾问费、税金以及偿还债务。他们看到你彩票中奖 5000 万美元，但是没有意识到一次性兑付可能只有 3000 万，还要上缴一半的税金。在他们脑子里，这 5000 万是铁定的，却不知道扣除了债务、税金、花费、孩子的教育基金以及买了一所房子和一辆车后，你最后剩下的可能就仅有 600 万。毫无疑问，600 万也是个大数字，但你知道内弟因为想投资一家公司，一开口就要借 100 万！因为他认为你既然有 5000 万，借给他 100 万算什么？

你的亲友可能在经济上比较拮据，他们可能把你视作能够拯救他们的白衣骑士，认为你是他们最后的希望。绝望的人做绝望的事，他们所做的绝望的事就是向你借钱。他们可能还想，如果你互换知道他们过得有多可怜，你就会帮他们。他们可能还这样想过，如果和你角色，他们也会资助你的。不论你是不是他们最后的希望，或是角色互换他们是否会帮助你，这些都不要紧。要紧的是领会他们和你的关系。如果你不能神通意会，即使最好的关系最后也会变味。

怎样处理经济求助

几年前，客户告诉我一件意外财富事件中让他感到最有压力和不舒服的事，即他的朋友、亲戚甚至陌生人都跑来向他借钱！这只是他谈到的生活变得不轻松的一个方面。事实上，许多客户说他们的情况随着时间发展正在变得越来越糟——就像一个巨大的雪球正沿着山坡滚下来，许多求助的人正在一次次地请求资助。

在职业生涯早期，我经常看到一些客户变得心事重重、愁眉不展。

本来是天大的幸运降临到他们头上，但是这些求助把他们的生活变得乱七八糟。如果他们说“好吧”，但内心其实很犹豫或者是实际上办不到时，他们就会迁怒于自身。如果他们说“不”，又会感到内疚。对没完没了的求助的害怕和拒绝他人产生的压力，使他们的人际关系趋于紧张，有时候甚至达到了这样的程度——他们变得充满愤恨，不相信身边的亲戚或朋友。

但是几年前，我开发出了一套帮助客户掌控局面的新策略，以及一个能减少经济求助者数量的验证系统。所以，为了避免越来越多的求助者，只要你按照这个系统做，将会一改求助者盈门的情况。

意外财富亲历

我和丈夫从法律学院毕业后从事筹划企业家旅游方面的工作。1997 年，我们花 100 美元买了一个域名，在我们家的起居室做起了网上法律文件的档案服务。我们不分昼夜地工作，让事业有了起色。几年后，我们的业务做到每月销售收入 100 万美元。2005 年，我们凭直觉以 2000 万美元的价格把公司卖了出去。下面是我们为新的意外财富获得者提供的 3 条经验：

1. 精心挑选你联系的人。在卖出公司前，我从不知道我有那么多叔叔。他们以前是做木工的。
2. 对刚在一次会议上认识他就对你说他有多爱你的人要多留个心眼儿。因为我能告诉你，他们的目的仅仅是千方百计想要得到你的投资或想跟你借钱。
3. 亲近你的朋友，更要走近你的敌人。

内莉·阿卡普　Copnet 股份有限公司首席执行官

让我们来看看得到遗产继承的一对兄妹是怎样处理经济求助问题的。当面对求助者时，哥哥瑞奇做的正是许多意外财富得主所做的。每一个求助是不同的，每一个回应也是不同的。有时候瑞奇会说“好吧”，但其他时候他说他确定不下来；有时候，他要求有个书面的字据，其他时候握个手就算协议；有时候他收利息，其他时候却不收；有时候他交给顾问来处理，但大多数时候他亲自处理；有时候他捐款后要收据，其他时候又不要；有时候他要求投资前做一份商业计划，其他时候又不这样要求；有时候他帮侄子交大学学费，其他时候又不交。瑞奇做事前后不一致，对每一个要求资助的人的回应依据于他当时的情绪和提出请求的对象。因此，瑞奇的财务状况如一团乱麻。他压力很大，遇事不知道该说什么或作出怎样的反应。他的财政状况日渐萎缩，他甚至不大明白钱都去哪儿了。同一个亲友会向他多次张口，并希望能碰上他情绪好的时候。这些情况传出去后，更多的远房亲戚和刚认识不久的人也来请求他资助。可怜的瑞奇。

瑞奇的妹妹，始终如一的嘉莉，做事风格则完全不同。不管谁请求借款，不管借多借少，她决不当场作决定。她总是向借款人说她现在不能确定，但会随后回他们话。她不根据自己的判断作决定，相反，所有要求经济资助的事都是由她的顾问来处理。她不陷自己于情绪中。她把顾问作为自己的代理。请求借款或投资的人会被她提出很多尖锐的问题。每一项借款、投资和捐款请求都会被她和她的顾问要求准备好必要的文件。

瑞奇和嘉莉之间最大的不同是：嘉莉遵循正规化的程序处理经济请求。这让她掌控了局面，并且充满自信。不管是谁提出请求，不管借款数量多少或者是什么类型的请求（例如送礼、借款、投资、捐款），她都遵循同样的步骤。

为什么要不厌其烦地为请求者创建一套正规化的程序呢？下面是它的好处。

1. **它训练了提出请求的人。**正规化程序的一大好处是为处理许多事提供了一个结构。这个结构就是程序和你遵循的制度。每次都用同样的方式，你就训练了朋友和亲人们怎样按照你的规定提出请求，请求需要多长时间的运作，需要提供哪些信息和证明文件。
2. **能让事情慢下来。**放慢节奏是贯穿本书的一个循环主题。深思熟虑的分析和有章可循的典型方法使我们作出兼顾各方的正确决定——尤其是在意外财富事件发生后接连发生混乱的时段里。对经济求助者采取正规的做法，可以保障我们不至于拍拍脑袋就匆匆作出让我们日后后悔的决定。
3. **让你掌握好控制权。**别忘了黄金法则。这是拥有黄金的人制定的。你的亲友或陌生人会使用高压销售策略或尝试用数字逼你就范，还可能声泪俱下地用他们的不幸故事打动你。许多意外财富得主说，那些人（甚至包括他们的亲友）试图支配他们以占点儿便宜。你的程序使得你可以控制好局面，不管他们的要求是什么。
4. **不给他们反复请求的机会。**一旦某人通过正规的程序得到了他们请求的经济资助，他们就不应该再次向你开口。或者至少是，如果他们想再次请求帮助时，已经知道在你的规则里这是不大可能的。
5. **不让你做拍胸脯的个人交易。**有一套适当的制度，会让你的压力减轻不少——尤其是当你想说“不”的时候。当你用商业交易的正式做法代替个人交易的做法越多，你面对的令你紧张不安和尴尬不已的局面就越少。采用第三方（你的顾问）出面处理的做法好处良多。正如一位客户告诉我的：“我喜欢这么做。你要自己上手准把事情弄糟。”

6. **淘汰一些人的请求。**亲友们很快就会意识到从你这儿借钱不再像上篮扣球一样迅捷，过程变慢了，讲究方法的程序对他们提出的要求更多了，靠熟悉的面孔、讲悲情故事或耍小聪明不灵了。经济求助程序不是上篮扣球，它需要花时间去跟你的顾问面谈，还要有随后的一系列证明文件。假设你的好友有一个经营餐馆的新理念，但是却没有相应的商业计划或财务预算，不管他的想法有多新奇，这注定让他的经营不会走得太远。让你的亲友去和你的顾问单独交谈足以阻止某些人的不合理请求。现在，客户们得到训练后，我很少接到客户的亲友打来的电话。很显然，这是因为要求资助的人知道不能再像以前那样直接找我的客户借钱了。

7. **让你的亲友同样受益。**正规化的程序不仅使你受益，对向你借钱的人来说也是好事。他们不仅知道自己可以预期什么，而且程序让借钱的过程更加有条理、有效率。你的顾问向他们提的问题和文件要求会使他们意识到问题所在。例如，你的内弟有一个关于苹果手机应用软件的创意，但他可能没有做财务预算。如果这个创意有影响力，你的顾问会从商业角度帮助他考虑。此外，借钱正规化程序创造了一致性，你的亲友们由此知道了什么才是可以期待的。例如，你以随心所欲的方式帮助侄子交上学的学费，这会使你的姐姐感到不爽，因为她不得不每学期都要跟你提起这事。所以，程序正规化创造的一致性对大家来说都有益处。

8. **更好的财务状况。**你捐得起多大数额的款？捐款能从税金角度帮助你今年或明年减少缴税吗？这是一笔很好的投资吗？多高的利息率你觉得可以接受？程序设计出来就是为了保护你的经济利益的。

9. **更好的记录。**因为程序需要借钱协议，需要确认非营利性免税地位，需要取得捐款收据，需要具备投资文件，等等。通过这些规范化的做法，有利于你在捐赠、不良贷款和毫无价值的证券方面享受减税优惠，并能更好地用你的财产计划协调这些资助和资产。

10. **更强的责任性。**程序规定了每一个当事人的责任，约束着他们承担责任。如果你同意为侄子每学期交学费，你就应该约束自己切实负起责任来。当学费到期应付时，就会有相应程序提醒你，文书工作就会启动准备付款。你的兄弟借了你的钱去偿付信用卡的债务，他也被约束着承担按月向你偿还本金和利息的义务——也许是向你的顾问。推迟偿还？毫无疑问，你知道应该怎么做，因为它已经经双方讨论并达成一致写入了借款协议中。

正规化的要求资助程序——规则

规则1：绝不说“好吧”

这是一个简单的规则，但是你要是制造例外的话，它会回头咬你一口。这个规则就是你不能在任何人向你提出借款、投资、送礼或捐款要求时当即就表示同意。如果你不想答应他们的要求，而这样做又使你抹不开面子时，那么用一切方法清楚地表明你对此不感兴趣。如果你倾心于一项听起来很有兴趣的投资，或者你的一位朋友向你借款而你不忍心说“不”，那么推迟作决定，决不要当场表态，不管他们看起来有多着急，你需要一个晚上的时间把事情想明白。如果他们声称当场就想知道你的态度，告诉他们根据你的规则是不能当场作出决定。如果他们持续地向你施压，那么对他们说：“不，谢谢。”

实话

对意外财富得主来说，不要百分之百地讲实话是非常有必要的。因为他们在亲友面前承受着很大的压力，很不落忍说出“不”字来，我建议他们跟那些希望沾点儿光的亲友讲清楚，自己得到的财富并不像局外人想象得那么多，还面临很多税务和法务方面的限制。告诉他人自己的生活是靠固定的、每月领取的工资或养老金生活，这一做法能产生不错的效果。虽然说你得到的意外财富和他人无关，但事实上，不管你愿不愿意，很多时候它往往成了他人的商业资本。所以，一点儿小谎言对保护自己的经济利益是有好处的。

规则 2：创建标准应答词

在一次家庭聚会上，你的姐姐把你拉到一边，告诉你小约翰非常想去参加一次吉他露营活动，但因为她丈夫失业，所以家里捉襟见肘。她告诉你小约翰在音乐上多有天赋，这次的活动对他来说有多重要，并问你能不能借 5000 美元作为他参加活动的费用。你的脑子飞快地转动着寻找应答词：“嗯，是啊，听起来是一次不错的露营活动。约翰确实对音乐很有感觉，嗯……”在你清楚地意识到有些不妥之前，你已经同意给她5000元了。然而，事情不应该是这样的。

没有人喜欢承受压力，也没有人喜欢不舒服的感觉。所以我为客户们发明了一个有效的拒绝手段——一段标准应答词。无论何时何地，当他们遭遇经济求助时，就可以使用它。无论什么样的情形和什么性质的请求，你都准备好了一个深思熟虑的回答。这个回答你已经牢记于心，并进行过数次练习，不用你临到尴尬局面时现思考现想词儿。我推荐的应答词是：

“此时我不能回答你。但是请允许我同我的顾问商量一下，然后我们会联系你并问你一些问题。”

这个做法带给你的好处有三方面。第一，给了你更多的时间去思考自己的决定，化解了你当时的压力。因为现场作决定，你的财富就一点点地跑掉了。第二，这样做创立了深思熟虑作决定的先例，不会再被逼着当场所作决定，不管你面对的请求数额有多小。第三，你改变了作决定的方式，把决定权从自己身上部分转移给了顾问，即开启了一扇通向代表你利益的顾问之门，而这让许多客户感到宽慰。如果你觉得这个应答词可取，就一遍遍地练练吧，直到不假思索脱口而出，这应该不费力气。然后，和你的顾问一起设计不同的情境来演练，你会逐渐变得轻松自如地表达你的应答。

然而，一些客户起初存有疑问。他们说：“这段应答词从字面上看很好，甚至可以说很棒。但是应用起来管用吗？那些人不会让你轻松地应付过去的，而是会缠着你没完没了地说个不停。”这完全有可能。你第一次使用这个标准应答词的时候，那些人可能没听清楚或理解不了，不要紧，你再说一遍！

“再说一遍，感谢你来找我，但是此时我不能回答你。请允许我同我的顾问商量一下，然后我们会联系你并问你一些问题。”

还感到压抑吗？他们还会要求你当场作出回答吗？他们还会喋喋不休地说下去吗？你只需要重复刚才所说的话即可。不要改变你的应答词，每当他们提出请求或不厌其烦地叙说自己窘境的时候，逐字逐句地将应答词诵出。当你回复他们的时候不用解释得太详细，交由你的顾问去做。他们是来向你寻求帮助的，而这是属于你的游戏，所以规则当然由你来定。如果他们要玩这个游戏，当然就得遵守你制定的规则。

客户们反映说，这段烂熟于心的应答词就像是赋予了他们一件护身的铠甲，给了他们应对各种场面的信心，而不必担心被请求资助。一位刚获得意外财富不久的客户被邀请参加朋友的家庭晚宴，在那里她遭遇了意想不到的资助请求，令她尴尬不已。她掌握了应答词后，认真地预演了多次，现在她不再担心各种求助了。事实上，她说她正等着下一次晚宴的机会，以便现场试一试她的应答词。

规则 3：让顾问唱黑脸

如果你不怕成为说“不”的那个家伙，那么所有的方法只有一个，尽管去做。但是如果你对朋友和亲戚说不出口，那么只能请你的顾问来做。几乎我所有的客户都采用我推荐的这个办法。为什么？这样做减轻了客户的压力。让顾问们去了解请求者的信息并向他们提出尖锐的问题，并就细节与对方商谈。让顾问去说“不”。让你的顾问扮黑脸，这样你就可以避开难堪的场面。

我建议最初由你的财务顾问来担任此项工作。他们拥有较宽的知识面，因此对不同的请求作出全面的分析，并对你的财务状况和承受捐款、借贷或投资的能力非常清楚。还有一个好处：任用他们做此项工作在经济上最合算。因为律师和会计师通常是按小时收费，而绝大多数财务顾问不是这样。

应对小窍门

同你的财务顾问和法务专家一起讨论你怎样回应那些可能黏上你的请求。由你的顾问直接处理这些请求通常是最好的做法，这样得罪人的角色就是他而不是你。记住，许多这种请求可能是来自于你的亲友而不是陌生人。你可以说“不”，但更好的回答是：“我需要和我的顾问商量一下。”

约翰·哈格尔特　弗吉尼亚彩票中心

规则 4：发送一封标准信件

一些意外财富事件通常被高度曝光，例如彩票兑奖、体育界和娱乐圈签约、股票期权兑现，或者某些诉讼判决。这样，当事人的亲戚朋友们都会知悉此事，并争先恐后地跑来谏言或提要求。为了避免这样的情况，我设计了一封很有效果的信件模板，既可以直截了当地表明你的态度，又可以照顾到亲情和友谊。把下面这封信发送给你的亲友吧。

“谢谢您主动关心我。您可以想象，我最近有些疯狂。我很抱歉没能及时给您回信，但我希望您明白，我一直珍视我们的友谊（或亲情）。我现在整天和我的顾问团队一起忙碌着，一旦事情告一段落，我会主动联系您的。现阶段，我暂时不需要朋友们为我费心操劳地贡献建议，如果我需要，我会告诉您。再次感谢您的理解，盼望尽早能有机会和你们相聚。”

规则 5：填写资助请求表格

为了改善审查程序的正式化，我设计了一套针对资助请求的在线表格，挂在意外财富网上。这套表格包含了一系列具体问题，请求者必须填写完整后提交。这套表格提出了很多重要的问题，你可以概览一下求助者的回答就大致了解情况，然后把求助者填写的表格转给你的顾问，由顾问去联系填表人。这样你就可以置身于细节之外，省下很多时间。填写好的表格还可以直接发给顾问审查，随后他把情况通报你，再约谈求助者。

规则 6：一次可以，两次不行

朋友和亲友间免不了有借钱的事。如果你持有这样一条人际关系规则——“朋友相处休言钱”，那么你肯定会永远失望。几年前，我降低了朋友关系的门槛，定了这样一条规则：

无论你要求什么我不会难受，但是如果我也正走背运，而你还一而再、再而三地要求我，那我们的关系会有麻烦。

当亲友主动求助后，如果你对他们的请求予以认真考虑后婉拒了他们，这事应当就这样了。但如果他们还继续要求，你和你的顾问就需要清楚地表明：一旦他们跨过警戒线，将对彼此间的关系造成伤害。客户们告诉我这样的话太刺耳，他们不能想象怎么可以这样对亲友们说话。我承认。这不是一场轻松的谈话，但这是一场重要的谈话。这就是为什么我要你那么讲。这是在告诉他们你非常珍视你们都不愿损害的关系；这是在告诉他们什么是你愿意接受、什么是你不愿意接受的事；这样做是设置了操作规程，给他们提供了一个选项，使其确定是更珍视你们之间的友谊还是更珍视你的钱。这取决于他们。

为了让求助程序正式化，一些客户还作了笔记，大致记录了意外财富事件过程中的每一步，都涉及谁，什么时间，等等。当被亲友们请求经济资助的时候，就分享给他们看看。我对做笔记的程序并不做强制要求，但如果你的意外财富来自于全社会都知道的事件，而且你收到了许许多多陌生人的请求，这也是一个有效的策略，它可以帮助你处理这些请求、设定他们的期望值，并与他们达成共识。

意外财富问题解决方案不是告诉你必须事事说“不”，总有一些亲人或朋友你想要帮助。但是在你填写支票前，下一个意外财富原则将告诉你怎样用正确的方式来提供帮助。

原则 7
以正确方法助人

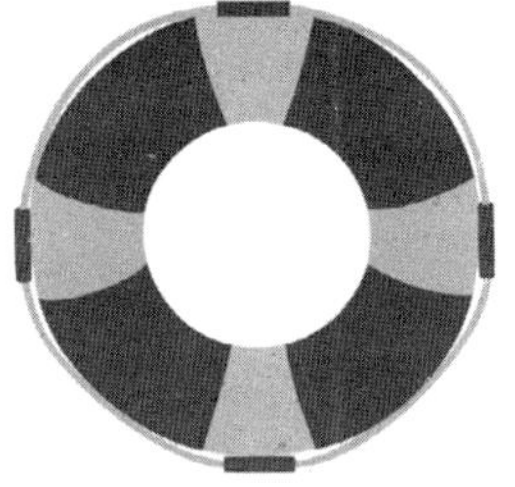

正确地向亲友提供资助。

许多意外财富得主想要用他们的新财富帮助亲戚和朋友，只是不确定该用什么方式来帮助他们。应该送他们一笔款子？为他们的旅行买一次单？承诺帮他们支付抵押贷款？给他们每家买辆新车？花多少钱合适？许许多多的问题没有清晰的答案。

说到帮助亲友这件事，也并不都是笑脸和阳光。如果你采取了错误的方式，也会毁了你们之间的关系，给彼此留下巨大的伤痛。你已经学会了怎么说“不”，但什么时候向亲友们提供经济上的帮助才是合理的呢？这其中就有正确的和错误的说“是”的方式。这是一个微妙的领域，需要规划和清晰的沟通。下面列出的是不能做的事：

1. **承诺得太快**。在狂喜时刻，许多意外财富获得者都说他们处于异常激动和欣慰的状态，以致不由自主地对朋友和亲戚作出承诺。他们可能会脱口而出说要帮父亲偿还抵押贷款，给兄弟姐妹每人买辆新车，帮外甥付学费，或者投资大学室友开的一家餐馆。发生这些事的可能性只有 50%。你可能会兑现你的许诺，也可能不会。如果你最终得到的钱没有你当初想象的那么多，那是因为你的雄心比你的银行存折大。此时，你可能不得不撤回之前的许诺或是虽兑现了许诺却让你自我怨恨不已。过早作出承诺完全没什么好处。这是一个双输的局面。如果你不能抗拒那个时刻狂喜的心情，做一个原则性的表态即可，表明你会尽力帮助他们，但不要对每个人作出具体的承诺。

2. **没同顾问商量就给人钱**。同顾问商量一下，你就能知道自己的财力能承受多大的资助款额。此外，也许你资助别人多少款额还涉及能否享受减税的好处。如果你匆匆忙忙地填写支票，可能错失顾问们为您制定的策略。例如，是把钱借给你的一个朋友帮他做生意好呢，还是直接投资（或者买股票）于一家公司好？遇事要同顾问商量，这样他们就能帮你采取最有利于你和亲友的做法。

3. **用金钱惩罚他人**。意外财富会把你置于主导你生活的位置，但是不要掉进认为你能用钱支配亲友的陷阱里去。我经常见到这样的事，孩子已经长大成人了，做父亲的还试图用金钱奖励这种方式对孩子的某种行为予以干涉别做这样的事，这样做的对你和你的人际关系都将产生严重影响。

4. **你的善意释放得不公平**。有时候造成人际关系冲突的一个共同来源是某个人发现你对他人特别偏心。一些意外财富得主嘲笑这个说法，并坚持认为：那些受助人应该高兴才对，不管他们得到的是否和别人一样多。尽管这样说也是事实，但如果你试图用钱为自己和他人创造更好的生活，就要避免引起关系紧张，这对每一个人来说才是更好的。如果你不愿意平均资助他们，那么你就把自己的原则大声地讲出来，而不是遮遮掩掩的。

在帮助亲友的过程中，这些财富得主被弄得充满内疚且压力巨大。我们都可能听说过类似这样的故事，一个沉寂了多年的熟人突然不知道从哪里钻了出来要求意外财富得主提供资助。尽管这些遭遇并不重要，但让我客户心烦意乱的情形不是来自于一个遥远的陌生人，或一个失踪多年的“朋友”，而是来自于身边离他最近的人。一个小学同学在脸谱网站上发出一个借钱的帖子可比一个叔叔上门求助容易多了。如果你资助他们是为了不让感情变差，那你就错了。你应该只在自己觉得给了钱你会很愉快的情况下做这样的事。

下面是给意外财富得主的一些建议，有助于他们在创建自己美好生活的同时，避免与亲友的人际关系遭遇“地雷”。

谁在你的救生船上?

设想你和你所认识的每一个人都在泰坦尼克号邮轮上。邮轮正在慢慢倾覆，而你有一条只能搭载有限人数的救生船。如果你想多载一些人，小船就会沉没，你和你所认识的人都会随着沉入水底。你会让谁上你的船?

同样的道理，你想用你的意外之财去帮助亲友，但是如果你帮助得太多，你的金融之船也会沉没。所以你需要确定：你让谁上你的救生船，不让谁上；你愿意在经济上帮谁，不帮谁。

被你救上船的都是那些你宁可伤了自己也要帮的人。当我刚开始从事为意外财富得主服务的工作时，我会用逻辑和数字规劝客户不要因为帮助他人而让自己的财政吃紧。可是一次又一次地，他们依然如故。我后来意识到：对客户来说，不管我说什么，有一些特定的人他们是一定要帮到底的。这一意识是一个客户帮我树立的。他花了很多钱为孙子做康复治疗。当我从财务方面提出问题时，他辛辣地反问我："换作是你，你会怎么办，不帮吗？！"我不得不承认要是我，不管财务情况怎样也得帮。这堂课上得好，让年轻的我牢牢地铭记在心，至今未敢忘记。

如果客户宁愿冒着财务风险帮助他们生活中一些很重要的人，作为顾问我只能尽最大努力，从最坏的情形做好准备，不仅要考虑到帮助他们的亲人，还要尽可能降低客户面临财务危机的风险。与其对客户们的举动感到惊讶或持有异议，不如帮助他们做好应对困难局面的计划。

绘制一张客户的家谱图。处于最顶层的是客户在世的最年长的亲人，然后，按照客户的意愿往下走，他们自己、兄弟姐妹、侄子外甥、姻亲、孙子辈的，甚至未出世的孩子，等等。按照这个思路，对他的朋友也做一下排列。通过这一方式，创造一个在其世界里可视的目标人群，以便于他确认谁是要帮的，谁是不帮的。

一旦有了个这样的帮助目标人群图，你就可以直观地考虑你要资助谁。如果这样做对你有帮助，你可以把身边的亲友这样分下类：

1. 必须帮的。这是你绝对要帮的亲戚、朋友，不管是以什么方式，不管资助的钱多钱少。
2. 或许帮的。如果经济上可行，你可以考虑予以帮助，但是应以不影响你帮助第一类人为原则。
3. 可忽略的。尽管你和这些人也交好，但他们不是你愿意在经济上予以帮助的人。

我有位意外财富客户，他资助了大学的好些同学。评判他应该帮谁不帮谁不是我职责内的事。如果可能，他也不应该为自己把谁归入“必须”谁归入“忽略”而心生忐忑。为自己所做的感到欣慰吧。

一旦顾问确定了你能支配多少钱去对他人提供帮助，你可以据此修改你的受助人员名单，或者确定向他们分别提供多大数额的帮助。这样做的好处是确立了一个优先顺序。当你明确了谁是你想帮的，你能支配多少钱去帮他们，以及对谁你可以说“不”，你的生活就不再混沌一团了。知识就是力量，当你收到来自名单以外的经济资助的请求时，你不必每次都要踌躇一番了。

赠与也要缴税

你知道如果你赠与的数额太大也是要缴税的吗？绝大多数人都没有意识到我们还有“赠与税”。你每年享受一定数量额度的免税赠与，但是超过这个界限，你就不得不缴税了。与会计师和律师商量确定你合适的帮助额度，以合理避税。

投资机会基金

帮助你救生船上的人的一个策略是投资机会基金。机会基金是你的捐款创建的投资账户。这个基金代表着你愿意或能够给予的最小数量的钱。一些人可能鄙视这是一个私人基金会，但它有其存在的理由。你投在账上的这些钱主要投资于传统投资领域的，例如股票、债券或私营企业、合资企业，或者由他们借钱支持你的亲友。随着投资产生的回报，赚得的收益部分被放回到账户上，所以，获得额外的回报是可能的。如果管理得好，机会基金能够随着时间增长下去，而且考虑到不断增长的回报，这要比一次性的回报强多了。如果管理得不好，基金账户和回报会干涸。但你放心，你的利益和基金操作者的利益是捆绑在一起的，他将们没有理由不好好打理。你甚至可以把你的朋友、亲戚或顾问召集到一起重新审核每一项提议。这有助于将你从说“不”或“是”的压力中解脱出来，而是压在操作基金的人肩上，使他们付出最大努力去面对赚与赔。

当借钱给他人或投资于亲友的企业时，把利益捆绑得更紧的另一个相关策略是创建个人的机会基金。如果借款偿还了，或是投资运转得不错，账户上的资金可专用于亲友们未来的借款或投资，或者是帮助他们孩子上大学，等等。

年度捐赠百分比

如果你曾经被一家公司要求做慈善捐款，那你就见过这个策略。受限于资金的额度，你将每年按照一个固定数额捐款，按照证券投资组合的百分比，或是按照投资证券组合增长的百分比。只要你确定了每年捐赠的最低数额就行了。这有利于你摆脱说“现在不行”的压力，让人们知道你愿意或不愿意做的一个确定的参数。当事情进入到捐赠或提供帮助时，其中一个目标就是设置清晰的期望值。当准备捐款时，如果你在“捐多少钱”这件事上含糊，将会造成更多的人嘴张得越大。要像一家企业的办事作风，让程序更清楚，规矩更制度化。

预设回报率

比起设置一个每年捐赠或帮助的数额，我更喜欢下面这个方法。将你资助的款额和你的利益捆绑起来的另一个方法是：留出一定数量的利润，将它放入你个人的投资组合中去。例如，如果你有 1000 万的投资，并得到了高于年目标增长率 2% 的回报，你就会得到额外的、超过预期目标 20 万美元的收入。如果你的年最高捐赠额是 5 万美元，那么你就可以这样去操作。

如果你的投资情况不尽如人意，你可能就不能捐赠。如果亲友们知道你这样做是为了帮助他们，他们可能不赞成你冒这么大的风险。这听起来比实际情况复杂，但是顾问会帮助你计算你最低可接受的报酬率以及每年最高可以资助的额度。

准备些“干粉”

在投资领域，持有一些被金融家们称之为 “干粉”的现金永远都是正确的，以防你发现一个投资好机会而缺钱的情况。持有一些现金以应对可能突然发生的紧急事态也永远是正确的。如果你把你全年的支付能力在六月份就用光了，八月份突然出现一个很紧急的请求你该怎么办？不光是为自己，也为了那些待在你救生船上的亲友，你需要有一笔应急储备金。

让你的资助原则更清晰

当考虑向亲友提供资助的时候，要让你的原则更清晰。在讨论具体问题中所产生一时的不快，比起因为你的原则不透明而导致的可能长期对你人际关系的损害要好得多。我们应该怎样让自己的资助原则清晰化？如果你打算做一次性的借贷或赠物，要让别人知道你的打算。因为意外财富得主的亲友们通常认为他们可以指望一次次的资助。所以如果你不愿意这样做，一定要设法让他们明白这一点。如果他们改变了借款的主意，你不用感到吃惊。我看到过很多件这样的事：亲友们得知可能是最后一次或者是唯一一次他们能得到你资助的机会后，起初提出的要投资于某项商业的请求突然改变了。因为他们原来都以你的财富作为投资的长期保障，一旦这个保障没了，他们不得不改变当初的主意。

如果你对某人施行资助，这意味着他是待在你救生船上的人。

很明显，你很关心他们，希望看到他们在事业上取得成功。但对他们最好的帮助是让其知道你愿意帮他们做什么，不愿意帮他们做什么，怎样做才对他们最有利？如果他们知道自己只有一次接受资助的机会，他们可能会想今后再找你帮助难了，所以会绞尽脑汁地思考可以要求你帮助他们的最佳做法。

一个客户比喻得非常好：“这就像如厕用的卷纸，当它刚开始被使用的时候，你不会在意什么。等到圆筒变小了，你就会开始留心省着用了。”给他们一个“卷纸”，并告诉他们最大限度地省着用。

区分是慈善还是投资

我经常问客户这样一个问题：当你们资助亲友时是从慈善的角度还是从投资的角度考虑？如果你明白了其中的区别，你就能设定不同的期望值，并且避免随后一段时间内可能出现的人际关系问题。

例如，一个客户想要资助一笔钱给他的内弟，以解决其生意资金紧张问题。他出得起这笔钱，而且他确实想帮这个内弟。但是，这是做慈善呢，还是投资呢？

做投资是要指望回报的。你投资 10 万美元，也许希望能收回 12.5 万。投资有可能出现亏损，但你的期望是赚钱。投资的条件需要具备很多：需要经过计算作出风险评估和可能的回报预期，需要签订合同和付出一定的辛劳。投资的动机是赢利。而做慈善的动机则是完全不同的，它没有赢利的预期。做慈善纯粹就是送礼，别指望你的钱会带来收益方面的回报或者收回本金。

当客户决定帮助内弟的生意，而不管内弟的想法是什么，这不是一项投资。如果他按照投资的规则介入了内弟的生意事务，他一定会失望的。一旦他意识到这是个可怕的投资，而让内弟一家人的生活得到改善才是最好的做法，他的决定也变得轻松了。当他决定满足自己的内心愿望帮助内弟的时候，后者的压力消失了，感觉到不再需要以各种诉说来表达请求，不再发愁怎样迅速把钱还上，或者不再担心家人聚在一起的时候出现难堪的沉默和紧张。

当你做慈善的时候，别再欺骗自己或顾问，以为你们正在做一项投资。两者经常看起来是一样的，其实毫不相干。准确定位它们的性质对各方面都有好处。

授人以鱼不如授人以渔

帮助别人的最好办法不是仅仅解他们的一时之急，而是传授他们技能和手段，以帮其打造自己的幸福生活。他们拥有的最大的金融资产不是房子、退休福利计划或者现有的工作而是他们自己——技能、受教育水平及其拥有的经验。他们的人力资本比起他们长期运营的投资资本更重要、更有价值。

为什么这个道理对意外财富得主来说非常重要呢？下面这句话包含的真理回答了这个问题："如果给某人一条鱼，你养了他一天；如果你教会他钓鱼，你养了他一辈子。""治标不治本"的现象是很普遍的。例如，你刚失业的姐姐请求你帮她偿还抵押贷款，因为她也是你救生船上的一员，所以你毫不犹豫。但是如果你想以最好的方式帮她，你需要透过现象看到本质。也许她之所以下岗，是因为她没什么过硬的技能又或许她在人际关系上存在某些问题，不能很好地适应环境；也许她工作的企业属于低薪、低技术含量的行业，很容易就倒闭了，由此造成了她偿还抵押贷款发生困难。往深处想想，你怎样才能真正地帮到她——不仅仅是现在，还要能照顾到她这一生余下的时间。

当你以其他手段投资时，你也作了储蓄，用利息照顾他们的生活。比起为你的外甥偿付信用卡借债，送他去参加私人理财培训，学会怎样管理他的财务是不是更好呢？等他从培训班毕业了，你可以出学费帮他完成学业，或者是在当地社区学院掌握一门先进的设计技术。这就是你投资于其他方面的力量。例如，一晚上的课可以获得100000% 的回报率。怎么可能？如果你的外甥现在作为一个行政助理每小时挣 15 美元，如果他也能维护公司的网站并且在必要时做一些小的调整，每小时别人会付给他多少钱？如果他学会了怎样使用快书（QuickBooks）软件又会挣多少？如果他学会了怎样建立和运行公司的博客又会怎样？也许他已经值 16 美元一小时了吧？或者是 17 美元？在社区学院 100 美元的课程能让他在本职工作外，一年挣到 4000 美元的额外收入。

在满足他们的即时性需要上少做些，多关注那些能给他们带来长期好处的事情。他们学哪些技能让他们更有价值？从这样的观念出发，与其投资于那些不靠谱的项目，还不如提高他们的技能。这样做既对他们有利，也对你自己有利。

从基础上造福他们

你救生船上的某些人，可能是即使在你发生财务危机时你也要帮的人。对他们你需要有特别的计划考虑。如果在生命最后一刻，你还为之填写支票希望能救他们于水火，那么你应该事先主动帮他们免于陷入困境。这样做不但帮助了他们，也从根本上帮助了你自己。俗话说得好：一分预防胜于九分治疗。

如果你出得起这笔钱（与你的顾问商量确认这一点），考虑为你救生船上的每一个人买份重大疾病健康保险，如果他们还没有的话。为什么？我亲眼看到许多意外财富得主仓促地填写大额支票以支付其亲友的医疗费用，因为后者没有重大疾病健康保险，而治疗费用常常高达数万美元。一旦你救生船上的某个人没有这种保险，就会使你陷入困境。如果听之任之，这种困境早晚会发生。相反，每月花费几百美元于可减免税金的保险计划上，不仅给他们以他们所需要的健康保护，同时也给自己提供自身需要的财务保障。

另一个逐渐凸显的问题是你父母不断升高的照料成本。一个训练有素的护理人员一年的薪酬随随便便就上了六位数。亲人长期住院，甚至能让一个小康之家返回贫困。如果你能支付得起，为父母买份长期护理保险吧，这样做无论是对他们还是对你都是好事。当父母知道他们将可以享受标准护理后，一定可以给他们带来心灵的慰藉。而如果他们将来不得不住院时，你也不用担心高昂的医院护理费用了。

买份年金保险

如果你有帮助他们的愿望，并且你也支付得起，考虑为你救生船上的每一个人买份年金保险吧。比为每个人送张支票更有好处的是，一份年金保险能为他们晚年的生活带来一份收入。钱不是想来就立即能来的，而年金保险可以防止他们因财务管理不善时出现基本生活的困难。他们得到滋养的涓涓细流也可以使你在他们面临财务危机时避免为他们额外支付现金。

保险年金还具有高度的可定制性。每个人的保障可以是不同年月的。你可以为某人立即开通收入，也可以为某人延迟开通。你需要同会计师和财务顾问一起商量赠与税问题，以确定每一份养老保险的利益分配是否合理。

在一个完美的世界里，你能够随心所愿地向你想帮助的人提供经济资助。在那里，没有资源数量的限制，你可以给亲友们他们所需要的任何东西。不幸的是，你没有足够多的钱帮助所有需要帮助的人，需要帮助的人总是比钱多。

我曾为好多意外财富超过500万美元的客户工作过，甚至连他们也没有足够的钱来帮助他们所想帮助的人。记住，不管你得到了多少意外财富，它总是不够的，你会不得不说“不”。

在身边人生活得不好的情况下，一些意外财富得主会有很强的赠与意识或者负疚感。我亲眼看到他们给这个给那个，直到什么都没有给自己剩下。一个客户形容他们的亲友像海绵，“如果你不反对，他们会吸尽你最后一滴财富。”你的亲友们可能不知道该怎么做才更好，但是你和你的顾问应该知道。

当意外财富得主们最后终于明白了这个道理，他们感觉好像胸口上压着的重物被挪开了。你不可能帮助每一个人，但是有些人你要尽力去帮。帮助他人要采取正确的方式、方法。把本章的观点印在脑子里，并和你的顾问们一起讨论，看看他们谁为你做得最好。意外财富为不仅你提供了帮助他人的机会，也为你提供了创造更美好生活的机会。

原则 8
创造更好的生活

用金钱打造尽可能好的生活。

尽管意外财富会带来压力和挑战，但它为你和亲友提供了创造更好生活的机会。然而，你不能离开意外财富去谈机会。它让你内省并作出努力去创造有意义、持续满足的生活。和意外财富得主一起工作时，我发现一个很有兴趣的现象。他们中的一些人持有两极对立的观点：

1. 金钱将会帮我解决一切问题；

2. 金钱是我一切问题的来源。

这两个关于金钱的极端观点都是不健康的。它们把太多的影响力归结为金钱，与此同时忽略了人的影响力。那些笃信金钱是他们救星的人闲坐一旁，等待着幸福的发生，但是幸福可不是等来的。你必须知道自己应该在意什么，重视什么。幸福来自于辛勤的工作。而那些认为金钱是一切问题根源的人往往放弃了他们绝大部分的意外之财。他们害怕金钱妨碍了他们创造更好的生活。

谁能责备持这两种观点的人呢？我们生活在对金钱和物质崇拜的文化中。对那些在获得意外财富前几乎没什么钱的人来说，一个共同的错误观念是：账户上的那一大笔钱创造了幸福生活。这是真的吗？我和意外财富得主一起工作的经历告诉我：不是。

毫无疑问，我们银行账户上的巨款能帮助我们减轻甚至消除经济压力，并赋予我们安全感。走在大街上，当你想到银行账户里有一大笔钱，你会充满了自信感。但是有钱就能产生持续的幸福感、喜悦感或满足感吗？这对意外财富得主是一个很大的冲击。他们现在有了比梦境中还要多的钱——但是他们没有感觉到与之对等的幸福。

我们也生活在一个妖魔化金钱和有钱人的文化中。如果你到网上搜“意外财富”，排名靠前的一条信息会是“意外财富综合征”。“意外财富综合征”是一个不祥的词汇，用来描绘一些得到意外之财的人所发生的病症——内疚、孤独和恐惧。在一些作家笔下和医务人士的口中，意外财富似乎成了不幸的无期徒刑。

而真相就在这两个极端认识之间——意外财富改善了我们的生活，但却不能消除我们所有的问题。它只是改善你生活的一个机会。如果你崇拜金钱，它会利用你；如果你惩罚金钱，你不会利用到它。你需要拥有对金钱的健康理解，知道金钱能做什么，怎样使用它可以获得最大的效果。你能使用意外之财创造更好的生活，但它需要你为之付出有意识的、积极主动的努力。

因为所有的压力和失去（例如亡故、离婚、受伤）产生的持续痛楚都和意外财富联系着，毫无疑问金钱能用于为你和你关心的人创造更好的生活，然而更好的生活并不意味着完美的生活。我和那些过去长期生活在矛盾重重的家庭里的意外财富得主一起工作过，金钱不能替他们解决所有难题，或者创造一个爱意融融的生活环境。幸运的是，我这有极好的范例告诉你怎样使用金钱，以及你可以遵循的步骤，以帮你得到你所重视问题的清晰答案。这章的意外财富原则将为你提供一些方法和手段，以创造尽可能好的生活，但是首先你必须避免意外财富幸福所面临的挑战。

悲痛和意外财富

意外财富可能来自于一个亲人的亡故、一桩离婚、一场法律诉讼的和解，甚至是一笔身体伤害的赔偿。这当然是一个个哀伤的过程。但有时候，意外财富也能引发冲突。你和你的顾问是如此地投入于工作和处理意外财富问题之中，以致没有正常地表达出你的悲痛。把自己投入于对某事的关注中，以淡忘悲痛的袭击，这样的做法对人们来说也是常见的。如同我们已经看到的，当我们处于压力之下的时候，我们的蜥蜴脑让我们作出的某些决定非常糟糕。只有等你走出了悲痛，再来处理那些很关键的税务、法务和财务方面的问题，以及其他尚未办理的重要事项才是明智的。在脑子完全恢复理智之前，不要带着悲伤的情绪做任何事；否则，你的钱就不在那里了。

意外财富幸福面临的挑战

物品的升级换代

三星品牌的口号是："下一个好东西在这里"，但它不是。"下一个好东西"总是散落在各个角落里，总是在你买了今天的"好东西"后出现。我们生活在不断升级的文化中，在那里我们现在拥有的东西总是劣于我们应该拥有的东西。苹果公司很傲慢地制造了似乎比旧款要好很多的新产品，即使它很少改进，同旧款没有多大不同。事实上，苹果公司整天宣传和炫耀的最新改进不过是个小配件的变化。就像一个朋友开的玩笑：“真正的幸福就在买了最新的 iPhone 手机而他们还没有推出升级版的那段时间内。”梅赛德斯一开始发布下一代 S 级车，虽然刚买的那辆新车气味还没散尽，你心里就开始嘀咕自己的车是不是落伍了点儿。

生产商们制造的新一代产品看起来比你现在使用的旧版本好得多。他们就是通过这样的做法来制造需求的。这种做法让我们认为自己已有的东西是落后的，从而产生更新换代的欲望。我们的财务规划可能就是在“追求最好的”蛊惑下而受到破坏的。问题在于，所有升级换代的产品要花很多钱，而我们并不因为拥有那些东西或总盯着下一代新产品而真正获得快乐。当你总盯着下一代新产品时，你就不可能享受现有的东西给你带来的便利和快乐。这真是个悲剧。

从不断向前运转的跑步机上下来吧。在那上面，你不得不一直跑才能保持平衡。对比一下你所拥有的产品和下一代的产品，不同之处可能是些微、琐细的。对你现有的产品心存感激吧。如果你持续地感觉到有强烈的购买愿望，那就同你的财务顾问商量安排购买计划吧。例如，如果你每年都觉得需要最新款式的小车，做个替代方案，每四五年换一次吧。这样，当每年的新款式出来时，你的计划会消除你的购买压力。知道自己不可能在几年内购买，你可能对参观汽车展厅或阅读网上的相关评论也就意兴阑珊了。

富足的生活

一些意外财富得主收到钱后便花钱如流水，对过去拥有的东西弃如敝屣。伊丽莎白·邓恩和麦克尔·诺顿《幸福的金钱》一书写道：“富足，最后的结果是，成为感恩的敌人。”我们和物品接触得越多，它们让我们产生的幸福感越少。他们还写道：“从巧克力条到豪车，习以为常让我们逐渐从购买中丧失了持续快感。”造成这种现象的一个基本原因，是一些意外财富得主通过购物来填充他们空虚的精神世界。他们的生活更上了一层楼，但日久天长习惯了这一切，然后又开始寻找新的奢侈生活来满足自己。

邓恩和诺顿还在书中写道：“与此同时，金钱通过赋予我们各种各样精彩绝妙的东西，增加了我们的幸福感。然而，知道金钱可以带来这一切，降低了我们对从普通事物中获得小确幸的欣喜和感恩，也暗暗地破坏着我们的幸福感。”这样的情形形成了意外财富得主难以破解的谜。你现在也获得了金钱和自由来经历这一切，但当你也这么做的时候，记住它会降低你的生活乐趣。

幸运的是，来自我们习惯的力量可以与之搏斗。没有研究证明减少消费可以促进幸福感，但有研究显示：变更消费能够导致更多的生活乐趣。邓恩和诺顿建议制造不足和把快乐转向偶尔的满足。例如，如果你认为一辆保时捷会让你的生活充满了快乐和刺激，一旦当你拥有后，你的快乐一准儿下降得比它的价格快。但是如果你偶尔开一辆保时捷，它会让你永远保持快乐的记忆。实际上，你可能有一辆平时上班开的车，一辆周末开着玩儿的车。想想怎么在其他方面制造不足的情形和怎样做到偶尔的满足。你可以考虑做志愿者，或者到贫困山区做一次旅行。一旦你在这些失去金钱力量和自来水的地方待上几周，你就会迅速恢复到以前的快乐中，欣赏你生活中发生的简单小事。

邓恩说：“我们认为得到幸福的最好手段就是有很多事做。但事实上，告别我们最喜欢的东西——至少临时地，能恢复我们欣赏它们的能力。”

同他人相比

当你的朋友们一年挣 5 万、10 万或者 12.5 万的时候，你宁愿挣 7.5 万吗？如果你像大多数人一样回答这个问题，当你挣得比朋友们多的时候，你宁愿挣得少一点（也就是说宁可挣 7.5 万而不是 10 万）。为什么人们会选择如此大幅度地降低自己的收入？我们脑子有病？连一只猴子也知道怎么选更好。它们会怎么做呢？

一项针对短尾猴的独创性研究显示，相对（绝对的反面）差异是多么重要的一件事。在这个研究中，两只各自关在笼子里的猴子被放在相邻的位置，要求它们捡起各自笼子里的一块石子并递给研究人员，然后研究人员奖励它们吃的。研究者奖励了第一只猴子一片切好的黄瓜，它很高兴地吃了。研究者又要求第二只猴子捡块石子给她。这次她奖励了这只猴子一颗葡萄——明显要比黄瓜片好一些的奖励，而第一只猴子在一边看得清清楚楚。现在，又轮到第一只猴子捡石子了。它挑了颗石子递给研究者，然后期待着奖励。研究者还是给了一片黄瓜片给它。令人目瞪口呆的事发生了，这只猴子的反应谁都没有料到（绝对滑稽）——它把黄瓜片扔给了研究者！几分钟前，它非常高兴地吃着黄瓜片，但是现在，当面对不公正的情形时，它愤怒地把黄瓜片扔了。这个试验重复作了一次又一次，不光是猴子，其他动物也是类似的反应。好，欢迎你进入我们的“相对剥夺感理论”。

相对剥夺是感知到你和别人之间存在不公正的差异。换句话说，别人有某物你没有，而你认为自己也应该有资格拥有。同理，如果你得到了意外财富，而别人没有得到，你不会被他人所妒忌吗？当然会，只要你还待在你现在的朋友圈里。非常典型的是，当获得意外财富后，得主们往往扩大了他们的人际关系，包括了联系那些比他们富裕的人。例如，中等财富家庭的人交往的朋友也和他们的财产情况差不多——有的多一些，有的少一些。尽管每个人都希望自己的钱多些，绝大部分人还是满意他们在同辈人中的社会地位。然而意外财富事件后，拓展他们的社交圈成为很普遍的事。例如，他可以搬到一个新的社区去，并加入一个游艇俱乐部。其中许多人比他还有钱。他们谈海上航行，聊新潮的用品。尽管他知道俱乐部里充斥了价格上百万美元的游艇，但他从没觉得有资格或被拉着“需要”一艘，直到他身边的人也有了一艘。有了意外财富，不会联系跟自己社会地位相等的人，而更可能联系洛克菲勒。

许多运动员用很多钱装扮自己，以便让自己看起来像个人物。他们在成长中就明白了怎么样在外表上更像“成功人士”。一旦他们签下了第一份合同，他们就会买最新最潮的物品。如果乔开着辆崭新的保时捷卡雷拉出现在你面前，三个月前还让你垂涎欲滴的保时捷 911 顿时黯然失色。向上的比较会调动你去争取更多，但是也能制造出不同的消极后果，让人觉得不公平。

马尔科姆·格拉德威尔（Malcolm Gladwell）在其著作《大卫和哥利亚：弱者、不合时宜的人和战胜巨人的艺术》（*David and Goliath: Underdogs, Misfits, and the Art of Battling Giants*）中总结到：相对剥夺理论不仅适应于跑车和游艇，也适用于感知我们的智力和技能。你在一所籍籍无名的大学处于名列前茅比你在哈佛大学处于平平庸庸的状态还要好。为什么？我们总和周围的人做比较！如果我们很有才气，一旦成为哈佛大学中平平常常的一位，我们会认为自己很差。如果我们智商平平，却成为一所普通大学名列前茅的学生，我们会认为自己是个天才。毕业后，我们也会这样看待自己。

自卑的一方诸事无成，而自信的后者却如鱼得水。相对地位是和你的同辈人比较而言的。小塘大鱼要比大塘小鱼好得多。

尝试追上你的邻居并不是现在才发生的现象。经济学家索尔斯坦·凡勃伦（Thorstein Veblen）写道，普通人从比他们有钱的邻居那里得到暗示，尝试匹配富人的“炫耀性消费”。他写这本书不是在1999年，而是在1899年！不管你居住在什么样的社区，开什么样的车，甚至是否拥有私人飞机，邻居那里总是存在更好一些的东西。你总是追求更新点、更大点或者更快点的东西。从这个永远骚动着的感觉出发，导致我们超过自身需求消费的东西太多。某种程度上，我们不会感觉相当舒适。

最后，当你和别人比较时，你会产生得到下一代最新产品的压力。这种比较让你过去幸福地拥有现在这些东西的感觉荡然无存。保时捷911是世界上最好、最漂亮的一款车，但是当你把它同最新的一款比较时，就会让你产生若有所失的怅惘。幸福不是你想得到的什么东西，而是得到了你现在所拥有的东西。

怎样做才不会被卷入比较的游戏里？下面这些理念是我的客户践行了多年的经验。

1. **变得更理智些**。永远别忘了这样有助于你。当然，意识到这点也不可能阻止你自动地陷入比较的旋涡中，但它能让你停顿下来并自省不去响应那些比较。如果你发现自己渴望某人拥有的某物，带着那个想法坐下来想想。不要强制自己不去想，而是接受自己有想法的现实。产生点好奇有助于理清自己思绪：自己为什么突然感觉想拥有别人拥有的那个东西？你想要那个东西是为自己还是为别人？假定你拥有了那个东西，你会产生什么感觉：愉快还是自豪？想拥有这个东西的念头是在意外财富事件之前吗？列一下想要东西的清单，每过几周就看一看，想买某物的念头有没有随时间变淡？如果你的同辈人也要买这件东西，问问他们的想法。有一条谚语绝对是真理：最幸福的今天是你买了一条小船，最幸福的明天是你卖掉了那条小船。

2. **观察**。观察你的同辈人及其购买行为。你朋友圈里那些总是买最好东西的人是否有彰显社会地位的动机？是为了不断超过别人？细致观察谁买了，后果怎么样？如果你能把自己从这样的压力中拉出来，哪怕一小会儿，你能亲眼看到当这个人群中每个人都指望提高他们的相对地位时，"相对匮乏"作用于人们的力量有多大！

3. **找一口"小池塘"**。如果这个压力持续走强，考虑花些时间同没有这些东西的人待在一起。记住，幸福不是一年挣 10 万美元，而是你挣 10 万时你的朋友挣 7.5 万。

4. **找一个好榜样**。当你被某种文化和痴迷于不断更新换代物品的同辈人群所包围时，你就像条鱼，忘了你是在水里。清楚地意识到所处环境的性质是你面对的一个挑战。找到这样一个伙伴：他和你处于同一环境，却有更理智的看法。例如，如果你是一个运动员，你周围的运动员都是些在消费上被不甘落伍的观念所绊倒的人，找到一个年龄稍长、能站在你的角度看问题的人，他能告诉你这个群体存在的问题是什么。意外财富常常不是钱的问题，而是指导者的问题。在模糊不清和充满压力的情形下，当我们不知道该做什么，我们瞧瞧别人，模仿他们的行为。当我们的榜样持续地卷入暴怒，我们也会作出同样的错误行为。所以，要找到一个好榜样，模仿他们的好行为。

5. **比猴子更聪明些**。当你那些伙伴都遭遇挫折了，你还感觉有强烈的愿望仿效他们，那就登录意外财富网看看短尾猴的视频吧。你从它们那里不仅会收获到嘲笑，还会决定一定要比猴子更成熟些。

6. **见证真实的需求**。我每年至少安排一次出国旅游。我的足迹遍及亚洲、非洲和南美洲。在那里我看到了真实需求的面孔——人们并不关心是否赶得上他们的邻居，而是关心他们是否能存活得下去。让你的生活和欲望换一个视角的最好的方法就是，看看其他人怎么生活的。如果你对到第三世界去旅行没有兴趣，花些时间参加志愿者活动。当你被富裕人群所包围的时候，你很容易就忘记了你有多富裕。一个温和的提醒能造就一个巨大的不同，消除那些贪得无厌的欲望。

7. **心存感恩**。研究显示：变得快乐的最好方法之一是体验感恩。快乐并满足于你现在所拥有的是理想的、使妒忌最小化的药方。一个简单的、被证明能增加幸福感的策略是每天写感恩日记。这花不了五分钟，却能帮助你感激你现在所拥有的一切，让你不再浮躁。

金钱警觉

对你的金钱小心翼翼，对怎么花费它保持警觉，这绝对是件好事。但若走向极端，金钱警觉会逐渐破坏你享用意外财富的能力。布拉德和泰德鉴定的四个金钱脚本中，金钱警觉是唯一一个和较好的财务健康、较高的收入和较高的净值相联系的问题。这些效益是和成本相伴而生的。成本是那些高分值的、金钱理念趋向于更焦虑、更神秘的金钱行为。

如果你总是担心你的钱——为每一个购买行为紧张，不论你是否正在做着正确的事——你不可能充分地享用你的意外之财，可能忽略金钱带来的安全和其他福利。一旦走向极端，那些过度保护他们钱财的意外财富得主就会抠抠搜搜，并可能把他们的钱财贮藏起来。尽管这些行为确保他们不会出现财务困难，但也会导致他们继续过着苦寒的生活。

为了避免金钱警觉导致的焦虑，采用意外财富原则 4 中讨论到的记录金钱脚本这一方法，增加你金钱观念中的洞察力。从回答下面的问题开始吧。

1. 什么东西导致了你这样做？鉴别局势、事件或引起消极金钱行为的情感。
2. 什么东西影响了你的思考？把焦点放在消极金钱行为以前你正在思考的东西上。
3. 什么事情促使你行为冲动？你认为什么行动迫使你采取了这样的做法？
4. 你作了什么？你最后又是怎么做的？

金钱警觉源于不理智的恐惧，担心没有足够的钱或是得而复失。成长于贫困家庭和失业的意外财富得主尤其可能是这种做法的赞成者。没有稳定的收入来源，担心没有足够的钱来提高生活质量，如果这描绘的是你，快去同你的顾问谈谈。让他知道你关心的是什么。在这些案例中，我发现为客户设置一个每月支取的私房钱账户能缓和他们的不确定感。此外，确信同你的顾问保持经常联系，并拿到他们每月提交的关于你财务情况的报告。

一些客户非常担心他们资金的安全，每天甚至每小时追寻他们的投资和财务情况。这种和其愿望适得其反的做法会导致他们作出不理智的决定（例如在股票下跌的时候卖出），制造出不必要的紧张和忧虑。和你的顾问每月确定一个固定的日子，以浏览财务报告和核实你的财务账簿。如果你有疑惑或问题，把它们记在本子上，待每月和顾问进行例行会议时咨询和讨论。

不知道什么让你幸福

几乎我们所有的行动都是基于对这些事件导致的情感结果的预测。在“什么会让我们幸福”这个问题上，我们的预测真的很糟糕。这会带来许许多多的问题——尤其是对意外财富得主而言。

“当我们尝试预测什么会给我们带来幸福的时候，我们经常犯错误。”哈佛大学心理学教授丹尼尔·吉尔伯特如此说道：“全世界的研究者们找到同样的预测错误，不管是对爱情、新车还是对奢侈宴会的追求。”我们以为我们知道，但是我们不知道。我们高估了对未来事件情感反应的强度和持续时间。我们会把钱花在对物的追求上，以为这会带给我们持续的快乐，其实没有。我们所买的东西能带给我们突发性的幸福，但它转瞬即逝。心理学家把这叫做“享乐适应”，它描绘了我们是多么迅速地变得习惯于现存事物（好的和坏的）。这解释了我们买新车的激动是如何消退得像新车的气味一样快，或是你买新房时曾经多么神采飞扬，而几个月后就变得闷声不响了。这可以导致我们总是追求更新的或更贵的东西，以刺激我们的感官。

一个客户形容这种情况如同“尝试抓住彩虹”，其他人称其是“在挠没完没了的痒痒”。为什么在预测“什么会给我们带来幸福”这件事上我们怎么做得如此糟糕？这里面可能有几个原因。第一，我们倾向于有一个幸福的“设定点”。心理学教授索尼娅·柳博米尔斯基（Sonja Lyubomirsky）的研究指出，我们50%的幸福都是预定程序，是我们不能改变的东西，就像拥有一个你不能改变的软件操作系统。

但是余下的50%怎么样呢？柳博米尔斯基的研究显示，我们的幸福中只有10%是被所处环境所影响的事物，诸如不管我们是富裕还是贫穷、已婚还是离婚、有孩子还是没孩子、健康还是不健康、富有魅力还是外表平平，等等。是的，只有10%！这就是为什么当好事或是坏事发生时，我们都能看到一根长钉钉在幸福里，但是最后我们会舒服地躺在我们正常设定点的幸福水平上——新房子、跑车、服装。这就是如此多的意外财富得主花钱如此之快的一个理由。他们花费几十万（如果没有几百万的话）用于几乎和幸福没有什么关系的某物上。当这个物品坏了，他们又寻求买新东西。柳博米尔斯基在其著作《怎样获得幸福：得到你想要生活的新方案》中写道：“我们倾向于在错误的地方寻找幸福。我们所笃信的那些会让我们的生活和以前有根本不同的那些东西，实际上只产生微小的差别。”

剩余的40%规定了我们的幸福水平？这是最让人兴奋的部分，因为尽管我们不能改变程序的预设点，而且我们大多数人的生活情境是很难控制的，但我们能控制自己怎样想问题和怎样做事情。在随后的章节里，你会学到研究者发现的那些最幸福的人做什么和想什么。

我们在预测是什么让我们幸福的问题上如此糟糕的另一个原因是，我们过高地估计了物质生活对我们产生的影响。我们倾向于高估自己所感觉到的幸福的程度和持久性。我们认为新的物质生活将引领我们抵达激动人心的、长盛不衰的幸福彼岸。事实上，它只能引领我们到达一个范围很小、只是短期存在的兴奋状态。

让事情更糟糕的是，研究（也是常识）显示，我们从自己的“错误需求”（吉尔伯特如此称谓）中学不到东西。因为怀旧之情产生偏见。“人们倾向于错记他们过去有多幸福，”吉尔伯特主张道。一旦光泽从我们刚买不久的东西上褪去，我们就期待着能从下一件物品上找到恒久的幸福——然后，又忘记了它并没有给我们带来我们所追求的效果。我们倾向于记住高峰时的快乐，而忘记了更多平淡时的状态。我们会回想起小船在开阔的水面第一次下水时的激动，而忘记在保有这条船时所有的苦差事。

解决办法是什么呢？吉尔伯特说：“别相信你的直觉。”衡量一种事物能否给你带来幸福最好的标准之一，是看它是否给你带来真正的幸福。借鉴其他人的经验，与其交谈或者阅读别人的评价，尽管我们喜欢认为自己是独一无二的。吉尔伯特说别人的经验比我们自己的想象多 30%~60% 的准确度。

另一个选择是对“什么让你幸福、什么不能让你幸福”变得更敏感。回想一下让你真正感到幸福的事物，也许是块手表，或是去后院的家庭游泳池游泳。然后做一个幸福度的评分（1 分代表你认为不能带给你多少幸福感的事物；10 分代表你认为给你带来最多幸福感的事物）。这样你就能评价出某事物实际给你带来多少幸福感。如果测得的结果与你过去想象的不符，那很有可能。问问自己为什么会是这样，为什么它辜负了你的期望？对新购买的东西，看看自己原来对它的期望分值有多高，而一两周后它的分值情况如何。再一次自问：为什么你的想象和现实差别那么大？

我的小女儿一直盼望得到一个洋娃娃。几个月内，我每周要求她评价一次如果她得到了洋娃娃她会有多幸福。她总是预估洋娃娃会给她带来巨大的幸福，每次测评都打了 10 分。她不断地攒钱，一段时间后，如愿以偿。得到洋娃娃一个星期后，她给洋娃娃为自己带来的幸福感打 6 分。现在，她正计划着买新的东西。我提醒她注意洋娃娃这事的教训，但这并非灵丹妙药，不过有时候她会改变买东西的念头。

这个方法也能对你有所裨益。买一件心仪的东西时，做一个事前和事后的评估。试着从那些达到或没有达到你期望值的购买行为中领悟到些什么。你不可能总是要赌上 1000 块钱，但是具备更多这方面的意识，你会逐渐悟出什么会带给你持续较长一段时间的幸福。

最后，我们倾向于从总体上思考，而不考虑细节，这可能导致我们的失误。我们花上 5000 美元到阿斯彭滑雪真的让你感到幸福吗？也许是，也许不是。与其在脑子里构想从斜坡上飞驰而下的壮观场景，不如想想从山下一步步登上山顶的细节：你得早起到机场去赶航班，中转停留，汽车在冰上艰难地驶向你的住地，把所有滑雪器材收拾准备好，冒着严寒在冰雪路上蹒跚地挪动步子，排在长长的队伍里，最后终于站在滑行的斜坡上……对一些滑行爱好者来说，尽管有这些琐碎的过程，但他们还是感到很幸福。但是对兴致并不是那么浓的人来说，这个经历会让他们对滑雪的幸福感预期大大减分。想想“不那么重要的细节”，实际情况正如吉尔伯特规劝他们的。这能帮助你更好地预期什么能带来幸福。

用物品填补空虚

最大的惩罚不是剥夺你拥有的每一件东西，而是给你想得到的每一件东西。

在我们已经拥有的和我们想要得到的东西之间，生活充满了遗憾的壕沟。我们想到意大利旅游，但是我们没有钱。我们想写一部给儿童看的书，但是我们没有时间。我们想要一辆福特 1969 款野马车，但是我们买不起。我们想过一种安逸的退休生活，但是我们没有攒下足够的钱。我们想到印加古道去徒步旅行，但是身体条件不允许。我们体重达 154 磅，但是我们想要减到 135 磅。

靠着积累的财富，财务计划过程专注于识别你在哪里，你要去哪里，然后在二者之间搭建一座桥梁。在其最底层，就是一个弥合你有什么和你想要什么之间遗憾壕沟的过程。例如，如果一个积累财富的客户想拥有一种较好的退休生活，我们首先得定义“好的退休生活”看起来是什么样的。看看他有什么积蓄和资源，算出他需要积蓄多少钱，知道当他退休后从他现在所待的地方到他想要去的地方他需要做什么。这就是全部目标设定所需要做的——识别一种需求和想出达到这一目标的策略。

当我们需要什么时，我们诅咒阻碍我们达成意愿的壕沟，它们可能要花上数月甚至数年的奋斗时间才能最终弥合，进而使我们达到目标。要是生活能够像我们打响指一样“吧嗒”一声就能得到我们所想要的该多好啊！是这样想的吗？想轻松？当然是。但是这样更好吗？未必。

壕沟就是努力的动力。壕沟让我们产生忧虑。我们很早起床，在办公室工作到天黑。我们牺牲今天以赢得明天。鸿沟能够带来生活的目标和意义。心理学家米哈里·奇克森特米海伊（Mihaly Csikszentmihalyi）杜撰了一个词“flow（心流）”，以形容全副身心、聚精会神投入于一项富有挑战性和精神刺激的活动时的深度体验。与期待相反，他的研究指出：“绝大多数深度感觉的体验被证明是在工作期间，而不是在休闲状态。”松弛是重要的，但只有当我们面临极大的挑战时，我们才可能经历更多的快乐。

在意外财富事件前，绝大多数客户们有一套例行的日常生活，可以达到的目标，一般含义上的生活目的和意义。闹钟叮铃铃地响了，他们做好准备，开车去上班，工作 8~10 小时，开车回家，吃晚餐，看电视，然后上床睡觉。这是一个可以预计的时间表，提供了程序化的生活。但是意外财富打乱了你以前的生活节奏。壕沟创造了饥饿和狩猎的挑战——追赶和专注于取得你所没有的东西。

你和动物园

关在笼子里的动物对“意外财富”会有什么样的反应？你绝对想不到。对动物管理员的一个挑战就是为动物创造一个类似于自然状态并充满刺激的环境。动物有捕猎、争夺食物和交配权的天性，但是当它们被长久地关在笼子里，并有人为它们提供一切，还可能作为“动物精神病”——一个表征着极度压抑、厌倦和挫折、被关在笼子里的动物的词汇——被展出。而在自然状态下，即使当食物非常丰富且容易到手的时候，动物们也得“劳动”才能得到。狩猎和获得的内驱力——至少一些动物是这样——也许比它们需要进食和存活还要强烈。约旦野生动植物基金会报告指出：“被捕获的动物们遭遇的心理问题，是因为被阻止满足遗传的需要而产生的挫折感和厌倦感。”当需要变得唾手可得的时候，被剥夺了天性的不仅是动物这一种生物。我们每一个人都有达到目标和应对挑战需要的内驱力。如果没了需求和挑战，那人类也会遭遇自身版本的“动物精神病”。

当失去了奋斗目标会发生什么？当饥饿被饱食所取代会发生什么？当我们能做我们想做的任何事或拥有我们想要的任何事物，内驱力就会从我们身上消失。我把这种现象叫做不“意外财富呆滞”。当你偶遇意外之财这一奇迹及用它购买的那些新玩意儿变得让你厌倦了，你就会生出无聊空虚和失望沮丧来。我有个朋友对待研究工作和人生态度变得玩世不恭，为什么？他正在等待着一大笔以他名字命名的信托基金。

许多意外财富得主在收到钱后经历了一个“蜜月”阶段。在这个阶段，他们感到兴奋异常，有了新财富能够提供的能力，他们可能买新车、买豪宅、旅游或购买他们曾经想要的东西，例如喷气式雪橇、游艇、珠宝、艺术品和高档服装。蜜月阶段就像孩子们的圣诞早晨——充满了奇迹和和梦想的物品。但与圣诞节不同的是，它不是一年里仅仅有一次，它能持续数周甚至数月。他们说这是自己生活中最激动人心的时光。一切皆有可能，一切皆能实现。听起来很有趣，对吧？

但是让圣诞节如此特殊的是它一年只有一次。如果圣诞老人每晚都在某个时刻到来，你就会拥有你曾经想得到的所有东西。因为没了目标或没有什么可满足你的东西，你也就没有什么好期待的了。这就是蜜月阶段结束时发生的情况。得到任何想要的东西的激情消退了。

在这一点上，意外财富得主都体验过空虚的感觉。颇有讽刺意味的是，虽然他们被所想要的东西包围着，却感觉自己像是失掉了什么东西。他们拥有了一切，却感觉渴望着什么。意义一定程度上让我们觉得自己生活得有价值，有目的，有影响力。如果我们不再感觉自己正在变得有所作为、对社会有奉献或者产生某种影响，我们就会对生活怀有深深的不满。在我与客户的咨询工作中，他们想要感觉到自己活着的理由，并且想与世界上的芸芸众生有所不同，至少在他们的世界里是这样。

接下来发生什么才是最要紧的。一些客户想通过买更多的东西或安排更多的活动来填充自己空虚的心灵，让自己感到充实。这是自相矛盾的，他们填充的物质性东西越多，就越感觉空虚，越陷入找不到尽头的循环中。这些意外财富得主可能面临的结局就是破产。事实上，一些人花光了他们的财产后，就走向举债或宣布破产。

然而这不是你必然的命运。尽管绝大多数意外财富得主都经历过各种形式的“蜜月”阶段，却并没有都走向破产，为什么？在某一时刻，他们醒悟到了让自己充实的路径并不是用物质的材料去铺就。别误导我们，一所豪宅、一辆新车、一趟旅行，以及精美异常的物品，这些东西对于提供有意义、有目的的生活毫无帮助。尽管这条路让他们非常艰难，比起那些逐渐积累财富的人来说，意外财富得主们所走的这条路让他们有更多的机会找到一个有着更高目标和更大意义的生活，原因何在？意外财富允许他们打造经过设计的生活，而其他人却没有这个条件。

大多数人因为缺乏参与而变成了享受生活的的专家。我们变成了“乘客”而非“司机”。一个客户评论道：“我在生活中大部分时候都是‘乘客’，只是偶尔充当一下‘司机’。”意外财富能带给人们第二次机会。与其过不参与的生活，意外财富得主们不如过设计过的生活。你不必非要借助意外财富这个条件来塑造你的生活，其实任何人的财务状况都支持他们主导自己的生活。意外财富所能提供的帮助只是它提供了自由和机会。

一个经过设计的生活需要行动，需要定义，需要努力。你必须知道自己想要什么和重视什么。你必须知道什么推动着你前进，又是什么为目标的持续提供保障。这些是高度个人化和高度独特的问题——我理想中的生活是和别人不一样。

那些逐渐积累财富的人的目标是填平横亘在“你在哪里”和“你想要到达哪里”这两个问题之间的壕沟。同他们不一样，用意外财富铺就的有意义、有成就感的生活之路却是创造一条壕沟——创造一个充满挑战、搏击和饥饿的环境来获得生命所需并在其中成长。这就是我为到达哪里告诉客户要制订一个财务计划的原因。富兰克林·D. 罗斯福深谙其中之妙，他说：“幸福并不在于单纯地占有金钱，还在于取得成功后的喜悦，在于创造努力时的激情。”当然这并不是要你回去工作。即使不上班，你也有无数种方式可以体验到充满意义和幸福的生活。下面这些是经过实践检验的可以填补精神空虚的方式。

1. **博爱**。向某项公益事业捐款是最普遍的、流芳百世的善行。当你有充足的条件满足自己所需时，转而关心他人所需是广泛可行的方法。从事一项或几项你信仰的公益事业能为你的生活增添意义感和目的感。看到自己的钱被用于改善他人的生活，这会带给你物质无法带来的满足感。研究显示，这项事业不仅仅是受援者受益，捐赠者也能从中受益匪浅。研究者把捐赠者获得的好处叫做“捐赠者光芒”和“助人者之快感”。这些好处包括感觉自己更有力量和变得更平静，没有压抑，自我价值感得到了增强。
2. **个人事业**。不少富裕的个人和家庭多年为了某项事业投入他们的时间、精力和钱财。除了直接捐钱外，许多人开启了他们自己的慈善事业或建立基金会，沉浸于日常的组织运作和管理。

这可能成为他们的新工作。许多人反映说他们现在比过去自己上班时的工作时间更长，也更卖力，因为这给他们带来了充实感和意义感。“在我一生中，从没有工作得像现在这样努力，”一位客户说，“但我也从来没有感觉这么好，从没有一早起来上班时感觉这么幸福。”

一些意外财富得主经历了失去亲人或遭遇了伤害的伤痛，他们不仅仅是带着自己的钱还带着伤痛投入了某些事业中。当开始你的非营利事业的时候，你可以带着孩子一起参与到博爱事业中，并为他们安排一个活跃的角色。这是一个额外的益处，在一个安全和令人愉快的“家庭事业”中，给孩子们一个真正的世界范围内工作的经历。

3. **企业家精神**。在辞去工作之后，许多意外财富得主不能想象再次工作的情形。但对另一些人来说，在过了“蜜月”阶段后便变得焦躁不安，渴望再做点什么事。但这次不同的是，他们不再为哪个老板工作，而是自己变成了老板，开办自己的公司，以自己满意的方式投入自己的才干和时间。对那些有做企业经验诸如做过商业贸易或那些财富来自于股票期权的意外财富得主来说，他们可能厌倦早早地过退休生活，企业家精神能够给他们全世界最好的生活——他们可以伴随着自由和没有老板的自治，经历经营自己企业所要面对的挑战。

运营自己的公司能带来兴奋感和做赔了带着自己的意外财富一起消失的不确定性。如一位客户谈到的，“当我卖掉了自己的公司，觉得自己的生活中出现了好大一个洞。数年里，我确切地知道我是谁和为什么我需要每天早起，但是在现金枯竭后，我漫无目的地飘荡了几年。我知道我必须证明给自己看，给世界看。我错过了挑战，沉沉浮浮。所以我开办了另一家公司。其中有令人难以置信的困难，但是我热爱工作时的每一秒钟。”

4. **发挥专业余热**。一些意外财富得主有专业知识和工作经验，他们想有点事做但又不愿意自己开公司或是去做慈善，通过传授自己的知识和经验来获得充实感也是个不错的选择。有许多组织招募职业老手来帮助那些职业菜鸟。例如，“老大哥老大姐”（the Big Brother/Sister）就是这样一家很受欢迎的公司。其他诸如非营利的斯科尔联合会（SCORE）为新开办的公司联系退休的企业精英已经快50年了。

5. **兴趣爱好**。绝大多数人最大的抱怨就是缺乏时间。他们有好多事想做，但很少有机会让他们如愿以偿。一大笔意外之财给他们带来了转机，使其可以辞掉工作。即使你的意外之财没有大到可以让你离职，你也可以用你的钱买来时间。很多意外财富得主用这些新时间从事旧有的爱好或是参与要花很多时间（例如高尔夫）或昂贵的（驾驶赛车）兴趣项目。

6. **个人成长**。一些意外财富得主把他们的注意力投向学习、自我改善和发展方面。他们可以学习一门新的语言，周游世界，回到学校继续攻读梦寐以求的学位，参加铁人三项运动训练，写一本小说，远足喜马拉雅山，或专注于某个项目……

上述这些方面的共同因素是：它们满足了我们对成长和贡献的人性需求——两个需求构成我们一生的快乐和幸福。在对幸福的研究中如果有一件事被确定的话，那就是当我们买了新的物品来满足自己的精神需要时，我们的幸福水平就被迅速地调低了。而当我们从事上述活动时，情况就完全不一样了。上述每一项活动都提供了有意义、深刻和长期持续的充实着我们内心的幸福感。物品会随时间的流逝而变化——它们或是损坏了，或是生锈了，或者不时髦了——但是这些活动会随时间的流逝而改变我们。这些事物不仅能诠释我们是谁，还能塑造我们的身份，这比我们拥有什么东西要重要得多。

用意外财富打造更好的生活

意外财富为你提供了让生活出现积极变化的机会。如果你不喜欢太刻板的生活，意外之财能够帮你找到更好的活法。这带给你的要比金钱还要多。很多发生在意外财富得主身上的可怕故事，他们花光了自己的钱，终结了谈不上幸福的生活和生命。但是意外财富并没有宣判你的生活也是绝望的。如我已经跟大家讨论过的，意外财富是一个机会，金钱是一个工具，再强大的工具也仅仅是个工具。但你可以用金钱为自己和他人打造更好的生活。

意外财富事件亲历

我是个儿科急诊大夫，2001 年在佛罗里达中了数百万美元的彩票大奖。赢得大奖后，我天真地以为自己有了这么多钱，生活会变得完美。但是不久我就明白了：金钱不能保护我和我的家庭免于生活的灾难——我的丈夫得了几乎致命的绝症，儿子染上了毒瘾。

另一方面，我着手参加不寻常的旅游，并开始做一些自己一直想做的事情。意外财富事件发生一年后，我决定只做点兼职工作。我写了一本书，继续到多米尼加共和国进行医疗宣教。我参加了一个电影俱乐部，经常到外地访问一些家庭。我还参加了一个读书俱乐部，建立了一个以大屠杀幸存者为援助对象的小型基金会。

过了一段时间，这些事触动了我。我意识到我干的绝大多数事情和后来我得到的机会即使没有彩票奖金也能行。到了最后，我几乎不相信它的作用了。我曾经以为变得自信和个人的成长是赢得彩票奖金带来的结果，其实没有它们我也能达到这样的状态。我过去仅仅是没有认识到这一点而已。我在生活中并没有因为有钱而变得像人们认为的应该特殊化点。后来认识到的这些道理使我变得更清醒了。

雪莉·普雷斯博士　《我的幸运：一个医生的彩票之旅》一书作者

需要多还是需要少

意外财富仅仅是幸福拼图中的一片。要打造幸福生活，你还需要对你的内心做一番探察。有一个可以帮助你懂得哪些是生活中不需要变的、哪些是需要改变的工具——需要多还是少的列表。

拿一张白纸，从中间画一道竖线，在左栏上标注：“想要更少”；右栏标注：“想要更多”。然后在左栏里把你生活中想要更少的事物排列出来，可以包括经历、困难的工作、情感，甚至什么人。在右栏里，写上你现在想要更多的事物，也可以包括经历、情感和什么人。这个简单的做法可以帮助你清楚地明白你喜欢生活中的哪些东西，而哪些又是需要改变的。

意外财富的悲剧之一是得主们认为有钱后什么都必须改变，然而这是不正确的。为什么要在倒洗澡水的时候连孩子一起倒掉？如果你正在这么做，接着做你的；如果你还没做，寻找一种完全不同的做法。

在几周内，按这种列表做法多做几遍，从中找出在几次的填写中共有的那几条，然后同你的顾问商量怎样用你的意外之财减少自己不想要的和增加自己想要的。这一做法虽然简单，但是很有效。

避免苦差事

“如果我当时不是必须那么做的话，我会幸福得多！”改变那些条件，你可能会更幸福。我的经历告诉我，如果你能排除掉生活中那些让你焦虑、悲伤或痛楚的事情，你会体验到更多的快乐——至少少些令你头疼的事。

我的这个建议似乎有些琐碎，但是如果你能找出和消除那些你不喜欢做的事，会对你的心境和幸福水平产生重大影响。想想你鄙视做的三件事，设想你在周六必须做这三件事。在这天结束的时候你是什么感觉？让你大发脾气？让你紧张不安？让你愤怒不已？有可能这三种情况你都有。我们讨厌做的事能够影响我们的精神状态，让快乐逃离。它能让一个平常情绪平和、理性冷静的人瞬间变得激动和失态。

例如，我通常是一个随和的人，总认为自己理性、冷静且条理性强。但如果让我去做房屋装修项目，或者让我给汽车换轮胎，仅仅是一想到这些事，我的心跳就会加快，血压就会升高。我很不喜欢安装物体或者把它们组合在一起这样的事。如果没有这些事，我会是个幸福的人。

也许安装物体对你来说不算什么，或许你讨厌的是做家务活，例如吸尘、做饭、到杂货店打酱油这一类的事。而意外财富让你有条件减少甚至消除这些让你头疼的事。

别低估了从生活中消除这类工作的作用。把你的大脑从这些事中解放出来，可以让它一心一意地考虑你的资金使用这类大事。开动脑子想想这类要花不少时间且又是你极不愿意做的事。如果你不情愿做某事，会怎么样？把脑子里想到的都写下来，你可能会写上好几页。一旦你把不愿意做的事形成了一份完整的清单，按照从重到轻的顺序排列出来。现在，依据你的经济实力，你就知道该怎么作了。

把你最不喜欢的工作请人来做是最容易和最合算的。下面是一些举例。

1. 付账。有专门的服务公司或个人能提供这种服务。但是要小心，加强自我保护，这个问题我们在意外财富原则 10 中将讨论到。
2. 管理你的投资。专门做这种事的公司和个人多如牛毛。按照意外财富原则 3 中提供的窍门寻找最好的顾问来帮助你。
3. 修剪草坪。很容易找到大量的廉价收费的工人。
4. 为游泳池做清洁。通常这项花费比较贵。
5. 文件整理。这活儿稍微有点技术性，但是你应该能找到要价不高的人。如果这项工作要求不分时间段到你家来做，就会不可避免地让人家看到你的私人文件，要求他提供推荐信或了解一下他的背景是很重要的。
6. 居室清洁。这也是很容易找到廉价收费工人的项目。
7. 活动策划。你有很多选项，所以不必亲自策划生日庆祝或家庭团聚活动。
8. 体力劳作。例如帮你搬运家具、清扫车库等。
9. 做饭。不管你是雇一位厨师还是订购一项厨事服务，只要你讨厌做饭，有很多选项可以让你从这项事务中解脱出来。
10. 照看孩子。从你的邻里社区找到一大群拥有资质的保姆，一点儿问题没有。

11. 家庭装饰。有些人擅长在节假日前把家里家外装饰得焕然一新，而大多数人既无时间也无自己动手的心气儿。但你能很轻松地联系一家专业公司或个人为你在节日前张灯结彩和做其他装饰。

12. 修修补补。这是我的特长。幸运的是，就像上面其他活儿一样，你能找到能工巧匠来替你修修补补和拆卸安装，而不必卷起袖子来亲力亲为。

买时间

时间是个伟大的公平者。无论是意外财富得主还是积累财富的普通人，一周都只有 168 小时。金钱能买很多东西，但是它不能替你买更多的时间——或者它能？富人每周拥有的小时数并不比穷人多，但他们的可支配时间更多。如果你每天两个小时的时间花在公交通勤上，并且要干两份工作才能养活自己和家人，你每周还是只有 168 小时，属于你自己的时间就非常少。在我的上一本书《另外 8 小时》中，我用案例说明了生命不是发生在你睡觉或工作期间，而是你怎样花钱买你下班后到上床睡觉前这段时间。这段时间决定了你生命的质量、人际关系、健康和总体的幸福。穷人陷入了恶性循环中，他们花了大把的时间用于解决温饱问题上，以致没有富余的时间投向自己，并帮助自己跳出恶性循环。如果你没有什么时间属于自己，你就很难有机会去夜校攻读学位，学个新技能或者照管自己的身体。

作为意外财富得主，你能买更多的时间。这是用金钱提高你的幸福水平最好的方式之一。哈佛大学心理学教授伊丽莎白·邓恩在《幸福的金钱》一书中提道："从根本上改变你花费时间的任何方式是善用你的金钱——它就是幸福的金钱。"

当你考虑打算用意外之财创造你想要的生活时，想一想怎样为自己创造更多有意义的时间。有什么活儿是可以外包的吗？如果对用金钱买时间来代替事必躬亲"持错误看法，这将对你生活的总体满意度造成更大冲击。

投资于经历

你对过去购买的东西或过去的某段经历感觉很享受吗？你珍惜自己所购买的东西或曾经做过的什么事吗？闲暇之际，你的脑子更可能想起你拥有的那些物件或你的某次旅游经历吗？当你临终前躺在病床上，什么记忆会让你展开笑颜？

金钱可以用于购买物品诸如汽车、房子和平板电视，或是用于获得经历，诸如音乐会、旅行、百老汇歌舞剧，或有特殊意义的进餐。研究显示，人们似乎从经历中获得的快乐要比从物品中获得的多。正如某人总是喜欢到很遥远的地方做穿越密林的徒步旅行，他从中获得的喜悦远远超过购买一块劳力士手表。我非常理解这种行为，但并不是所有人都有这样的感觉。

即使他们自己没有意识到，绝大多数人享受经历超过物品的理由是，因为经历通常是与他人分享的。如前面我们讨论过的，我们很快就变得对买来的物品熟视无睹了，但阅历则完全不同。我们不仅享受参与正在到来的经历和经历本身，而且经历还为我们提供我们所能回忆得起来的"幸福的资本"，它就像是一个精神幸福的存折。一旦你"储蓄"了经历，它就会持续地向你提供利息。投资于经历吧！

物质的东西会随着时间流逝而贬值，同时也从数量上减少了它提供给我们的幸福感。然而，阅历会随着时间的消逝而增值。我太太直到现在还津津有味地谈起她孩童时期随父母去迪士尼游乐园的经历。这一经历是他们在几十年前付费享受的，但直到今天还在产生着快乐。事实上，我认为她这次经历的情感价值随着时间的发展还在不断增长。投资于经历吧！

经历还有助于定义我们是谁，而我们买的物品做不到这一点。我们可能会借助买辆宝马来表达我们想要成为谁，但是经历说明了我们是谁！物品不能改变我们，但是经历可以塑造我们！一趟旅行或一部戏剧可以改变我们怎样看待世界或认知自己。一些意外财富得主太看重物欲的满足。物质财产是好事——假定你能买得起它们，但是你能从经历中得到更多有意思和快乐的东西。当你考虑想要打造的生活时，别忘了投资于经历！

奇迹问题

有个意外财富得主有些不知所措。他拿到钱已经好几年了，却还对他的意外之财有点敬畏。他说："有了这笔钱就像驾驶着一辆赛车在社区附近的道路上狂奔。我知道能用它做很多事，但是我还是不知道怎么做。"这也是我开始与意外财富客户一起工作时的印象。他们知道改变生活的机会就摆在自己面前，只是不知道该怎样使用这笔财富。当他们辗转着从一件事忙到另一件事，希望获得幸福生活的时候，这可能是一种令人苦恼的感觉。

怎样使用意外之财，意外财富得主们做法不同。有的人用其大部分的意外之财打造尽可能好的生活，有些人不这样。前者有个想让他们的生活看起来如此的美景想象。他们参与设计来创造生活，而不是缺席设计生活。

为了帮助你创造经过设计的生活，先回答下面的奇迹问题：

假设就在今晚，当你睡着的时候，一个奇迹发生了：你所有的问题都解决了。但是因为当奇迹发生的时候你是睡着的，你不知道到底发生了什么。第二天清晨醒来，你如何发现奇迹发生的证据？你如何看到自己作了什么、想了什么？或者你会告诉自己在你的生活或生意中有个奇迹发生了？

奇迹问题是一个专注于心理治疗方法的标准问题，一种短期类型的咨询，专注于你想要什么（即方法），而不是你不要什么（也就是问题）。你怎么回答这个问题？

如果这个问题有点太难懂，可考虑用下面这个问题来代替。你需要生活中发生些什么才能让你感觉到满足，这样你能够用意外财富创造尽可能好的生活？

这个问题迫使你思考的不仅是你的未来，还包括你未来的幸福和需要发生什么才能让你感到幸福。这个问题假定你正在经历着你想要的一切事情，帮助你专注于你所想要的，而不是你不想要的。

花了些时间用于上述一个或两个问题上的意外财富得主们体会到了满足感，因为他们可能会第一时间开始思考他们的未来、实现他们能用意外财富达到的目标和控制意外财富，而不是让它控制他们。

赞　歌

一些意外财富得主感激拥有金钱赞歌让他们保持专注和脚踏实地。这种感觉的赞歌不是赞美诗或冥想技巧，而是更实用的东西。它有助于你重新连接那些对你来说最重要的事物。金钱赞歌是些很简单的短句，描绘了你想怎样看待金钱。下面就是金钱赞歌的一些代表性语句：

1. 金钱是帮助我们过上最好生活的工具；

2. 金钱是给我们提供安全的工具；

3. 金钱是允许我帮助他人的工具；

4. 金钱是让我帮助孩子们的工具；

5. 金钱是让我关心家人的工具。

赞歌的理念就是让你试想一下金钱对你来说意味着什么。确定金钱对你意味着什么的最好的方法之一就是回答这个问题："金钱对我的重要性是什么？"然后，用"为什么它对我那么重要"的提问继续深追每一个回答。例如，客户面对"金钱对你的重要性是什么"时可能回答："它让我能买物品给我的家人。"当你问他们"买物品给你家人的重要性是什么"时，他可能会回答："这样我能养育我的孩子。"再问他们"养育孩子的重要性是什么？"他们可能会回答："这样我能让他们过上我小时候没有享受过的生活。"接着问："让他们过你小时候没享受过的生活的重要性是什么？"他们可能回答："这样他们就不会经历饥饿或我遭受过的苦难。"最后，当问到"不让你的孩子经历饥饿和遭受苦难的重要性是什么"时，他们可能回答："当我能让他们有机会过上更好的生活，并使他们的生活有别于我，这样临终时我能感到自己是个幸福的人。"

在这个实例中，客户可能意识到了金钱只是个工具，为家人打造不一样的生活提供了机会。有了这样的领悟，当考虑要不要买条小船时，他会意识到这无助于实现他更大的目标。

赞歌的目的不是为了提出来听着好听或是打造财务意识，而是为了让你尽可能清楚意外财富对你意味着什么，这样你就能以正确方式控制它并引领它更好地服务于你。我亲眼见到由于缺乏这样的意识，弄不清楚金钱与目的之间的关系，一些意外财富得主把他们的不少钱投向了错误的方向。把你的金钱赞歌分享给你的顾问，这样他们就能明白是什么推动着你前进。一旦他们发现你偏离跑道的时候，就会委婉地提醒你。

还有一个可以增进你幸福感的行之有效的方法：帮助他人。一个又一个的研究显示，当我们对他人——不管是你认识的还是不认识的人施以援手时，我们得到了很多快乐。尽管不是每一个人都能从帮助他人中得到同一水准的快乐（因为有些人用于施助的财产和他们的苦痛有关系），但是付出还是会给你带来最大的幸福感。

在下一个意外财富原则中，你会学到如何根据你的财富大小来确定帮助别人和自己的程度。

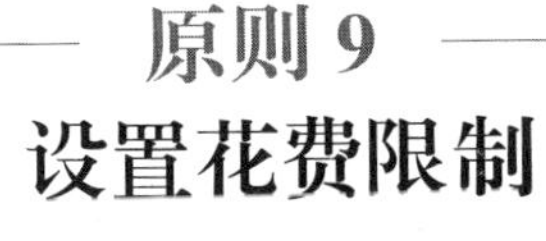

原则 9
设置花费限制

制定一套控制你花费的制度。

如果你决心遵守 12 条财富原则，下面这条你不可不知道。了解你拥有什么和你能花费多少是最重要的。如果你不能回答这两个问题，那你就是盲人骑瞎马。忘了所学的打造更好的生活、增长你的财富或者保持正确的轨道吧。因为如果不了解自己有多少财富，你怎么能指望自己清楚花得起多少钱？如果你不清楚能花得起多少钱，你怎么知道你打算买的房子是合理范围内的还是会招致你破产的呢？又怎么能享受加勒比海的邮轮旅游呢？在你的脑子里，你不知道自己是否花费得起吗？

幸运的是，确定你拥有多少财富和你能花得起多少钱并非火箭上天一般的难事。本章的目的不是让你成为一个专业的财务分析师，你的顾问会为你计算这些数字，但你懂得数字背后的故事是很有必要的。

你的意外财富水准如何？

有意外财富，有意外财富！你的意外财富达到怎样的水准？这个问题不仅关系到你将会收到的金钱数量，还关系到这笔钱将如何冲击你的生活。作为你即将收到意外之财所带来的后果，你的意外财富水准将决定你的生活会发生什么样的戏剧性变化。

意外财富水准一

意外财富水准一是：不会从物质上改变你生活的金钱数量。这个数量是如此之小，容不得你去买一所房子、辞掉你的工作，或改变你的生活方式。例如，一笔 2 万美元的遗产不足以对大多数人的生活构成冲击。当然，你可以买一辆车，换台写字桌，或付一点儿账单，但你的生活不会因为这笔遗产受到什么影响。

在一生中，不管是因为遗产还是离婚，绝大多数人都会经历意外财富水准一的局面。尽管意外财富水准一不会改变你的生活，对于偿付信用卡账单、交学费、交住房首付款，为孩子上大学攒学费，或者作为养老金等，还是一个很好的机会。

通常，意外财富水准一不会造成大笔财富带来的那种让人焦虑难眠、犹豫难决和瘫软无力的状态。它面临的挑战是因为它数量太小，一些人会视其为有它不多无它不少，从而任意花费而不郑重考虑。意外财富水准一对于改善你的生活和财务状况也是有益的，尽管它没有意外财富水准二和意外财富水准三那样庄重，但也需要技巧和策略才能最好地使用这笔钱。

意外财富水准二

意外财富水准二是这样一笔数量的钱，它对你的生活产生较大的冲击，但还没大到可以让你辞去工作的地步。在这个水准上，你也许可以买大一点儿的房子，出去旅游的次数会更频繁些，清偿掉所有的债务，有充足的资金为孩子做好上大学的准备，购买一辆豪华轿车，每月有更多的收入……

如果按照意外财富 12 条原则做，意外财富水准二能成为提高生活质量的机会，让你或者你的配偶退休得早些或从事公益或慈善工作，总体上有条件享受比较富足的生活。尽管绝大多数人在一生中都会经历意外财富水准一的事件，但只有较少的人会接收到数额足以符合意外财富水准二标准的钱。

在经历一段相对短暂的过渡期后，绝大多数意外财富水准二得主能够平稳地调整他们的生活以融入新的局面。尽管他们的财产净值大体上高于以前，但他们仍然遵循着我们大多数人的生活准则。也就是说，每天清晨他们还是需要早早起床去上班，仍然只能在有限的时间内度假，也需要攒钱和为未来投资。他们能够递增式地改善其的财务和生活状况。但在大多数情况下，他们和我们一样，按照朋友和亲戚们同样的习惯和路子生活。这个特点似乎不是那么重要，但在意外财富水准二和水准三之间，这就是一个巨大的变化——是否继续上班成为两者之间的分水岭。

意外财富水准三

意外财富水准三是数额这样大的一笔钱，它可以让你辞去工作。这似乎不像是一个重要的区别，但它让意外财富水准三成了游戏的改变者。意外财富水准二和水准三之间的区别不能被夸大，它们之间的戏剧性差别就像是 32 度和 33 度之间的不同。

为什么“不再工作”成为它们之间如此重要的区别呢？绝大多数人一生要花很多时间在工作场所与同事一起共事。尽管不是每个人都这样，但一份工作能够成为你与社会产生联系的来源——我们能借此与同事建立深厚的友谊。工作还为我们提供了生活目的性。

即使我们不是靠工作生存，它也为我们提供了日常的、结构性的和有意义的生活。它让我们的周末和假期变得特别重要。如果我们停止工作，如意外财富水准三的得主所做，我们的生活空间和精神空间都需要被充实。我们也许不能通过自己所从事的工作找到人生的目的，但是我们的职业生涯实实在在地为我们提供了一个生活在其上的基础平台。

意外财富水准三所提供的机会能从根本上改变你的生活，把你从朝九晚五的工作中解放出来，允许你发展充满意义、有目的性的职业以外的事情。但对有些人来说，这可能让他们与社会失去了联系。

根据一份综合社会调查，接近四分之三的美国人不愿意辞掉工作，即使他们获得了使其可以在家安享奢侈生活的意外之财。

我们对工作的需要把我们打造得和其他人一样“正常”。当我们拥有了如此多的财富可以让我们选择不工作，这把我们归入了同其他人不一样的类别里。当你有了自由的时间和宽裕的经济状况去旅游，而你的朋友们仍然受限于生活资源而不得不去工作，此时会发生什么？再说一次，这虽是生活质量问题，然而，却是意外财富水准三得主不得不面对的问题。

很少人经历了意外财富水准三。得主们通常是从很具典型性的事件（例如遗产继承、法律诉讼或庭外和解、彩票中奖或企业买卖）中获得财富的。本书中的 12 个原则条条都是为他们而写的。其中的每一条对于帮助他们顺利地完成过渡和协调其意外财富前后的生活都是非常重要的。能否成功完成这一过程，直接与他们遵循这 12 条原则的紧密程度相关。

那么你的水准属于哪一档？水准一通常是非常明显的，但是水准二和水准三之间的区别比较微妙。大多时候那些达到水准二的得主认为他们属于水准三，想长久地辞去自己的工作。这是个严重错误，可能对其财务状况产生灾难性的后果。有时候那些达到水准三的得主不相信他们能够辞去自己的工作。前者超出实际地认为自己有很多钱，后者则认为他们没有多少钱。两者都不完全明白自身所处的财富水准。无论如何，你将会弄清楚自己有多少钱。

你有多少钱？

了解自己有多少钱有一个专业性的词汇：资产净值。计算资产净值非常简单：

资产 - 负债 = 资产净值

对大多数人而言，这是一个非常简单的计算，只要把他们的资产相加（诸如住房的价值、银行存款、汽车、个人退休账户上的存款、证券账户），然后减去房屋贷款、信用卡借款、学费贷款和其他欠下的债务。如果你拥有的多于你所欠的，意味着你拥有正的净资产。如果你欠下的多于你拥有的，意味着你拥有负的净资产。

对意外财富得主而言，通常没有这么简单。为什么？还要缴税！银行账户上剩余的钱还不完全是你的。因为无论何种意外财富类型，包括诉讼、彩票、股票、体育和文艺圈的签约，以及企业买卖，几乎百分之百的都要从你的账户上减去所得税。

不只是意外财富得主的亲友会盯着那些成为媒体上大字标题的人物（会在最后一章讨论），意外财富得主也会成为公众关注的焦点，或者如行为金融学经济学家所称呼的“锚”，被抛在一大笔没有附加说明的税金、开销、收费和其他名目的项目的数字上，而这些会从实际拥有的意外财富中戏剧性地减去不少。

现金很多，资产很少

资产净值很少，但仍然是富人，这可能吗？可能的，这样的现象在彩票中奖者中间屡见不鲜。他们选择了每年领取奖金而不是一次性付给的方式。这些中奖人尤其是在第一年里看起来没有多少资产，但他们可以每年都拿到一张大额支票，所以他们是富人。

祝贺你！你刚刚中了6000万美元的大奖。但你真的赢了6000万吗？看起来好像是的。在新闻发布会上，你高高举着的支票板上面写的就是6000万。报纸也报道你赢得6000万，你的亲戚和朋友不停地议论着的也是你的6000万。所以6000万是千真万确的。真是这样？很悲哀，远远不到这个数！看看让你崩溃的事实吧。

6000万的头奖只等同于3350万现金。减去州税大约300万，联邦所得税和老年医保税1400万，你的奖金在税后只剩不到1700万。

再说一遍，本章的目的不是要把你变成一个财经分析师或税务专家，除非你额外向你的顾问付费。我们的目的是让你清楚地认识到，你所得到的并非你想象中的那么多。如果你想得到一个固定的数字，那么确信它是1700万而不是6000万。正如一位彩票中奖者说的：一听到中奖2000万我就以为自己真的能拿到那么多，那几天里疯狂花钱。但是后来发现在我名下的账户里实际仅有勉强的300万。”

除了要减去税收（这些你的顾问都会帮你搞定并给你一个最终数字）外，通栏标题的数字还招来了你的债主们。减去学费、信用卡欠费、退缴税、借钱给亲戚、还车贷、支付孩子和配偶的生活费和你所欠的其他债务后，所剩下的才能算是你实际拥有的。我把这称为“最终的数字”。忘掉你的大标题数字，记住你的最终数字吧！

应对税务局的审计

也许你的顾问作了一份课税情况文件以应对国家税务局的审计检查，但那是税务制度的灰色地带。我留出了如果我们的税务审计没有被通过时，客户可能要上缴的最高幅度的税金。例如，我们对一位客户存在争议的税务情况进行了很好的研究，最后为她省下来 400 万美元的税金。因为国税局对我们的税务情况有争议，查询了部分或全部的 400 万，这部分钱就进入了单独账户，而我借此不把它归入最终数字。一旦通过了审计，或者对这笔钱的限制到期，你才可以把它计入到你的净值中去。

即使记住了最终的数字，你的资产净值观念有可能也是混乱的。拥有 1000 万意味着什么？对许多意外财富得主而言，虽然他们看到了账户上的最终数字，但是他们没有好好想想这意味着什么。如果你之前每年挣 5 万美元，而现在你的银行账户上趴了 1000 万美元，你的意外财富似乎既可能摆平一切，也可能毫无意义。一个客户这样回忆她的迷惑状态：“我知道 2200 万是很大一笔钱，但是因为它如此庞大，超出了我的想象力，我无法理解它究竟有多大。我的意思是说，我知道它多于 2100 万，少于 2300 万，我只是不能理解它具体意味着什么。”

大额金钱的危险在于它们可能让人感觉好像是某位大富翁的钱财。而如果你不重视这笔意外财富，你可能更倾向于把它们挥霍掉。为了让你对意外财富的认知更具体一些，把它归入你的收入吧。一笔 1000 万的钱在账户上是个无形的数字，但是 40 万美元的年金就意味着某些具体的东西了。虽然你现在挣着5万美元的年薪，40万的意外财富似乎对你来说也是一笔荒谬可笑的收入，但绝大多数意外财富得主至少能够开始用他们的脑子思考这个数字了。

你花得起多少钱？

是否辞去工作、买所新房子、到世界各地旅游、为孩子准备上大学的学费，以及是买特斯拉还是本田，对这一切起决定性的因素是你最终得到的数字。这个数字决定了你能消费得起多少。

一旦确定了自己实际拥有多少财富，你就可以计算出自己可以轻松愉快地花多少钱了。这似乎是非常明显的一个过程，但是不少意外财富得主跳过了这关键的一步而直奔餐桌享用天上掉下来的馅饼。这是个致命的财务错误，它会让你以最快的速度花光绝大部分甚至是全部意外之财。别让这种情况发生在你身上。

绝大部分意外财富得主（甚至包括一些顾问）都存在类似的问题。他们在尚未确定自己财富的情况下就已经合计出满足自身生活方式（如押贷款、旅游、保险、娱乐）的消费额度，然后算出他们每年需要支取多少钱以维持这种生活方式和其他消费。

买一棵仙人掌而非蕨类植物

蕨类植物需要每天浇水，而仙人掌却可以在一个月都没有氧气的条件下存活。花5万美元买辆宝马车远不如花5万带全家去旅游一趟。为什么？豪华车会增加你的保险费、维护保养费、注册费和调高汽油等级的费用。你不仅要考虑到前期的花费，还要考虑到后期不断产生的费用。

你怎样把你的最终数字变成你的收入？有大量的研究集中在安全

支取率上。安全支取率即你的投资组合的百分比。这个百分比能保证你每年支取一定额度的钱却无过度支取之虞。例如，我们假定你有 100 万美元在投资账户上，你每年从账户上支取 15 万用作家庭开支，你的支取率就是 15%；每年支取 30 万，你的支取率就是 30%。支取率事关重大——它可能是本书中最重要的数字，因为如果你每年支取的额度过大，你账上的数字就会从 1000 万下降到 950 万、900 万……直到颗粒无剩。我的一个客户在这方面认识不大清楚，当我跟她讲这个道理时，笑容在她脸上消失了。她脱口而出："别杀鸡取卵呀！"精辟！

那么，你的安全支取率是多少呢？你的顾问能够帮你具体确定你每年支取花多少。但是研究显示，3% 是下限，5% 是上限，这要根据你的投资情况和其他因素而定。我一般是把 4% 确定为经验标准。

这个标准意味着你可以计算出每年能轻松愉快地享用多少属于你的财产，而又不至于使这只下蛋的母鸡瘦下去。例如，如果你有 600 万，你可以每年支取 24 万。当然，4% 的标准也不是铁的定律，但它是一个安全信号。同你的顾问好好商量，按照意外财富原则 12 的要求，以确认你的消费没有越过安全线。

4% 不够怎么办？

意外财富之所以带给你激动，一定程度上是因为它为你提供给了自由和许多选项。例如，原来我们没有什么时间和钱，意外之财把你从时间和金钱的禁锢中解放了出来。因为面临这么多的选择，所以你作出的每一个决定都会事关你的财务，并影响你未来的选项，充分认识到这一点是非常重要的。例如，如果你辞去工作，这会让你有充裕的时间去旅游，但这可能会让你搬到一所新房子去住的愿望落空。或者，如果你既辞了工作又搬到了新房子去住，但是你孩子上大学的费用却没了着落。有时候，事情就是会这样，进了这道门却进不了那道门。这就是为什么在作决定之前认真考虑所有选项的重要性，但这是一个让人头疼的过程。最好的补救办法是：回过头去检查你确定的所有需求的优先顺序——什么事是你最想做的？

先装大石块

设想有一张桌子，上面放着一个玻璃罐，以及几块较大的石块、一堆小鹅卵石和一小堆沙子。你的任务是尽可能多地把桌上这些东西装进玻璃罐中。你先开始装哪一类？绝大多数人都是先装沙子和小鹅卵石，而把石块留在桌上。这是个来自于时间管理专家的很流行的类比。如果你开始做小事情，就会没有时间去做生活中的大事。这个道理对你的财务而言也是一样的道理。

千万别小看了那些花费不多的事物——我看到不少的客户把数百万的钱花在他们并不重视的鸡零狗碎的物品上。这些物品虽然无关紧要，却挤占了我们的资金。所以最好还是先把较大的石块装到玻璃罐里，如果还有空间的话，再装鹅卵石和沙子。

浏览一下你制订的愿望清单，从中找出你的“大石块”。你拥有好多理想生活的想法和目标当然是好事，毕竟你的愿望清单是你的意外财富生活蓝图的开始。但是，你的愿望清单中可能存在一些不切实际的想法，现在需要对它做一些修改。

按优先顺序排列你的愿望清单

> “当你爬上通向成功的梯子，确信它是牢实地靠在墙上的。”
>
> ——H. 杰克逊 · 小布朗

记得我第一次带女儿去玩具店，她完全被众多的选择难住了。无论她的目光转向哪里，都有新奇的东西吸引着她的注意力，这下她不知道自己该选什么玩具了。直到我把她的选择范围缩小，她才能最终断定自己喜欢的玩具是什么。

确定你的“大石块”吧。聚焦于那些能给你带来持续满足的事物，而对那些表面上炫丽的事物保持警觉。把你的愿望清单复印20份，然后对每一条做下记录：

1. **必须做的**。这些是高度优先的项目——也就是你的“大石块”。这些事物是你确定对你最重要的。
2. **可以做的**。这些事对你也重要，如果有可能，你愿意实现这些愿望。这些是你的“鹅卵石”。
3. **可忽略的**。这些是你愿望清单中最不重要的——“沙子”。在一个完美的世界里，你能够做这些事，但它们不是你优先考虑的。

记住，确定优先顺序这件事不要着急，慢慢来。它可能要花一下午，甚至是几个月的时间。你不是在追寻拍快照，也不是在找寻自己最感兴趣的，而是寻找对你来说真正最重要并会给你带来最大满足感的事物。认真地阅读和琢磨你的清单，连续几个月每周一次地读读。客户们发现，当他们把这个清单从头到尾地仔细阅读和认真思考若干次后，他们之前确定的优先顺序会发生一些变化。先前认为“必须做的”（例如，换一所更大的房子）可能变成“可以做的”，因为你会想到一旦这样你的孩子不得不面对一所陌生的学校。

如果你的愿望清单里有很多项“必须做的”，你可以按照从1～10的顺序把它们重新排列，或是用字母把它们划分等级。怎样确定哪一项是最重要的并不打紧，你只要去排序就行。

下一步，你的财务顾问为你作出不同的财务计划给你，这取决于清单上各个项目的优先顺序。例如，如果你的“必须做的”是辞去工作、买所大房子、给你的父母买辆新车、为你的侄子和侄女交大学学费，以及每年花4万元用于旅游，这些会如何影响你的财务？你能支付得起吗？银行户头还会剩多少钱？如果这样做需要从你的账户上每年支取超过4%的钱，那么如果砍掉你每年一半的旅游费用会怎么样呢？如果只为你的侄子、侄女交一半的学费呢？

打造一种理想的生活方式就像是雕琢一件精美的雕刻。你的工作开始于一块巨大的石头，通过一次次的决定将其雕琢，它逐渐成形。作为一个艺术家，你有按照自己愿望雕刻的自由，但是随着你对石头的每一次凿击，你也在做着“不做什么”的决定。如果你买一所大房子，这可能意味着你没有足够的钱去旅游，除非你有更多的钱可以支付。意外财富并非满足你任何希望的巨款，它只能满足你最想做的一件或几件事。

最后，你会发现能够顾及到你的需要又能平衡你的财务的做法，是不能使自己舒服得瘫软和麻痹。如果你不保护你的意外财富，它们会很快地消失得无影无踪。

原则 10
保护财富

学习怎样保护你的财富。

只有少量的意外财富是一夜之间产生的横财，但是却有无数的情况可以让它去得像来一样快。我把这种危险叫作“颠倒的彩票中奖”，因为它失去的速度和彩票中奖的速度同样快。好好想想这种情况对你的意外财富和你的生活所构成的威胁。这些威胁持续地潜伏着，没准儿就在什么时候冒出来。我言过其实了吗？你还记得当你发现自己会得到意外财富时你是怎么想的吗？现在，设想一下，如果你刚刚发现你的意外之财正在溜走，你会怎么想？

我不能高估这条意外财富原则的重要性。本章的指导方针经常被遗忘、被忽略，甚至被忽视。如果你真正在意自己的钱，你需要意识到风险并尽全力来保护你的财富。

对你的意外财富构成的威胁可能来自内部，也可能来自外部。内部威胁包括诸如过度消费、捐赠或借贷太多，或者是很烂的投资。本章主要针对外部威胁——由于你失去控制而造成的威胁。

失掉意外财富的6宗罪

下面是意外财富得主失掉他们金钱具有的共同特征：

1. 过度消费；

2. 过多捐赠；

3. 离婚；

4. 投资失败；

5. 被骗；

6. 诉讼失败；

完整描述详见意外财富原则12。

尽管外部威胁通常是突然和戏剧性的，你可以最大限度地缩小，甚至消除它对你的财产所造成的威胁，而方法就是专注于以下四个方面：

1. 分手或离婚保护（Separation/Divorce Presservation)；

2. 资产保护 (Asset Protection)；

3. 防止受骗上当 (Frand Prevertion)；

4. 财产规划 (Estate Planning)。

把这四个方面的首字母组合起来，就构成一个词：SAFE（安全）。

分手或离婚保护

只要是离过婚的人都会告诉你那是多么糟心的经历，无人是赢家。撇开情感伤害不说，很少有什么别的事情能够比分手或离婚对你的财务损害更大了。除了诉讼费用外，一般离婚或分手的财产分割很容易就超过了六位数，这不仅仅是可能的，事实上更有可能的是，你至少要分给你的前配偶一半的资产，还可能要持续支付现金多年。

法律是非常复杂的，而且每个州的情况还不太一样，所以把这事交给一个有经验的家庭律师，由他帮助你打理是非常有必要的。当着眼于财产保护问题时，考虑好婚前和婚后的事是非常有益的。针对未婚和已婚的不同情况，我们分别有不同的方法和策略提供给你。

婚前协议或同居协议

如果你还没有结婚，想保护自己的现有财产或预期的意外财富，和你的律师和财务顾问一起研究下面这些建议。

1. **同居协议**。一位客户曾经这样开玩笑："要在离婚中保住你的财产的最好办法是不结婚！"他的意见也许能保证你不至于在离婚时陷入各种财产纠纷问题，但即使这样极端的情形，也并不能完全保证你摆脱财产问题。为什么？许多州都有同居方面的法律，或者承认事实婚姻。这意味着如果你和性伴侣是同居关系，即使你们没有结婚，分手时你同样要承担一部分经济责任。即使在如同加利福尼亚这样不承认事实婚姻、同居者不能理所应当享有权利的州，如果在同居者之间有明确或默认的协议，那就还存在索赔方面的问题。

   这意味着什么？这意味着如果你有钱，你的前同居者完全有可能找律师来与你理论，说你和对方之间签有一份为其提供补偿的协议，尽管这样的协议你从来没有签过。换句话说，即使你没有结婚，你也要有保护财产的意识。其中一个办法就是与你的同居伴侣事前签一份同居协议。同居协议是一份文件，确定了财产、资产和债务如何分割或分担。在协议条款中，还要涉及财务赡养这样的问题。

如果你和某人处于同居关系期间意外之财尚未到手，或者你已经拿到，而你和同居伴侣已经处于分手状态，那就同家庭律师联系，告诉他你面临的财务风险。请他看看同居协议对你是否有利。

2. **婚前协议**。婚前协议是你们在结婚前签订的讲好谁拥有什么、婚内收入如何处理，以及是否有配偶赡养费等其他问题。如果没有婚前协议，你的配偶是有资格享有你意外财产中的很大一部分。尽管不同的州适用的法律各不相同，但是如果你有恰当的婚前协议，它可以省去你几十万乃至上百万的打官司费用、配偶赡养和资产。

如果你已经得到了意外财富的钱，而你正准备结婚，去找一个专门从事婚姻家庭法律事务的律师咨询。最理想的状态是，在你结婚前 90 天，就和对方签订婚前协议。婚前协议是有约束力的文件，具有很强的司法先例和判决先例。一旦你们将来对簿公堂，只要有了这份文件，纠纷就不难得到公正的判定。这意味着你的配偶必须有他（她）自己的法律代表，而且他们一定有充分的时间研究这份文件。法庭是需要证据的，你的配偶不可能在结婚前一天被花言巧语地哄着签了这份协议的。起草和签署婚前协议并不是一件没有成本的事，但是一旦将来你们离婚，它可以帮你省下很大一部分财产。

如果你感觉自己去对未来的配偶提婚前协议有些别扭，告诉你的律师，请他为你拿个主意。或者由你们的律师主持，双方协商出最终结果。

婚后协议和财产处置

如果你收到意外财富时已经结婚会发生什么？这取决于许多因素，但仍然有办法保护你的意外之财。你对意外之财的保护程度由许多问题决定，包括你的生活状态，你的意外财富的来源（例如遗产、彩票），以及意外财富的时间选择（例如你的企业卖出是在结婚以前吗？）。本书的一些段落缺乏具体的司法实践方面的内容，所以你需要同专做这一领域的家庭律师一起商议。

1. **单独支配的财产**。在夫妻共有财产状态，通常是双方各自拥有50%的财产，单独支配的财产是100%归某一方所属的资产，即他（她）婚前作为遗产或是馈赠取得的，或者说无论如何是双方协议同意的。如果你的意外财富来自遗产、诉讼、股票或企业卖出，你需要法律咨询以知晓怎样做才能确认它们作为独立支配财产的性质。例如，如果在婚姻存续期间，你继承了母亲的遗产，那么去开设一个独立的银行账户或投资账户，并注意不要把这份遗产和你们共有的财产混到一起。如果你在婚前卷入了一桩诉讼，而在婚后才收到法庭判决或达成庭外和解，你就要和你的律师密切商量以保护你的独立财产。同样，如果你在婚前买了股票期权或开始经营某项商业交易，而在婚后将其出售，这笔收入你也可以同你们的共同财产相分离而使其成为独立财产。

保持你的独立财产

考虑保持独立财产。根据你的生活状态和你的意外之财的来源，如果你把这笔钱和你与配偶的共同财产存在一起，这笔钱立即就只有一半属于你了。对于一些人来说，这不构成什么问题，而对于另一些人来说，这就构成问题了。例如，如果你的前一段婚姻为你留下了孩子，而把遗产同你后一任配偶的共同财产混在一起后，你的孩子在你过世后拿到的钱会比你期望的少得多。而如果你正在考虑离婚，你那样的做法带来的麻烦会更大。如果你不想让你的配偶分享你的意外之财，告诉你的律师并保持独立财产账户。

2. **婚后协议**。婚后协议是你和配偶结婚后签署的协议。尽管婚前协议能够相当直截了当地签订，婚后协议的签订则需要技巧——时间拖得越长，花费也越多。这不是说你不应该有这份协议，而是说你需要就你方方面面的因素同专门起草这类文件的律师讨论。然而，同婚前协议一样，婚后协议也要对分手或离婚后财产的处置情况进行详细说明。一份精心起草的婚后协议能够省下一大笔法律费用，并能保护你的一部分意外之财。

3.**QTIP 信托**。这个信托是第一个配偶去世前存下的资金。存世的配偶可以受益于这笔钱直至去世，但是没有掌控权。这笔财产转移到哪里，谁得到它，完全取决于于第一个配偶的遗嘱。

QTIP 信托通常应用于这种情形：一对夫妇有和前任配偶所生的孩子，他们想确保在其中一方去世后，其名下财产能继续让现任配偶受益，并最终由自己的孩子作为遗产加以继承。例如，如果约翰比他第二任妻子玛丽更有钱，约翰的目标可能是确保自己去世后玛丽在经济生活上不成问题，同时这笔钱最终将作为遗产由他和前妻的孩子继承。如果约翰仅仅是在自己去世时把这笔钱全部留给玛丽，那么虽然保障了玛丽可以衣食无忧，但对她怎样使用这笔钱却不能构成限制，她可以在自己临终时把钱捐给慈善组织，或留给她自己的家庭成员。再具体点，这么做会让约翰和前妻生的孩子得不到任何继承权益方面的保障。而如果约翰临终时把这笔钱全部留给自己的孩子，又会导致玛丽的生活得不到经济保障。QTIP信托正是为了满足这两个目的而设计的。

当存世的配偶一方比去世的配偶的孩子年龄大时，QTIP信托基金最终会转移到后者身上。但记住，由于存世的配偶要终身受益于这笔基金，而如果他或她相当年轻，去世配偶的孩子有可能等不到继承这笔财产就先于他或她去世了。

一桩离婚案可能在一夜之间让你的财产减少一半。如果你们处于考虑是否结婚的状态，而你的意外财产可能还未得到或者已经得到了，告诉你的律师你的选择，以在分手或离婚时最大程度地保护你的意外财产。虽然一想到签订婚前或婚后协议这样的念头让你有些不大自在，但你至少应该想到去跟律师讨论一下哪种策略对你来说比较合理。

资产保护

你获得的意外财富的数字是令人震惊的。于是你的别墅、汽车、现金账户和投资账户都将被曝光。每天你都将面临随时失去这些资产的风险，而这可不是你的爱好。考虑到这种情况，你的主要目标之一应该是保护你新近得到的意外财富。

太多的人把利用我们的法律制度当作他们碰运气的彩票。凭借一个毫无根据的主张和偶然认识的律师，谁都可以起诉你。诉讼影响了各行各业的人，没有人是安全的，包括了“心灵教父”詹姆斯·布朗（James Brown，美国著名歌手）。他的女儿们起诉他，并索要100万美元，声称她们应该得到他那25首歌曲的版权费，因为她们为他的创作提供了帮助，尽管那时她们才3岁。

资产保护的目的是在法庭诉讼中保护你的意外财富，并非欺骗债权人或通过非法的活动隐匿你的财产，而是如同某人有起诉权一样，你也有正当的权利在数不胜数的、干扰你生活的诉讼中保护自己拥有的财富。保护你的资产无论在法律上还是在伦理上都是完全站得住脚的。

保护你资产的两个招数

主动通过以下步骤完成两件事，以保护你的资产。

1. **利用法律**。你需要积极行动起来做些事以防止那些被保护的资产在诉讼中被他人占有。如果你熟悉联邦和州的相关法律，你就能利用它们来防止自己的资产在诉讼中失去。如果你请的律师擅长资产保护，他们会以你的最大利益为出发点，并懂得怎样充分利用法律来对你的财产实施保护。
2. **阻止诉讼**。资产保护可以把被起诉的风险降至最低。设想有两处等值且面积同样大小的房屋，其中一所有可视警报系统，另一所没有。哪一所被盗的可能性最大？显然没有安装可视警报系统的那所被盗的可能性最大。这个道理同样适用你的意外财富保护。有了适当的财产保护计划后，你的主动防护是让那些觊觎你财产的人知道，你所有的资产都上锁了，他们不可能在法庭中钻空子而将你的某些资产据为己有。采取了这样的特殊防护，你的律师可以在法庭上纵横捭阖，无往不胜。

尽管人心险恶，很难防护，只要你有了恰当的资产保护策略，你就能在法庭上粉碎那些小人的图谋。当意识到胜算机会很小时，那些偶然为起诉者工作的律师是不会一条道走到黑地坚持把官司打下去的。

躲猫猫

许多人认为如果把他们的资产隐匿起来就安全了。这是典型的鸵鸟式错误。通过法庭出庭、宣誓作证、书面质询和传审，原告及其律师很容易发现你的全部财产并评估你是否值得他们打这样一场官司，尽管雇佣一家专业的调查公司搜寻你的财产也要花费原告不少钱。“藏匿”你的财产就像把它们放进一个玻璃盒子里，而你还自以为得计。

资产保护策略

有很多种策略可以用于在诉讼中保护你的意外财富。不过，这属于法律技术领域，请熟谙于此的律师帮你打理才是明智的做法。下面这些主意你可以考虑一下。

超额损失保险

最起码的防护措施是拥有一份个人超额损失保险。个人超额损失保险是针对身体伤害、法庭判决造成的财产损失和人身伤害的诉讼而专门设计的险种。它有时候被叫做“庇护责任保险”，因为它居于你的汽车和房屋保险之上，覆盖了那些没有被这些保单覆盖的或者那些超越了这些保单限制的方面。

超额损失保险以 100 万美元的财产范围为起点。值得一提的经验做法是至少以 500 万或 1000 万作为你的保险净值。例如，如果你保的净值为 600 万，你可能得到 1200 万的超额损失保险赔付；如果你保的净值为 200 万，则可以得到 500 万的赔付。

身体伤害和人身伤害的诉讼经常导致数百万美元的赔付。超额损失保险是一个以相对便宜的保险费保护你辛辛苦苦取得的财产的好方式。

不可撤销信托

有两种基本的信托方式：可撤销信托和不可撤销信托。一旦被起诉，你选用的信托方式变得意义重大。绝大部分信托是“生前信托”，多出于财产规划的目的而创立。这些生前信托诸如“史密斯家庭信托”——很典型的可撤销信托——设立的目的是保证投资人对信托投资的完全控制。他们可以把财产放进这种信托以转移财产，可以变更信托财产的受益人，甚至可以在任何时候终止信托关系。可撤销信托为你提供了完全的控制权和灵活性。

但这种灵活性是有代价的。可撤销信托产生的财产保护利益非常小。一旦你被起诉，债权人有可能接管你的权利。更重要的是，他们将有权行使你对信托的权利。如果你有银行账户，你的名字就会换成他们的了。如果你有可撤销信托，并完全控制着账户中的投资，你的债权人将会接掌你的信托财产控制权了。

你不应该指望可撤销信托来保护你的资产，虽然其中有联邦政府提供的临界保护政策。很典型的情况是，如果你将转移财产到一个信托基金并保持撤出或控制财产处置的权利，那么它是不会提供保护的。

与可撤销信托可为你提供完全控制权相反的是，不可撤销信托限制你控制财产的权利。当你创建了一种不可撤销信托产品，你立即失去了对投入其中的资金的控制。你不得终止它，不得变换受益人，甚至不能转移资产。你的决定应该是选择不可撤销信托产品。它的非控制性，正是保护你财产的关键所在。当你的债权人接过了你的权杖，他一样也改变不了这个非控制性——他不能终止这个信托关系，改变不了你仍是受益人，也不能把这笔财产转移走。

所以，这款产品对你财产的保护优势是显而易见的——你放弃了对财产的控制权，它因被保护起来而免于诉讼，虽然你永远失去了控制它的灵活性和自由度。你可以根据自身的情况，合理地投入一些财产到一种或几种类型的不可撤销信托产品中。

不可撤销信托的类型

有若干种类型的不可撤销信托产品可以保护你的意外财富：

1. 限制挥霍信托；
2. 资产保护信托；
3. 慈善性剩余信托。

限制挥霍信托

“挥霍”这个词在牛津英语词典中是这样解释的：“无节制和浪费性的花钱行为。”限制挥霍信托是保护财产不被债权人拿走或防止被受益人挥霍的一种非常奇妙的方式。

当你的资产投入进了限制挥霍信托，受益人就可以享受其财产带来的收益，但是他们不能够把它取回。受益人的债权人同样也不能取回。这样，这笔资产无论在其受益人还是债权人面前完全是安全的。等受益人去世后，这笔资产将按照他生前的指定转移到新受益人身上。

颇具代表性的是，限制挥霍信托通常用来确保孩子抚养所需，但是因为孩子太小或者不具备管理财务的能力，授予者不愿意把控制权留给他们的孩子。这种信托通常还被用于防止因离婚而造成财产流失。那些想供养他们的孩子并把其财产传给孙辈的夫妻有多个选项。如果他们直接把财产留给孩子，一旦孩子离婚，那么他们资产的部分或全部就会因为财产分割而丧失。而这种信托就是较好的选择。通过限制挥霍信托将这笔资本传给孙辈，而不受离婚或诉讼的影响。

限制挥霍信托也包括可撤销和不可撤销两类。如果信托是可撤销的，对于受益人的债权人来说，资产是受到保护的。但如果是受益人授权的债权人，情况就不一样了。例如，如果你为你的孩子投资于一个可撤销性限制挥霍信托，你孩子的债权人无法染指信托资金，但是如果是你的债权人就能。而如果你投资的信托是不可撤销的，不管是对于你的债权人还是你指定的受益人的债权人来说，这一资产都是受保护的。

你的资产有风险吗？做一个反恐特勤组做的测试

无论什么时候在为新客户服务前，我们都要为其做一个反恐特勤组做的测试，据此分析客户面临的具体情况，并从其计划中找出薄弱点和能够导致其财产在一夜之间被毁掉的因素。我们想知道他的薄弱点是什么，这样我们才能够采取策略对其财富加以保护。下面是一些能帮助你确定你的总体风险的问题。

1. 你是一家营利公司或非营利公司董事会成员吗？

2. 你有家务帮手吗？

3. 你有一家独资运营的小企业吗？

4. 你有一家与人合作、但还没有形成股份公司或有限责任公司规模的小型企业吗?

5. 你有一个能驾驶你汽车的孩子吗?

6. 你和你的雇员用你的汽车从事商务活动吗?

7. 你有带房客的租赁物业吗?

8. 你有小船、喷气式雪橇或摩托车吗?

9. 你是推特、脸谱或其他社交媒体的活跃用户吗?

10. 你的公司为雇员提供退休计划吗?

你可以在意外财富网上获取反恐特勤组所做的全套问卷

资产保护信托

你会投资一个信托基金，把财产转移到那里，并且指定自己为受益人吗? 1997 年以前，此类信托产品在美国是无效的。然而到了 1997 年，阿拉斯加和特拉华州看到了一个机会。数十亿的美元资产逃离美国本土，作为离岸信托被加以保护，投资人也是受益人。为了防止资金进一步外流入离岸信托并吸引额外投资，一小部分州通过修改《信托法》使国内资产保护信托（DAPT）合法化。

如果你有值得考虑的资产，如果你不想投资离岸信托，而又想要为你的投资组合中的部分财产建一道篱笆的话，这绝对是个好机会。DAPT 是一种不可撤销信托，以保证你始终都是受益人，即使你的债权人对此也毫无办法。如果你是受益人，而你的债权人也变成了受益人，你在信托产品中的资产就无安全性可言。有鉴于此，所以内华达、南达科他、阿拉斯加和特拉华等几个州制定了特别法律，让你债权人的手够不着你在信托中的资产。

幸运的是，只要你有一个住在那个州里的共同受托人，你就不用捆扎行李举家搬迁到拉斯维加斯以从内华达州的法律中占点便宜了。DAPT 不仅能保护你的信托资产不归债权人，还能免受与配偶离婚所造成的影响。因为这一点，一些客户还把 DAPT 作为婚前协议以外额外的资产保护措施。

不过 DAPT 有个潜在的问题：美国宪法要求各州承认其他州的判决。换句话说，如果你在阿拉斯加有资产保护信托，而在其他州被起诉，你在阿拉斯加的资产也会被波及到。这是个潜在的严重不利资产保护信托的问题，但是与我一起工作的律师都支持把资产保护信托作为保护财产的一个有效手段。

慈善性剩余信托

慈善性剩余信托（CRT）对于保护大笔资产来说，是一种非常棒的节约财产税金的金融产品。有很多版本的 CRT，但是概念却很简单。那就是把你的资产投入 CRT，当你临终的时候，你挑选一家慈善组织把自己的信托资产捐赠给它们。一旦注入资金到 CRT 以后，你每年可以获得至少 5% 的收入。当合同签订后，你的信托财产完全可以免受债权人的追讨。这类信托还快速提供所得税退税以及其他税种的优惠。

然而，如果资产保护是你唯一的目标，CRT 并不是一个正确的手段。尽管它提供了资产保护，但它在把你的资产给予慈善组织时的做法有些极端。

什么时候这类信托是比较合理的呢？如同其名称所暗示的，它是着眼于慈善需要的。不过比起你的财产可能被债权人拿走的风险来说，CRT 确保了你的财产安全，而且提供了至少 5% 的年回报率，让你的利益得以满足的同时，还能让你舒心地想到自己的财产是不会被他人拿走的。

CRT 不仅对于保护财产和支持慈善事业来说是有益的，而且对于你打算把财产留给家人也是大有好处的。在这样的情形下，你投入较低的基础资产到 CRT，然后用得到的不低于 5% 的年收入购买人寿保险。这样当你去世后，慈善组织得到你在信托中的资本，而你指定的受益人得到你的人寿保险赔偿——这两笔财产和收入都是免税的。

CRT 是不可撤销的。所以你不可将你 100% 的资产都投入进去。但是如果你同时也有将来把一部分财产捐赠给慈善组织的想法，那么 CRT 对于你的资产保护计划来说是合算的。

家庭有限合伙企业和有限责任企业

家庭有限合伙企业（FLP）和有限责任企业（LLC）能在保护你的资产同时还提供令人难以置信的收入和财产税收优惠。绝大多数州以全美《统一有限合伙法》（ULPA）和企业《统一有限责任企业法》（ULLCA）为基础制定各州的相关法律。在这些州里，“押记令”保护被授予给家庭有限合伙企业和有限责任企业的所有者。FLP 和 LLC 是保护你资产的主要方式。

法庭提供押记令给你的债权人要求其遵循诉讼判决。押记令允许你的债权人得到你从 FLP 和 LLC 得到的属于你的任何份额。例如，如果你的邻居在你的私家车车道摔断了腿，把你告上法庭还赢了，他现在就是你的债权人——你欠他钱。作为债权人，他拥有确定的你欠他什么的法律权利。如果你拥有 FLP 或 LLC 并每月从中得到 12.5 万的分红，法庭可能会授予你的邻居一纸押记令，指示你的

FLP 或 LLC 每月付给他原归于你名下的 12.5 万美元。他会持续向你收取欠款直到你还清债务为止。

有限责任公司的利与弊

如果你有租赁物业，或者在得到意外财富后希望投资于租赁物业，可以创办一家企业实体，诸如一家有限责任公司，以保护你的其他资产不受心怀不满的租客的算计。这样，如果你的租客向你起诉 500 百万的赔偿，会打击到你的房地产实体，但是你其余的个人财产是受到保护的。

小招数：为每一处租赁物业创建一家单独的企业实体，或者考虑在内华达或特拉华州开一家系列 LLC，目的是单独保护 LLC 内每一家实体的财产。

叙述到现在为止，拥有一家 FLP 或 LLC 似乎并没有提供多少保护，但是在实际情况中，押记令执行得并不得力，因为各州的法律提供了如下的方式对财产加以保护。

1. **债权人是无权的**。我在读大学期间，用两周时间作了趟跨州的大巴旅游。一路上有少部分预先计划好的停留，但多数时候停与不停却都由司机决定了。当我想去的目的地一再被否定，我变得越来越沮丧。后来当其他旅客商量不去华盛顿特区而是去北卡罗来纳州时，我的不满达到了极点。在田纳西州的加特林堡我下了旅游大巴，然后自己去华盛顿。因为我实在无法忍受在旅游车上的十天里，我彻底地丧失了自己的权利。我说了什么或作了什么都没有用，对南辕北辙的旅行完全没有掌控力。这种感觉就是一个对 FLP 或 LLC 持有押记令的债权人所感受到的。

FLP 或 LLC 就像是一个极权主义的政府，而你就像是统治者。债权人虽然被授予押记令，但是他们没有对 FLP 或 LLC 投否决票的权利。他们不能变卖这里的资产，不能解散企业，或者决定从中分配更多。他们对 FLP 或 LLC 作出的任何决定没有发言权。你保持了全部的控制权。如果债权人想从你的 FLP 或 LLC 领取每月 12.5 万的报酬，你仅仅需要停止你自己的那份分配就行，而你的债权人是无力反对的。

如果你想要每月得到分配但又不想让你的债权人得到，你可以提议停止按月分配而代之以工资形式，这样你和你的配偶就可以换种方式继续从 FLP 或 LLC 领到钱。于是你的债权人又会到法院去要求拥有你的工资。如果法院支持了他的主张，你可以提议停发给你的工资转而变成发你的一个家庭成员。而家庭成员又可以把这笔钱作为馈赠给你的礼物返还到你手上。

2. **债权人交你的税**。FLP 和 LLC 是“传递实体”，企业本身无需纳税，但要由其所有人负责缴纳其所占份额的所得税。更重要的是，所有者负责缴纳的这部分税，即使没有得到实际分配收入也要上缴。债权人通过法庭判决得到企业的所有权后，立即就变成了对个人所得税赋有上缴责任的人。

弗兰克得到了针对你的 FLP 或 LLC 的押记令，但是没有拿到现金的赔付。一两个月过去了，他没有收到分红。弗兰克发现原来是你提议把收入积累起来不再按月分红了，但他对这种情形无计可施。几个月以后，弗兰克收到一封缴税通知单——他欠下了几十万美元的税金！因为发生在 FLP 或 LLC 的收入应该由所有者缴税，既然弗兰克得到了押记令，那么现在他应该为他应该得到的那份收入上税，尽管他实际上并没有得到。让弗兰克的情形变得更糟糕的是，一旦他被授予押记令，未经 FLP 或 LLC 所有者的认同，他还不可能放弃它！

概括起来说，弗兰克得不到资产，得不到分红，却需要为他没有收到的收入缴税，未经 FLP 或 LLC 所有人的同意，他还不能摆脱这种让他欲哭无泪的境况。

成为一个 CEO 可以保护你的资产

创建一家企业实体以保护你的资产。如果你有一家小企业或做一份兼职工作，却没有一个正式的企业结构（诸如一家有限责任公司）；如果你正在开办一家独资企业，意味着所有人只有你一个，所以你不用像合伙企业一样担心合作伙伴的行动。但是如果你被起诉的话，你所有的个人资产就将面临危险了。

小招数：创建一家企业实体以在针对你公司的法律诉讼中保护你的个人资产。

诈骗预防

2008 年 12 月 11 日，只要是有投资或在银行里有户头的人都出了口气：这一天，制造了历史上最大的旁氏骗局的伯尼·麦道夫（Bernie Madoff）被联邦调查局逮捕了。成千上万的人被骗去了数以亿计的美元。不幸的是，伯尼·麦道夫并非是唯一偷盗客户钱财的顾问。他被捕后的数天以至数月里，数百起旁氏骗局被曝光。

这一周似乎就像没有过去，以致我没有从报纸上看到有其他关于寡廉鲜耻的顾问骗取客户钱财的新闻。如同长期观看美国全国广播公司财经频道的观众看到的是“美国式的贪婪”，我看到的是“人可能变得怎样的堕落”。

有很多情况可能让你失去钱财，从离婚到无节制的消费再到错误投资，但是骗子是一种特殊的动物。直白地说，他们就是贼！尽管媒体的报道给你留下了财经诈骗泛滥成灾的印象，但从频繁程度和损失程度上看，它们只是远远小于离婚和其他方式对你资产所带来的威胁。然而，诈骗案一旦发生，它可以让你在一夜之间倾家荡产。

有数百种不同类型的财经诈骗。伯尼·麦道夫使用的是经典的旁氏骗局，但是还有许多其他种类的。一些类型的诈骗能够让你的财产瞬间蒸发（例如电话诈骗），而另一些类型的可能是剥茧抽丝慢慢骗走你的财富。仅2013年一年，就有67件旁氏骗局被侦破，价值接近30亿美元！

为了保护自己不受骗上当，你应该看看你有可能被曝光或信息被泄露的那些领域。与意外财富得主有关的最常见的领域是：

1. 投资顾问；

2. 投资的财产；

3. 账单或企业管理人员。

投资顾问

一个好的投资顾问比其他任何人对你和你的财务情况都知道得更多。他们不仅知道你挣多少，向慈善机构捐了多少，而且还比其他人更加熟悉你的人际关系情况。他们了解你的个人背景，知道你是个什么样的人。这种了解可以形成一个有深度、亲密和令人满意的相互关系——可以持续数十年并建立起相互的信任，但也可能导致你们的关系走向另一个方向。

警告：如果你有家庭帮手请阅读

如果你打算雇一个家庭帮手（例如保姆或保洁员），和你的律师商量一下自我保护的问题。你应该同每个人都签份保密协议——以防止他们把你的个人信息泄露给其他人和媒体。你还应该同他们签一份雇佣协议以实现自我保护。购买一份行为责任保险，以覆盖针对你在性骚扰或歧视方面的索赔。还要对你打算雇佣的人员做一下背景和信用审查。你可以从意外财富网上下载独立合同的样本和雇佣协议。

心术不正的投资顾问可能会滥用你的信任。他们可能会利用其掌握的财务机密图谋不轨。除非你的制度严密，否则他们可能把你的现金从你的账上转走，向你多收取费用，推荐你投资于伪劣公司，等等。好的做法是：信任但要核实。不管你认识他们多长时间了，不管他们是在你孩子的生日聚会上认识的还是亲戚朋友推荐的，你都不要放松警惕性。不要盲目信任，先审核再说。

当你和顾问一起工作时，你不可能消除所有的风险。通过工作，他们会不可避免地接触到你的个人资料。考虑用下列方法保护你的财富：

1. **调查你的顾问**。第一步是找到好的投资顾问。严格遵循“意外财富原则 3：求助”的忠告——用网站的问卷做个背景调查，看看他是否曾有违反行业规范的不良记录。聘用他时一定要慢，但是如果决定解聘一定要快。找到合适的顾问会花不少工夫，但如果你觉得他有什么问题或正在做什么错事，快速炒掉他，以避免给你造成更大的损失。

2. **独立的监督**。雇一家独立的会计师事务所以使你的银行账户和投资账户每月保持平衡。他们会追踪收入和支出，并确保没有纰漏。独立的会计师事务所不应该和你的顾问有任何联系。所以找到这样的会计师事务所不要通过你的任何顾问，而是靠自己，目的是防止他们之间串通。

3. **开一个折扣经纪账户**。与其把你的财产转移到由你顾问控制的一个账户上，不如在富达或嘉信理财开一个折扣经纪账户。你的顾问没有机会接触到这个账户，所以需要你自己动动手。当顾问向你推荐一笔交易或者你需要一笔银行电汇的时候，他就不能代替你去做这样的事。你是能接触这个账户的唯一的人。对大多数客户和他们的顾问来说，这不是一个最好的方式，但是如果你对你的顾问不大放心，这是防止你投资上当的一个策略。

4. **寻找更安全的口袋**。有不少优秀的投资顾问能为你提供很有价值的财务建议，但是如果他们只是单独工作或者属于一个没有财政实力的小公司，如果你一旦被骗，你的财产可能会颗粒难归。所以最好找寻那些中等乃至中等偏上规模，管理几十亿或者至少数亿美元财产的公司。大一些的公司有更好的财务控制和适度的监督，如果你通过法庭追讨你的财产，他们也有实力偿付你的索赔。但不要考虑找诸如美林证券公司或摩根士丹利这样的大公司。有数百家独立的、中等规模的、对客户资产提供适度的监管并有偿还能力的公司可供你选择，所以你千万不要去碰那些个人皮包公司或没有实力的小公司。

5. **需要电话确认**。如果没有你的签名和口头许可，不能允许你的钱从你的账户转移到另一个账户上去。这样做可以防止非法的线上诈骗。

6. **别在空白表格上签字**。你绝不应该在空白的表格或文件上签字。一些顾问可能会要求你这么做，因为如果他们需要去开户或者开展某项业务，这样于他们可能会更方便些。但是你不应该迁就他们。如果你不得不这么做，一定留份复印件，或用你的手机拍下来。这样可以防止非法活动或转移你的资产。

7. **单独的监管人**。如同我们在意外财富原则 3 中所说，你的资产应该由单独的、和你的投资顾问没有联系的公司监管。因为伯尼 · 麦道夫既是监管者又是投资顾问。他能够把客户的钱取走，并编造一个月度财务报告。把你的资产交给一家独立的公司，他们会向你提供真实的财务报告，你可以据此了解你的账上有哪些收支变化。

8. **查看那些报告**。不要一目十行地瞟瞟那些月度投资报告就把它们扔到抽屉里。花些时间详细了解资金的提取情况和可疑的账户活动情况。

9. **核实保险**。大型的监管机构有适当充足的保险不法分子防止从客户的账户上非法支取保费。审查这个保险的监管人。

10. **查看那些转移账户**。如果你正在换你的投资顾问或者变动你的账户，你会被要求签署一个账户转移表。密切注意这个表格。核实钱被转移到哪里去了，确信它是署着你的名字，复印一个副本留作存档。

11. **检查你的支票簿**。绝不要签署空白支票，绝不要给你的投资顾问填写现金支票。如果你正要存钱，交给监管人去办，而不是你的投资顾问。

专业小窍门

很多时候，当人们突然发现自己变成了富人时，随即他们的社会曝光度也会明显变高。他们增加自己财富的方式有时候直接关系到隐私的暴露。例如，一大笔有关企业买卖的资金通常会引起当地或地区性的关注，而一个大额彩票中奖则毫无疑问地吸引来全国性的媒体。他们发现家庭和个人面临以下方面的安全威胁。

1. 成为涉世不深的罪犯的“目标客户”。他们通过敲诈、慈善的幌子或者编造不幸的故事来打动你。
2. 经验老到的罪犯把他们的注意力锁定了新得到财富的人身上。而这些新富们从安全角度所做的准备非常糟糕。
3. 随意的情形可能是因为他们不知道自己该怎么做。例如，一个最近彩票中奖的人联系我们，因为他现在已经变得很有名气，想找人帮他管理一些事物和照料一下他的家。我们筛选和审查了他的全部家庭助手，还分析和讨论了他的亲戚、家庭成员及其网上朋友的情况。从这些资料入手，我们制订了一个计划以降低风险情况，加强了私密的保护，开发了一个应对偶然情况的预案，以降低其的家庭生活风险，并变得和以前不同。

克·吉德里　吉德里集团董事长兼总经理

投　资

投资上当可能与投资顾问有说不清道不明的关系。例如，如果你有一个心术不正的投资顾问，他不会直接从你的银行账户偷窃，但是他会向你推荐投资一家和空壳公司没什么两样的公司，或者他建议你把资金投向一家他自己或与其有关的人控制着的公司。投资诈骗也可能不是缘于投资顾问，而是你的一个“朋友”或者是你在某个聚会上认识的什么人。

为了避免投资诈骗，坚持公开交易的投资，诸如股票、交易所买卖基金或者互惠基金，避免投资或借钱给私人公司或房地产交易。“意外财富原则 11：财富增长”将会强调你应该避免哪种类型的投资，但是现在，如果你倾向于某个投资，请你的财务顾问和律师替你把一下关。

付款商务经理

许多意外财富得主都是亲自管理自己的财务，对他们来说，每月付账是一个负担，所以他们非常愿意把这个担子卸给什么人。许多人认为这是个费时、费力又乏味的事，所以把它归入“不愿做的事”的清单的首选项。如果这描写的是你，你要注意自我保护。因为商务经理比投资顾问有更多的控制权——他们能代表你开支票——他们更需要被监管，你需要以更大的警惕性来保护你的财富。

在商务经理身上可能会发生两种舞弊风险。第一种风险是你的资金被他们偷窃。因为他们有渠道接触到你的银行支票账户，可以简单地为他们自己填写支票或者操纵你的账户。即使你的警惕性并不高，你也会发现他们为自己填写了支票或是从你的账上转走了资金。这种事想要长期遮掩也很难。第二种风险可能会在发生多年之后也很难被发现，诸如支付小额资金给他们自己的空壳公司，用你的信用卡订购一些不属于你的物件，以你的名义新开信贷额度，代表你雇用他们的朋友，然后高额付薪给这些人。这些偷偷摸摸的行为很难被你察觉。但只要你有合适和健全的制度，这些行为将逃不过你的火眼金睛。

如果你是让他人为你付账——不管是商务经理还是你自己的会计，把下面这些忠告牢记于心：

1. **开一个单独的银行账户**。与其让什么人有机会接触你的银行账户，不如在银行开设单独的支票账户，使得他们没有机会接触到这个账户。每月向这个账户注入一些资金，包括你每月的开销。这样就可以避免你的商务经理任何时候都无法接触到你的银行账户。如果他们想偷窃你的资金，也只能在一个月的付账费用中做手脚。

2. **采用账户整合服务**。隶属于财捷集团的明特网站（http://www.mint.com）提供整合你所有财务账户（例如银行存款、退休金、佣金、贷款、信用卡等账户）的免费服务，你可以就此一目了然地看到你账上的所有情况。为了保护你的财产，设置一个邮件或短信自动通知，这样当你的账户上发生超过你指定额度的支取行为的时候，你就能立即知晓。例如，你可以设置一个超过1000或10000美元的支票转账提醒。一旦你的账上有异常支取，你马上就能知道，而不必等到财务月报来了以后才明白发生了什么。

3. **对所有的财务通知都复印存档**。当你雇用商务经理为你支付账务之际，他们会接触到你的供应商和信用卡公司，对方会向他们邮寄复印报告或发票。只要他们收到复印件，这事就妥了。然而根据制度，你应该也会收到这样的复印件。为什么？别仅仅依赖你的商业管理公司专门提交给你的报告，尽管它们比银行和信用卡报告要容易读懂。因为你需要确认原始报告和你的财务账户是否一致。

4. **限制权力**。如果可能，限制你提供给商务经理在你的银行账户、投资和其他账户方面的权力范围。如果可行，授予你的商务经理“仅为查询”的权力，仅允许他们查询你的账户和提出问题，不能改变你的地址、新开账户或支取资金。

5. **依靠独立的会计师事务所**。聘一家独立的会计师事务所（许多商务经理就在其中工作）或者独立的顾问公司以监督你的账户和商务经理提供的报告，仔细检查每月的数字变化。

6. **限制支票填写**。虽然授予他们填写支票的权力会省去你不少麻烦，但是要设置一个他们可以填写的最高额度。虽然这并不能排除他们以各种名目填写支票给同一个人的可能，但是他们不可能填写单笔大额的支票。

7. **撤销他们填写支票的权力**。你既可以把自己从付账事务的麻烦中解放出来，又可以防止你的商务经理接触你的银行账户并撤销他们填写支票的权力。他们可以准备一份发票一览表和你每月需要填写支票的项目给你。这样既能减轻你的负担，又保证你的有效控制。

8. **现场审计**。你或者你的助理随时都能打电话给你的供应商以确认他们开出的发票和你偿付他们的账单。如果你得到的报告说供应商的货品已经付过账了，而供应商那头却说有三个月的账逾期未付，那这里面就一定有问题了。

9. **保护你的信誉**。因为你的商务经理知道你的个人信息而且有机会接触你的财务，对他们来说也就有打开你的信用卡并以你的名义申请借贷。为了把这种风险降到最低，考虑签署诸如“生命之锁”（身份保护商）这样的服务，它可以冻结你的信贷，防止任何人以你的名义打开你的账户。如果你收到报告说有账目到期未付，你立即就明白了问题所在。

谁是你的后盾？

有一个客户因为他的大笔资产而来找我。他把一笔超过500万美元的资产作为短期投资投入了一个商业项目中。大型投资银行处理交易，也帮其管理资产，而他需要一个额外的投资监督层。虽然他没有遭遇诈骗，但是还是想多一只眼睛替他监管自己的投资和看看自己的投资组合决策怎样。除了发现自己的投资组合中近40%的比例投向了抵押贷款证券（这事发生在2005年，刚好是抵押贷款证券融合之前）外，他还收到了几十万美元的交易费用的通知。尽管这并不违法或构成欺诈，但这个客户还是对发生的事情充满了疑惑。如果你有大笔资产，那么雇一个独立的公司来替你分析和监管你的投资、费用和你的投资顾问是顺理成章的事。访问财富保护网，学学财富保护的知识——这是完全独立的服务，它不会取代你的顾问，却可以对你的财务活动、风险情况和资产配置提供不间断的监督，以确保你没有拖欠或多付费用，或你的投资顾问没有用你辛苦挣来的钱去胡闹。

财产规划

离婚不是唯一能让你一夜之间损失50%意外财富的事件。财产税可以让你的家庭和继承人减少将近一半的净值。当你意识到你会获得意外财富那一刻起，你就应该同财产规划律师做一番谈话。除了基本的财富规划文件诸如遗嘱、委托书和生前遗嘱外，你还应该考虑拟写更全面的财产规划文件以保护你的利益和最大程度地减少财产税。这些文件包括生前信托、家庭有限合伙企业和不可撤销人寿保险信托。

生前信托

生前信托是本章中讨论得最广泛、最基础的先进方案。生前信托是你在世时创建的，是可撤销的——这意味着你可以在任何时候修改和终止它。

生前信托有两个好处。它让你不必经过麻烦的遗嘱认证，而且拥有对自己资产的最大程度的控制权。

什么是遗嘱认证？

避免遗嘱认证是生前信托的一大优势，除非你熟悉法院遗嘱检验程序，否则你会对此抱怨不堪的。遗嘱认证是法院根据你在遗嘱中的意愿按程序处理资产，或者如果你没有遗嘱，他们会根据州无遗嘱死亡者的法律条文来处理。

并非你的所有财产都需要经过遗嘱认证。共同持有生存者取得权的任何账户会自动地转移到生存者的户头上，绕开了你的遗嘱，避免了遗嘱认证。死后即转移和死后即付账户也绕开了你的遗嘱和避免了遗嘱认证。尽管你做点事就能避免对你某些财产的遗嘱认证，但是除非你有信托产品，否则你的全部财产不可能都避开遗嘱认证。

遗嘱认证难题

你可能会想，“遗嘱认证怎么这么烦人？”依据你财产的体量和你所在州的法律，进行遗嘱认证可能是一个旷日持久的过程，费时又费钱，难以掌握，还要把你的信息和资产公开。

1. **遗嘱认证耗时长**。例如，在加利福尼亚州，遗嘱认证通常超过 6 个月甚至一年以上。这对于你所爱的人意味着什么？他们不能控制你的财产直到遗嘱认证过程完结——再说一遍，这个过程从你去世算起可能要 12 个月或 18 个月。在遗嘱认证完成之前，他们是无法接手你的资产的。你是想让你所爱的人全部和尽快掌控你的资产，还是让他们一个月一个月地等待下去？

   漫长的遗嘱认证还可能给你的家庭带来压力。从丧失一个亲人的苦痛中恢复复过来是一次很艰难的经历。用 12 个月或 18 个月的时间完成一份遗嘱认证对你非常在意的亲人来说将是一个雪上加霜的过程。

   生前信托方案：说它像遗嘱，因为它明确地表达了你的愿望；说它不像遗嘱，因为它不需要遗嘱认证来审查转移你的资产到你亲人账上。

2. **遗嘱认证很烧钱**。如果你想通过遗嘱认证，你必须要支付不少的费用。在这方面州与州之间的法律区别较大，但是通常依据于遗嘱认证资产的比例来征收。同时你还要向律师和执行者（在遗嘱认证中死者资产的法定代理人）支付费用。这些费用可能通常会高达 2 万到 3 万美元，甚至更多。

   生前信托方案：再强调一下，你在这个信托中的所有资产绕开了认证法庭。因为把信托中你的资产分配给亲人不需要通过法庭认证，还可以免去一笔昂贵的认证费的开销。

3. **遗嘱认证是公开的**。记住，遗嘱认证是一个公开的法庭程序。

一旦程序完成，遗嘱和财产清单将会公开，任何人都可以自由地查阅。如果隐私对你来说很重要，生前信托是你唯一的选择。

生前信托方案：从一开始的生前信托信息到最后对资产的处置全部是保密的。生前信托信息和你的个人资产避免了法院认证过程的公开性。

所以底线就是，如果有什么能让你避开法庭遗嘱认证，你就做什么。这样你所爱的人就能畅行无阻地得到你的资产，而不去和那个充满了官僚作风、让你白花钱、还把你的家庭隐私公开的法庭遗嘱认证打交道。

生前信托让你对资产拥有更多的控制权

生前信托的第二个有利条件是它允许你保持更多对资产的控制权，包括何时及以何种方式分配给你的继承人。至于遗嘱，一旦认证完成，你的继承人会迅速得到你的资产——在大多数州，未满 18 岁的孩子要在过了 18 岁的生日才行。

有哪些因素影响着你所爱的人迅速收到遗产？如果你的继承人是成熟且有行为能力的成年人，那就没有任何问题。然而，下面这些情形将影响着你的亲人以何种方式以及何时收到你在信托中的资产。

1. 孩子未成年。如果你仅仅有一份遗嘱，那么就要指定一个法定的监护人监管你留给未成年孩子的资产。监护人将负起监管资产的责任，并用它惠及你的孩子。等孩子过完 18 岁生日，监管人的责任就自动解除了，孩子将立即收到你留下的全部资产。

如果孩子很快就得到你的全部财产也有一些弊端。因为一个18岁的孩子无论多成熟也不过就是个高中毕业生，还不能作出最好的选择来使用遗产。对那些孩子未成年的家庭来说，即使不是大富豪，我也推荐他们把资产投入生前信托。否则你想想：把成千上万的钱交给一个18岁的孩子会发生些什么？

投资生前信托，你可以自行设置条款，决定谁是受益人，他们会得到什么，什么时候让他们得到财产。你不想让苏西年满30岁前收到遗产？你想让比利在18岁时收到他应得财产的5%，25岁时得到15%，30岁时得到50%，35岁时再得到剩余的30%？你可以在生前信托中把这些规定得明明白白的。这是你的钱，你有权决定你的继承人什么时候得到这些遗产。

2. **志向不明的成年儿女**。即使你的孩子已经是年满20岁或30岁的成年人，你仍然可以控制他们什么时候收到遗产。一个志向不明的孩子就像被贴上模糊标签，他们有可能保不住饭碗，有可能被学校除名，或是辞去工作玩网游，吸毒、酗酒……如果你有个成熟度和责任心都还不足以在今天就收到你全部遗产的孩子，那么拟定一份遗嘱对你来说不太合适。

唯有生前信托才能为你提供灵活性和控制权。控制权是其关键优势。你可以在生前信托中增加受益人。如果你担心某个孩子会依赖遗产生活，而丧失在城里打拼的事业心，你可以修改信托中的条文，让他只能按照应得部分的比例领取遗产。如果比利辞去他的工作，决定休息一年，信托不会提供他希望得到的任何东西。如果比利下一年开始工作，挣了4万年薪，信托可以给他一笔相当于他年薪收入 50% 的钱——2 万。用这样的方法，比利就会有比依靠信托资金生活更强的动机去发展他的事业。或者，你还可以着眼于让他们接受更好的教育。你的激励信托可以写明，若孩子们不完成高等教育就从这里拿不到一分钱。再强调一下，你完全可以在你的生前信托中创造性地表达你的愿望。

3. **管理无方的配偶**。如果你通过遗嘱把资产留给你的配偶，你的配偶会在你去世后自动取得资产，并负起小心管理这笔财产的责任。如果你顾虑自己去世后你的配偶没有财务经验或缺乏打理家庭财务的能力，那你的遗嘱中就不该指定由你的配偶来保护这笔资产。

　　这是你需要生前信托的控制权和灵活性的另一个例子。你可以把信托中的所有资产留给你的配偶，但是你需要一个外部的受托人来管理信托资产。这个外部受托人可以是你雇来投资并监管资金使用的谨慎之人，也可以是一个朋友或者是专门打理这种事情的某家银行。这是一个充满情感的领域，你得事先考虑到同你的配偶和有经验的律师一起公开讨论这件事是否顺利。

4. **有特殊需要的孩子**。所有充满爱心的父母都想要保护自己的孩子，愿意让他们生活得更好，尤其是那些家里有特殊需要孩子，父母对这些孩子怀有更强烈的责任心，因为他们知道这样的孩子即使长大了，仍然需要关照和额外的援助。如此一来，这些父母需要在信托中做进一步的规划。通过一纸遗嘱把资产留给有特殊需要的孩子存在几个问题。首先，如果你把资产留给好几个孩子，他们都得到同等的份额，但是有特殊需要的孩子理应得到得更多些。第二，因为某个孩子丧失了生活能力，而他可能在年满 18 周岁后继承他的全部的财产。

对有特殊需要孩子的家庭来说，生前信托是更好的规划策略。与其把资产作为遗产平均分配给所有孩子，不如利用生前信托对有特殊需要的孩子做利益上的倾斜。例如，尽管一个孩子需要钱支付夏令营的费用，而有特殊需要的孩子可能需要钱来做进一步的治疗或是在家里装一部升降机。生前信托可以根据需要加以修改，而遗嘱就不方便。另外一个有利条件是，生前信托中的资产在有特殊需要的孩子年满 18 周岁时可以不自动地转到其名下，以为未来的不测做一个预防。具体做法就是由外部的受托人来管理这笔资产，而不管受益人的年龄多大。

5. **跨州房地产**。如果你在许多州都拥有房地产，而你的遗产继承人凭一纸遗嘱继承你的资产将会遭遇到这些州的遗嘱认证法庭。如前面已讲过的，遗嘱认证是令人沮丧的、耗时长久的、过程繁复的、昂贵不值的和隐私公开的，你的亲人会经历漫长的等待才能继承到你的财产。而如果他们要为此在几个州之间跑来跑去，他们经历的麻烦也会被放大若干倍。

而如果把房地产这一资产也放到生前信托资中，同样也可以避免遗嘱认证，不管这些财产在哪个州。如果你在好几个州拥有房地产，拥有生前信托是符合逻辑的选择，它会为你的亲人省去大量的时间和精力。

你不想看到自己的顾问出现在电视上

大型的家族公司和拥有大笔资产的投资者通常雇用审计员来替他们监督存款和取款、交费和处理账务以确认他们的信誉是否受损，确认没有做错什么或有什么违法之处。但是雇一个对欺诈行为敏感的记账员并不便宜，投资者不会觉得这样的收费是合理的，往往自己动手处理现金流动报告和财务月报。幸运的是，你有别的选项。看看你的会计师能否胜任这项工作，或者雇一个对这个领域比较有经验的的独立会计员。寻找一个注册的舞弊检查师，访问财富保护网以获得相关知识——彻底独立的和来自外部的服务能帮助审计你的投资账目，以使你确信你不会一觉醒来时在电视财经频道里看到你的顾问因诈骗客户而被抓起来的新闻。

家庭有限合伙企业

如我们前面讨论到的，家庭有限合伙企业的作用是保护你的意外财富，而且它也能减少你的税金。它被叫做“家庭合伙”是因为合伙企业所有者限制同一个家庭的成员。家庭有限合伙企业（FLP）有两类所有人：一类是普通合伙人，另一类是有限合伙人。普通合伙人控制合伙企业，享有表决权和管理责任。基本上，普通合伙人发号施令——他们在家庭有限合伙企业中拥有完全的控制权。而有限合伙人仅仅是个摆设，他们不能参与表决，对资产的管理没有控制权。

FLP的主要目标是缩小家庭资产的规模，以便减少缴纳财产税，同时又能允许投资者保持对资产的完全控制权。

FLP 通过两种方式可以削减或排除财产税。

1. **因缺乏市场前景而打折扣**。所有的东西都是平等的。你是愿意有个迅速且轻松地找到市场大批买主的投资，还是有个费尽力气也难以找到买主的投资呢？换句话说，你是宁愿拥有1万美元的微软股票，还是拥有一个你都没有听说过的公司的1万美元股票呢？毫无疑问，最好是拥有那些有良好市场前景的投资。所以拥有 FLP 有个不利条件。世界上的人谁会对你在乔·史密斯 FLP 中的投资利益感兴趣呢？因此，美国国家税务局让你减少了 FLP 的价值。例如，我们假设转移 200 万美元到 FLP。这笔钱一进入 FLP，它立刻贬值了，因为所有者很难卖出合伙企业的利益。而联邦税务局因此给你的财产税金的折扣可能会达到 15%~20%，甚至更多。
2. **因缺乏控制权而打折扣**。控制是有价值的。FLP 中的有限合伙人没有控制企业营运的权利，不能决定怎么投资，或者什么时候分配收入。有限合伙人实质上是没有权利的。作为缺乏控制权的结果，拥有 FLP 的利益没有享有完全控制权利益的企业价值更大。所以国家税务局允许对缺乏控制权的投资人的财产税打折，通常在 20%~30%。为了确定是投资于“缺乏市场前景”还是“缺乏控制力”的企业获取折扣，去和有经验的、熟悉 FLP 价值的律师一起商量吧。

同本章讨论过的所有那些财产策略一样，每一个策略都有其有利和不利的一面。某个策略对某个家庭很有效，对另一个家庭很可能效果不好。这就需要同有经验的律师一起分析利弊，在他们的帮助下创建一个财产计划，以满足你的需要和目的。

不可撤销人寿保险信托

不可撤销人寿保险信托（ILIT）听起来有点复杂，其实很简单。它的收益不受所得税调控。如果你是一笔1000万人寿保险的受益人，你不用上缴一分钱的税收。这是此类保险的巨大利益所在。

人寿保险也有不为人提到的阴暗一面。尽管人寿保险的受益人在收到一大笔钱时而不需要纳税，但死亡福利的全部价值包括了死者的资产。例如，凯西购买了一份保额为1000万美元的保险，而贝斯是此保险的受益人。如果凯西去世，保险公司就会开出1000万的支票给贝斯。贝斯不用报告这笔收入，也不用缴税。一切很好。可是当需要贝斯完成纳税申报单的时候，遗嘱执行人会列出一张凯西的资产清单——包括1000万美元的保险收入。这样，凯西的资产上就增加了1000万。现在，凯西的亲人可能要为这笔财产缴纳接近50%的财产税。

而这就是ILIT（不可撤销人寿保险信托）的优势所在之处：如果凯西不是购买人寿保险而是创建一个ILIT，当她去世的时候，贝斯收到这笔钱就不用缴税，也不用归到凯西名下的财产中，因为她没有拥有它，是ILIT名义上拥有它！

如果你已经拥有一大笔保额的人寿保险，想把它从你的财产中转移出去，你可以把它转移到ILIT。但是提醒一下：依据奇怪的财产税法，如果你在财产转移到ILIT后三年内去世，人寿保险的收益将会归入你的财产来计算税额。如果你没有买人寿保险，而是直接买了ILIT，那么三年“回溯期”的规定就不适用了。也就是说，如果你转移了保险，那么你不得不等到3年以后这笔钱才可以享受不归入你的财产计税的优惠。但是买了ILIT，意味着你就失去了所有权，所以三年期的规定在这里无效。

关于 ILIT 的理论相当直截了当，但是它也能变得非常复杂。那里面有很多规则和限制，如果应用得不好，就可能危害 ILIT 的免税福利。如果你确信自己能从 ILIT 中受益，找个经验丰富的律师好好讨教一番。

这一章因为有很多新的术语和细节所以拉得很长，想要跳过这一章是很自然的事。但是我劝你要找一个好的顾问以帮助你保护自己的财产。如果你疏忽这个原则，你的意外财富会很快地消失。

但是对许多意外财富得主来说，仅仅保护好他们的新财产是不够的。他们想要让自己的财产随着时间而增值以支持他们新的生活方式，并创建一份遗产留给家人。下一章将会帮助你了解怎样让自己的财产增值。

原则 11
增长财富

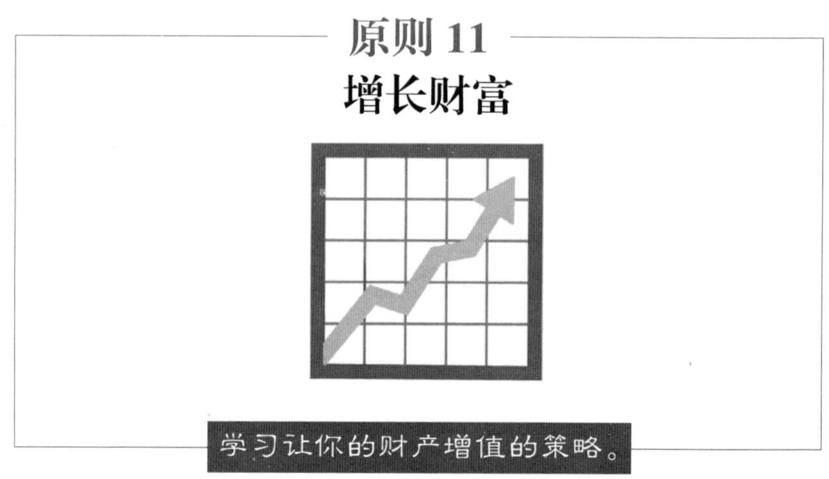

学习让你的财产增值的策略。

在这一章，你将会学到作为一个新手怎样避免专家在投资时同样会犯的错误。当你经过了激动的期待后拿到了钱（阶段 1），慌慌张张地到银行里开了账户、缴税，起草了一系列文件（阶段 2），你进入了阶段 3。除了偶然的苦恼，你的计划、投资和监督都是阶段 3 所包含的内容。但是对于缺少经验的人来说，投资看起来像一场赌博，或者复杂得没法理解。我向你保证，这两种看法都不对。

有许多不错的关于投资入门知识的书籍，所以，我会留下关于基础投资的知识给其他人。但是有好些关于意外财富得主投资的特别话题你应该知晓，包括：

1. 你是否需要投资；

2. 哪些投资是不错的，哪些是不宜涉入的；

3. 怎样创建一个月度自动付薪的支票账户。

你需要投资吗?

绝大多数意外财富得主需要让他们的资产随着时间一起增长。

很少有意外之财大到足以支持得主们全新的生活方式，并让他们为所欲为，甚至都不需要让他们的财富增值的。而对每个人来说，增值就意味着要做投资。问题在于，你处于什么样的投资状态？

客户们发现当我们根据以下三个脚本讨论时非常有帮助：（1）他们有足够多的钱来满足自身的需要和用于投资他们的目标；（2）他们的钱刚好够；（3）他们的钱不够充足。你所处的状况决定了（至少是部分决定了）你应该怎样用你的钱去投资。

当你拥有足够多的钱该如何投资

当你的钱足以满足你的生活方式和所有目标时，你的投资不应该太冒险。即使你的投资组合按照最低限度的增长仍然能确保有足够的资金时，你的顾问也应该根据你的生活花销和目标，反复演算出不同的投资结果。如果你真的拥有超过自己需要的资金，你就需要一个保守些的投资方案。因为你犯不着依靠冒险的投资来使你的钱增值，从而满足你的需要。

考虑用正常收益的股票作为资产配置和资产增值手段，以及更多的单独持有债券和其他低风险、灵活性较高的收入来源。如果你有风险偏好，喜欢从宏观上把握经济前景，现实的市场基础应该决定你的配置，但是从总体上说，你的资产配置应以较低的风险为佳。具有讽刺性的是，你承受得起做更冒险的投资。例如，一些意外财富得主有超过他们生活需要的钱，在其投资组合中的主要部分是偏于保守的，那么，他们可以拿出一小部分即使损失了也承受得起的数额投向高风险的企业和私募股权或有限合伙企业。这些种类的投资适合那些历练得炉火纯青的投资者，例如你顾问这样的角色，而绝对不适合你这样初出茅庐的新人。但大多数财务顾问没有经验或缺乏专门的知识来决定你的投资投向哪里较好，以及怎样评价它们。

当你拥有刚好能够满足你的目标的钱如何投资

当你有刚好能满足你的目标的钱时，你不得不走在太低和太高的风险之间。如果你太保守，不做一点投资让回报补上通货膨胀的损失或填充你的花销，你就可能入不敷出。从另一方面来说，如果你的投资风险太高，以致打破了你的投资组合的平衡，那么你同样会入不敷出。

关键是创建这样一种资产配置：不仅能提供增值的可能性，同时还可以提供足够的现金作为你在短期内的生活花销。这个策略限制了你被迫卖掉折旧资产的可能性，仅仅保证了你在同一时间内的生活开销。这个策略的技术性细节在本章随后的部分中将讨论到。

当你没有足够的钱时如何投资

如果你的意外财富不足以支持你的生活开销和目标，进入一家好公司去工作。这种非常普遍的情景是非意外财富得主们为退休攒钱时面临的。他们知道自己想要的退休生活是什么样的，但他们还没有攒下足够的退休金。所以他们必须工作，并进行投资以满足他们的目标这个过程通常要几十年的时间。

一些意外财富得主希望能辞去工作，但是他们得到的钱无法支持他们这么做，所以他们决定自己当老板。他们会开始做生意或是投资一个特许经营行业。在特定的情况下，这样做是可行的，因为意外财富给了他们更多的控制权，同时提供了一笔收入。自己做生意和投资一个特许经营行业有很多风险（你会在后面读到），但是这件事可以做。

绿色、黄色和红色投资

投资并不一定非常复杂，你也不必非要冒很大的风险才能得到像样的回报。问题在于许多意外财富得主确实是因为糟糕的投资而失掉了他们的钱。如果要我猜，我会说95%或甚至更多的让他们血本无归的垃圾投资决定本来是可以避免的，只要他们坚持以下的简单规则：

大胆踏入绿色投资；小心进入黄色投资；避免陷入红色投资。

绿色投资

绿色投资，同黄色、红色或任何其他投资一样，都可能失掉其价值。或者说，绿色的投资也可能变成零。之所以把它称为"绿色投资"是因为比起其他投资，它提供了更多的流动性、管理监督、透明度和可理解的信息。

你的大多数投资应该由这些绿色投资组成，诸如：

1. **共同基金**。共同基金的概念其实很简单，就是汇集许多小钱凑成大钱，交给专人或专业机构操作管理以获取利润的一种集资式的投资工具。在美国共同基金除了证券投资外，也投资黄金（或其他贵重金属）、期货和房地产等。
2. **指数股票型基金**。这是一种类似于共同基金、包含了其他投资的基金。
3. **信用违约掉期**。通常被称为"CDS"，这些借款大多数被借给具有代表性的、联邦保险公司保险的银行。
4. **存款证**。一般由商业银行发行，持有人可凭证收取利息存款证书。
5. **个人债券**。如果你有足够大的投资证券组合，拥有个人债券有几个好处。你能够创建一个投资证券组合，根据你的需要自行定义级别。如果你一直持有，到期后取回你的资本。

6. **房地产信托投资基金**。这种基金类似于共同基金，但是这个“篮子”里装的是房地产。

7. **货币市场存款账户**。这是银行为竞争存款而开办的一种业务。开立这种账户，可支付较高利率，并可以浮动，还可使用支票。这一账户的存款者可定期收到一份结算单，记载所得利息、存款余额、提款或转账支付的数额等。

黄色投资

黄色投资对于你的投资证券组合的部分投资来说还是有意义的，但是千万小心不要对这类投资做太多的投入。

1. **个人股票**。毫无疑问，你想通过共同基金和指数股票型基金的股票成为所有者。但是小心不要把你的投资组合中太大的比例用于个人股票，除非你有足够大的投资组合，能够创建一个多样化的配置。

2. **关注指数股票型基金**。当心这个提供两倍市场回报率的双倍股市投资比率基金，或者那些集中于一个单一部门的指数股票型基金。

3. **贵重金属**。贵重金属诸如黄金和白银对于防止通货膨胀造成的财富贬值是个很好的投资，但是不宜在投资配置中占比过大。

4. **可变年金**。同固定年金（绿色投资）不同，可以视具体情况偶尔投资于可变年金。

5. **终身人寿保险**。根据财产的规模和对财产遗产税的预测，你可以投资一份终身人寿保险。这种产品通常被当作一种投资，如果你有对保险的需要可以购买这款产品。在某些情况下，这样做可能是适当的，但是一定要有节制。

6. **对冲基金**。对冲基金就像冰激凌，有上百种风味类型。有的可能偏于保守，而有的则是孤注一掷。对冲基金虽然也是一种投资手段，但它属于黄色投资，因为其较高的收费、缺乏透明度和不能立即付现，所以投资时需要谨慎。
7. **封闭式共同基金**。同定期的、开放的共同基金一样，封闭基金投资于一揽子证券。然而，封闭式基金有个确定的特征，即对大多数投资者来说不甚理想，只能做适度投资。
8. **期权**。期权是一种复杂投资，可以应用于防止损耗，以增加你的收入。

红色投资

在电影中，投资和财富都是快节奏且令人激动的，融入了高度情感和戏剧性。在真实世界中，财务规划是缓慢且讲究方式方法的。我们想象的华尔街的浮华和魅力不能解读为好的、长期的财务策略。红色投资是迷人的，它们利用投资者对巨额回报的奢望和新奇予以诱惑。下面介绍的就是红色投资——缺乏变现能力，高波动性，制造了更多的破产记录。大多数意外财富得主应该避开这些投资，除非你有很大的投资组合，能够经受得住你的投资组合中5%的资产遭受损失的风险。

1. **有限合伙企业**。有限合伙企业是高度不能变现的投资——私人公司或者房地产项目。你的钱可能被冻结十来年甚至更长，而且那里几乎是不透明的。

2. **私募股权和风险投资**。把资金投入一个尚未成功的高新技术公司几乎是每个投资者的梦想。但是过去的记录显示私募股权和风险投资的业绩并不怎么样。你的资金可能要被冻结好多年，以后该怎么办你也没了主意。

3. **个体私营企业**。你的内弟想要开的公司和你的私人教练想要开发的苹果手机应用软件都属于私人公司的例子。如果你还没有投，你总会被某家（或多家）缠着要求投资这些公司或某个创意。把方向盘把好喽。

4. **私人借贷**。亲戚或朋友也可能会要求你借给他们一些钱做生意或者用于个人目的。多读几遍意外财富原则 6，以避免这种个人借贷。

5. **期权**。看涨期权和看跌期权因为对投资组合是道防护屏障，所以归入黄色投资。但是卖出看跌期权和买进看涨期权被认为是红色投资，因为这个过程可能损失很多钱，所以要避免这种期权。

6. **分时度假**。现在被更委婉地叫做“假期所有权”。把这类产品视作投资很勉强。别碰它。

7. **外汇**。别理会外汇投资或外汇交易。

8. **期货**。躲开期货交易就像躲瘟神一样。

应该避免的 5 类丑陋投资

想到过投资于下列投资中的一种吗？再想想。下面是排在头五位应该避免的私人投资。

餐馆　这种投资占用大量的资金、时间，需要专门知识。多数餐馆都开不了几年就关张了。

手机软件 马克·库班把手机软件称作“世界上最不讲理的生意”。

服装 一些名流做服装很成功，但他们通常会依托有一个很大的品牌。时尚是很浮躁的，省下你的钱吧。

酒吧 如果你想让某个场所的人人都知道你的名字，那就投资酒吧；如果你想让你的财产增值，那就离开酒吧。

房地产 开发投资于房地产对于建造你的财富大厦可能是个很不错的领域，但是带着挣钱的梦想投资一块不太熟悉的地块是一件冒很大风险的事。这需要大量的资金和一点运气。

设立自动付薪的支票账户

你早出晚归地全副身心都扑在工作上，某天却突然辞了工，接下来会发生些什么？当某人处于意外财富事件水准三状态却决定辞去工作，他会在心里产生巨大的焦虑，因为每月可以领到的薪水没了。“我知道我不缺这些钱了，我焦虑的是因为没有进账的薪水了。”一位客户带着一脸的遗憾说道。如果你一生都习惯了依赖那笔必然的、可预期的、稳定的收入，失去它会非常别扭。

许多客户在这种情形下错误地认为他们的收入被捆在了股票市场，非常急切地想知道他们每个月的投资怎么样了。如果我不得不依赖着每天都变化无常的股票市场来确定我的每月薪水，我也会神经衰弱的！幸运的是，有一套方案可以带来同样水准的、必然的、可预期的收入，而无需依赖股票市场的动态。

你的财务顾问会为你设立一套运行良好的制度，其总体的理念如下：

现金桶

把相当于你两年生活开销所需的现金转移到一个账户上。你的顾问安排每月自动从账户转移一笔钱到你的支票簿上。这笔转移的钱就是你的薪水，每月的数量是一样的，这样为你提供了一种确定性并使你能安排好开销，避免过度消费。这样做的另一个好处是你的账户上有可供两年开销的现金，不管股票市场发生什么变化都不会影响到你的生活。

低波动性桶

你的下一个账户应该由贷款违约保险、短期债券和其他低波动性投资产品中产生的相当于你三年的生活开销的金额组成。这是你的"奶瓶账户"，你可以改变你的投资桶中和你的现金桶中的资金。在每一年的年底，调整下一年的生活费并转移到你的现金桶中去。用这样的方式，你的现金桶总是资金充裕，满足你每月的生活所需。

投资桶

这是你的总投资账户，你的大多数投资都放在这个桶里。你需要每年调整你的生活开销金额，并将其转移到你的低波动性桶中去。

每一年，你的账户上都产生资金方面的变化，确保你有足够的

现金和低风险的投资，以持续地注入你每月的薪水中。

投资备忘单

即便拥有超过7000只的共同基金，将近5000只的指数股票型基金和超过10000只的个人股票，你也难以创建固定的投资规则。和你的顾问一起，尽你最大的努力把以下投资经验铭记于心。

1. 投资组合的费用比率应该是1%或者更低。采用低成本指数基金和主动式管理基金的结合，以达到你的投资费用每年低于1%，最理想的是接近0.5%。
2. 管理费应该是1%甚至更少。财务规划和投资管理的顾问费用变化很大，依据于你投资情况的复杂程度和他们负责投资的资产数量。一般是1%或更少。
3. 采用无负担基金。避免共同基金的前期或后期负担。
4. 寻求日常流动性。除非你投资于CDS，否则要避免投资那些长时间冻结你资金的项目。

一旦你的财务和投资计划得当，你就可以休息和放松一段时间……但是也别休息得太长。你需要经常留心、调整和培育这些投资计划。开始投资后首先要做的是要保证投资活动运行在正确的方向上，其次就是不要偏离轨道。

原则 12
保持正确的轨道

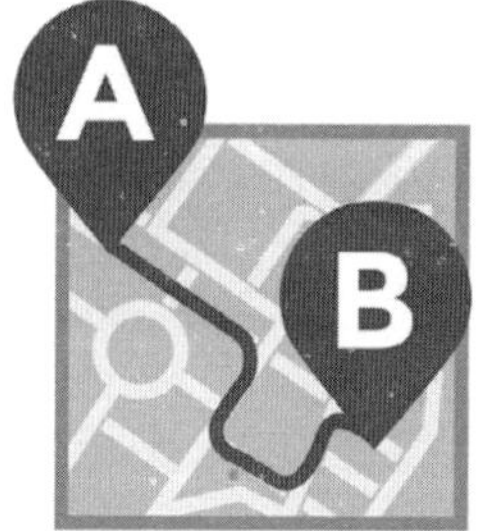

采用一个轻松的系统以保证在正确的轨道上运行。

本章意外财富原则的目的是为你的财务创立一个预警侦测系统，一旦有问题出现，你立即就能意识到，避免给你的财产造成损失。有时候，有些威胁不知从哪里来的，为此，你需要确认你的资产是严加保护的，但是有的威胁可以看到就是来自一英里外。问题在于，许多意外财富得主（还有他们的顾问）不知道问题出在哪里，直到财务损失（有时候是不可挽回的）真的发生了，他们明白是怎么回事。

上一章的意外财富原则提供给你关于财务状态和健康动态方面的信息，就像汽车的仪表盘呈现给你的极为重要的信息，例如车的油压、温度和剩下的汽油量。大多数人不会在一夜之间通过一次灾难性的事件而失去他们的意外财富，但这种事是有可能发生的。意外财富原则 10 帮助我们最大限度地减少这种风险。但是大多数意外财富的流失是错误的决策伴随着时间的流逝而逐渐发生的。如果你不知道自己有多少钱，花了多少，你能花得起多少，报警的红灯不会闪烁，你也就无法意识到自己有麻烦了，直到事情变得不可收拾，你的汽车趴在路边动不了窝。

意外财富原则9确保你知道税后有多少钱、所需费用多少、债务多少，以及你每月能花得起多少钱而不至于让你的财务崩溃。但你不能完成一次设置后就不管了。事情总处于变化之中，你必须适应新情况。这是一个持续的过程，在这个过程中你需要知道自己每月花了多少钱，能承受多少钱的花销。

设置财务安全保护并使其保持正常运行是管理意外财富最重要的原则之一，但这也是最容易被忽视的原则之一。有些意外财富得主没有好结局，要么是因为他们没有建立一个财务规划，要么就是有了规划却没有始终如一地按照规划去执行。本章就是要帮助你（和你的顾问）创建一个框架，向你提供监督、报告和“早期预警侦测系统”，以确保你管理的意外财富不偏离正确的运行轨道。

减速刹车

如果你曾经尝试过克服某个坏习惯或者停止做某件习惯性的有害的事情，你会知道这有多难。如果你发现自己在欲望的驱使下过度消费，不能控制自己，心理学家罗伊·鲍迈斯特（Roy Baumeister）的研究为怎样创建持续的意志力提供了帮助。鲍迈斯特博士把意志力比喻成汽车的油箱。我们每天早上醒来的时候就像油箱里灌满了汽油，经过一整天的劳作，各种事物和压力像汽车耗油一样耗尽了我们的意志力，让我们坚持自己计划的那根弦松了下来。他发现使我们放松自我控制有四种状态——饥饿（Hnger）、愤怒（Aunger）、孤独（Loneliness）和疲倦(Tiredness)。而这四种状态的第一个字母合起来就是“停止”（HALT）。如果你有过度消费的倾向，并发现自己在继续消费狂欢，尽最大的努力防止这种行为。当你感到饥饿、愤怒、孤独或疲倦，这会让你坚守消费计划的努力变得几乎不可能。

针对你的目标收益来追踪消费

在意外财富原则 9 中，你确定了每年能舒心地从自己的投资组合中取出多少钱用于生活所需。如果你的目标和对某种生活方式的欲望超过了你的预测收入，你需要削减花费来适应你可以取得的收入。我一次次观察到的危险是被称作“消费爬行”的现象。客户刚开始时会根据自己的收入情况消费，但是随着时间的流逝，他们的消费逐渐变大了，开始消费超出自己支付能力的东西。这就是为什么说“设置了它却忘记了它”。这种现象是危险的。

你必须针对你的支取比率持续追踪你的消费。你应该每个月看看自己消费了多少，支取了多少。一两个月的情况还不能说明一种倾向，但如果你看到连续多月出现现金流的增长情况，那就应该在你的行为对财务情况产生较大损害之前作出调整。

再强调一下，这个意外财富原则之所以如此关键，在于它能防止大量的、不可弥补的财务损失。好多意外财富得主在审查他们的账目时一目十行，瞟一眼就过。如果针对每月收入追踪你的消费，你可以避免成为其中的一员。

意外财富得主报告说让他们最快乐的一件事就是可以停止剪息票和精打细算过日子了。月月都关注每一美元的去向可能成为一个负担，所以，他们中一些人在收到意外之财后想逃避各种形式的预算就不足为奇了。幸运的是，大多数的意外财富得主不需要自己做预算或者记录每一笔开销，但是你仍然需要清醒地知道你的钱去了哪儿。

我很高兴有的客户或者是他们的会计员会用诸如快书（QuickBooks）或加速（Quicken）这类软件记录他们的消费，因为这样有助于了解财务的细节。也许客户对此不以为然，但这样可以让我观察到他们的消费趋势并作出较好的预测。例如，当我看到一个客户的基础生活费或者固定消费增加时，这实际上就是一个预警。在这样的情形下，客户会失去他们财务上的灵活性以削减他们的开销。如果他们仍然保持较高的消费，尤其是他们的基础生活消费已经接近投资组合支取率的最高限度时，我们就需要立即采取行动。

与你的顾问一起回顾你每月的支取情况，以确定你没有偏离计划的轨道。当你正在变得习惯于新生活方式和收入水准时，在一开始就这样做尤其重要。花些时间和精力，每个季度做一次这样的回顾。

月度财务报告

通过审查每月的几份关键报告来确保你的财务运行正常。第一份是我们在第 9 章学过的净值报告。一开始你需要至少每月审查一次你的净值，然后，随着你越来越了解情况，可以变成一个季度一次。你的净值反映的是你的资产和负债情况。如果你的消费毫无节制，就不得不从你的投资账户上支取资金，或者是如果你的债务增加了，这也会在你的资产净值状况中反映出来。

你不用担心月度净值的波动，但应该找出趋势和问题，这样你就能够很快作出调整。如果你或你的顾问没有及时掌握净值状况，财务方面的不利情况就可能持续数月甚至数年，从而导致你的意外财富受损。

除了你的净值报告，你还应该审查投资账目。这类账目会有波动，在每个月里忽上忽下，但是你还是应该知晓究竟发生了什么。我发现那些对投资神经兮兮的客户在审查了账目、了解发生了什么情况后，都会变得心安神宁的。

你的顾问会起草这些报告给你，你也可以在任何时候使用在线系统得到最新的净值和投资资料。我的客户们在电脑或手机中安装了一款360财富审查网络系统以看到实时的报告。不管你使用的是什么系统，确信根据月度审查报告得到关于你财务的真实结论。

你和顾问间的快速联系通道

注意：并非所有的财务顾问都同意这点，但是我认为对于刚成为意外财富得主的人来说是非常宝贵的。他们突然被意外财富置于一个全新和怪异的情境中。如果他们不得不应付复杂的缴税、法务或财务问题，那么这其中的每一个问题都足以把他们彻底压垮。减轻他们的焦虑和不确定性的最好方法是能够向某个了解他们、理解他们所面临局面的人咨询或吐露自己的心声。

就像我在本书中所提到的，你所能做得最糟糕的事就是带着压力作决定。如果你不知道该如何是好或感到压抑，同你的顾问联系以避免作出错误决定。我告诉我的客户们要“远离危险的窗台”。有时候，他们考虑大宗的购买并想听听他人的意见；有时候，他们的决定仅仅是让自己宽心。

和你的顾问谈谈并问问他们工作以外的时间接收电子邮件、短信或接听电话是否方便。只要不是每天都这样，相信你的顾问一定不会反对。我要我的客户有事尽管打电话找我，即使是周六晚上9点。我想让他们知道，我的工作机器随时都是开着的。通常，如果他们心里有事，知道能跟某人交谈就行了。

所以最好向你的顾问要一个手机号，以便在你需要时能联系上他。

大宗消费审查制度

让意外财富保持正常运行的另一个办法是不要出轨。一些意外财富得主迅速适应了他们生活的新局面，并严格按照财务规划行事，而一些人还在其中折腾。如果你发现自己正在冲动购物，或者一贯地爱多买东西，考虑同你的顾问一起创建一套消费审查制度。例如，作出一个承诺，在购买前你会审查所有超过预定额度的购买，允许在冲动和购买之间有一个“冷处理期”。如果你发现自己想买一件珠宝而又因为手头不宽裕有些犹豫，打电话给你的顾问或者是推迟购买，直到你能联系上顾问。

当手有些痒痒——怎样控制过多的购物?

我同一些有不同生活背景、却都有过度购物问题的人一起工作过。他们从曾经的意外财富得主到失业，再变为生活窘迫之人，共同点是不能控制自己的购物欲。德鲁博士和我最近一起接待了一位年轻女士。她自我诊断是个购物狂。她的购物上瘾给我们提供了一个宝贵的教训。

首先，懂得什么是不可行的。一个购物上瘾的人并不是有智力上的疾病，而是情感上有疾病。不幸的是，大多数心理健康的家庭成员和财务“专家”把事情弄得更糟。他们把注意力集中在了两个通常导致更多购物的领域：耻辱和逻辑。你出什么差错了？你认为会更好吗？你是怎么变得以自我为中心的？尝试用逻辑——如果你买了太多东西，你就没有钱还车贷了——趋于无效。这样的“治疗”是不管用的。购物狂们已经感觉到自己非常糟糕，已经知道这样的购买行为不可持续，而批评只会让他们感到更孤立，因为他们原本就是靠购物治疗自己的孤独的。那么，我们该怎么做呢？

1. 识别购物动机。是什么激发了一个人的购物欲望——无聊，内疚，耻辱，愤怒？通过写日记或者用电子产品记录是什么导致当时的购物冲动的。

2. 发现购物需要的本质。大量的购物不是出于功能性的目的，例如你不可能需要 15 只手提包，它只是满足心理上的某种缺失。旁人看到的是他们的疯狂或不理性的行为，但其实这不是本质。购物狂通常是完全理性的。他们的购物是为了一个原因——它填补了某种需要。所以他们才会持续地这么做。不管你怎么做，只要你没有找到一种替代方式或者更健康的做法来满足这种需要，购物的欲望之火就不会熄灭。所以，停止冲动购物的第一步就是识别推动他们这么做的心理需要是什么。是购物让人们感觉愉悦？或者是购物帮助他们逃避痛苦？换句话说，你购物是因为你感到获得一种其他方式无法获得的心理需要（激动，多样性，刺激，控制感，顽皮感）。或者你的购物是为了避免某种消极的感觉，诸如焦虑、孤独和恐惧？确定你通过购物是为了获得某种心理需要。可以和闺蜜在一起（社会性需要）？可以和周围的人一起（群落的需要）？是为了搜寻某件物品？感觉购物非常重要？这些问题让你敞开心扉，深入分析自己，并从中找到答案。

3. 用某些健康的方式来替代购物。购物狂需要找到更健康的替代方式来满足自己的需要。开动脑子想想你还有什么方式来填充你需要的空间。通常，你会发现某些人会以另外上瘾的东西来交换购物之瘾。这不是一个积极的、长期的解决办法。我们的目标是以一个积极、健康的方式（或者至少也应该是中性的、无害的方式）来取代消极、有害的方式。有时候光这么做还不够，可以想想还有什么是比购物更重要的，而且是你生活中最重视的。例如是你的孩子、配偶和安全，还是你的名誉声望？ 不管它是什么，你必须联想到继续疯狂购物的行为会伤害到你最重视的东西。如果你最重视来自你的家庭和朋友的爱，你很容易发现如果自己继续透支购物将会毁了这种感情和关系。

4. 改变你所处的环境。我们所处的环境对于我们行为的形成起了很重要的作用。如果你放了一盘糖果在书桌上，很明显你整天都会把它当做小吃。让环境成为支持你的有利条件吧。对于一个酗酒者来说，让他在当地一个酒吧里吃小吃来测试其意志力毫无意义。创建一个“禁飞区”——规定自己不能去的区域，诸如购物中心、商店或其他商业区域。在你的规则里，撤销那些模棱两可、含糊不清的条款。如果你不这样做，蠢蠢欲动的内心总能找到借口来恢复疯狂购物的。列出一个你不能去的地方的清单。不看任何电视购物节目（至少一开始得这样）。你需要从环境中排除任何让你去购物的诱因。

5. 争取外援。一个人的上瘾癖好很难靠他自己戒除。争取从亲人和朋友那里得到配合和援助。“债务人匿名”组织是一个不可忽视的资源，他们的分支机构遍布全美各个城市，能够配合你戒除瘾癖。

致命的意外财富 6 宗罪

意外财富是一个为自己和他人创造幸福生活的天赐良缘。一部分意外财富得主水波不兴地管理着他们的财富。非常重要的一点就是使其保持正常运转，并根据需要及时作出调整，还有非常重要的一点就是，远离下面这 6 个让许多人倾家荡产的意外财富罪恶方式。

1. **挥霍无度**。这事听起来有些不可思议。某人以前每年不过挣 5 万美元，在其得到 1000 万美元的意外之财后却破产了！当然这个过程不是一两年内发生的事，但如果意外财富得主在财务上总是做些不靠谱的决策，用不了十来年这些财产就会灰飞烟灭——如果他们还从事了下述意外财富之罪中的某条，他们的破产会来得更快。

   这本书的宗旨就是要帮你摆脱这样的命运。节奏慢些，遇事同专家商量，算出你能消费多少钱，然后保持正常运行。如果你仍然有麻烦，就去看医生或者财富心理专家。你只要花上几百块钱就可以知道自己的动机和深层次的问题是什么，这可能你所能做的最好的投资之一。

2. **捐赠太多**。意外财富得主在为自己花钱大手大脚的同时，对他人也往往出手阔绰。当被问及把太多的钱送给亲戚的时候，一个客户承认：“买了这所新房子和这么多东西，我心里感到有些内疚，因为亲戚们的日子还过得紧巴巴的。我不能单独享受，除非我也帮助他们。”总是经常有这些来自家族的压力和希望关照亲戚的想法压在意外财富得主肩上。只有为那些面临困境的朋友雪中送炭和帮那些奔小康的亲人锦上添花，才能让他们感到意外之财用得是地方。

紧贴你的消费计划，根据月报保持正常运行，以正确的方式帮助亲友，同你的顾问一起制订一个长期和可持续的计划来实施对亲人的援助。如果有必要，让你的顾问也一起参加家庭讨论。

3. **离婚**。如我们在意外财富原则 10 中讨论过的，离婚能在一夜之间带走你 50% 甚至更多的财富，所以这是意外财富得主失掉他们财富的最常见的原因之一。用婚前协议和婚后协议保护你的财产。同家庭法律律师沟通，以确保你的财产不至于因离婚或分手而遭受巨大损失。

4. **投资错误**。财产遭受重大损失的常见原因之一就是投资决策错误。一些精明之人不乏作出一些错误的投资决策，或者是把太多的资金投向了红色投资。要避免这种情况，就要把主要的投资都集中在绿色投资中，偶尔也可以投一些在黄色投资中。和你的顾问一起严格审查每一个投资，特别是那些黄色投资或红色投资。

5. **诈骗**。伯尼·麦道夫的庞氏骗局证明了你不能盲目信任任何人。麦道夫是一个受到高度尊重的投资顾问，曾经是纳斯达克股票市场的主席。你的责任是制订一个“相互制衡”的制度，以保护你的资产。遵循意外财富原则 10 的要求，将其作为出发点。此外，切忌投资于你的顾问推荐的与他有牵连的公司或高风险行业。

几年前，一个有钱的客户来到我的公司咨询管理建议。短暂相识后，这个客户向我们展示了他的顾问做的一份投资计划。我们审读了这份计划，然后又跟他想投资的这家公司通了电话。但是我们计算不出他们怎样挣钱，怎样实现他们的高投资预期。我们委婉但坚定地建议这位新客户，不要做这个投资。但我们和这个客户的关系只是一面之交，而他同自己的几个顾问的关系已维持好几年了。于是，他还是决定做这个投入巨大的投资。很快，一年以后，他账上的钱所剩无几。那家公司害他失去了大笔资金，而这个客户除了两手空空外，剩下的就是一场代价高昂的民事诉讼。

6. **诉讼**。如果你的资金没有得到很好的保护，它们随时都面临危险。诉讼是稀松平常的事，尤其是对有钱人而言。你的意外财富让你成为一个很大、很明显的目标。同资产保护律师一起构建保护资产的盾牌，以防御债权人和诉讼可能对你资产造成的损害。

保持身材的最成功的方法之一就是不要拼命节食，最好的方法就是每天清晨量一下体重。如果你比目标体重重三磅，你每顿饭稍微少吃一点，直到体重回到理想的范围内。通过每天量体重，你可以保持在轨道上并稍微作出调整就行了，而若等到身体走形已久，那就真的积重难返了。

带着你和顾问精心制作的计划在轨道上正常运行，这样你只需在过程中做些微调，而你和你的后代便能够享受意外之财为你们打下的幸福生活基础。

第二部分

意外财富类型

意外财富类型介绍

创造积累财富有无数种方式，但是创造意外财富只有很少一些方式——这些方式每一种都有自身的特点、机会和挑战。我们可以按不同的标准把这些类型分类，诸如根据意外之财的速度、预期事件的能力或是情感反应，但这只能命名一小部分。我发现，划分意外财富类型的最好的办法是把它们分成两类：一类财富是来自于“失去”；另一类财富是来自于“得到”。

来自于“失去”的意外财富——亲人的死亡、伤害事件或者卖掉了什么东西，这类财富都能围绕金钱产生一些情感和问题。来自于“得到”的意外财富——彩票收入、股票或者签订一份表演合同等。这类意外财富与来自于“失去”的意外财富有着根本性的差异。

失　去

1. **遗产**。遗产最有利的一点是收到钱的过程非常简单明确，很少有应付税款，如果有的话。遗产这类意外财富有两个潜在的问题：一是这个过程可以持续一年甚至更长；二是根据遗产的来源，有可能有情感因素附着在金钱上。
2. **离婚**。记住这点很重要：只有一些离婚会产生意外财富。如果他们根本没有什么财产或者离婚当事双方都需要还账和管理资产，这种情况就不会有意外财富。离婚能带来意外财富的情况是这样的：配偶中的一方经常被称作“杰出的配偶”：

他或她没有欠债，管理着一笔投资，已购买保险，或者他或她同家庭律师、注册会计师或财务顾问没有联系，现在负责管理一笔让他或她焦虑不安和没有安全感的财产和资产。

3. **诉讼**。保险费赔付、诉讼判决或者诉讼庭外和解通常是此类意外财富的来源。然而，诉讼面临许多挑战。最大的抱怨是诉讼过程非常复杂，让人心神不宁，还非常漫长——有时候可能要好些年甚至十来年。因为这种情况，让客户很长时间内处于不安稳的状态，而这非常不利于他们的健康，因为他们的生活会经历过山车似的大起大落，一会儿是“他们愿意和解”，一会儿又是“他们决定起诉了”！ 在法庭宣判前他们真的不知道自己是否能得到遗产。在漫长和心绪不宁的等待判决的过程中，你或你所爱的人不得不承受某种性质的失去，而且你能预见到意外财富诉讼中的挑战。

卖掉企业会怎么样？

一个企业主卖掉他精心培育和打理了多年甚至几十年的企业，而这企业代表了他的身份。所以当他卖掉它的时候，他会深刻地体验到很强的失落感。尽管意外财富原则适用于卖掉企业所得的意外之财，这类意外财富将不适用于“失去”这一类型来处理。原因有二：第一，企业主通常要花若干年甚至几十年来打造他们的企业，他们处理意外财富时的老练和轻松非其他人所能比；第二，卖掉一家企业是一个高度技术性的过程，我无法在一章里面充分地把税务、法务和财务方面的问题全都讲清楚。

得到

1. **彩票**。彩票是人们想到意外财富时所能想起的最具代表性的类型。但是比较来说，其他类型的意外财富更普遍一些。然而，彩票中奖吸引了公众的注意力，对中奖者来说，它构成了一个独一无二的挑战。因为在大多数情况下，彩票中奖者不可能隐姓埋名。不管愿意与否，他们常常会被媒体记者包围。此外，如果什么时候他们失去了意外财富，又会是记者笔下的好题材。但是，这种情况完全可以避免。是的，彩票中奖者会面临很多挑战，但是如果他们坚持意外财富的12条原则，就可以打造一个富足且可持续的生活。
2. **体育和娱乐圈的签约**。运动员和艺人面临独特的税务、法务和财务方面的挑战。这种类型的意外财富不仅需要大量的管理工作，还需要当事人与他们的律师、会计师、代理人、商务经理和财务顾问进行一部分协调工作。对他们来说，最重要的目标是在短期的职业生涯中积聚起足够的财富。
3. **股票期权**。股票期权可以让一个朝九晚五的上班族一夜之间身家数百万。技术股的公开首次发行被炒得很热，但是有许多行业也在创造着意外财富。股票期权的规划需要具备专而深的税收和法律知识。如我们较早前提到的，许多意外财富得主发现他们离“阶段1：收到钱以前”还有一年时间甚至更长时间。这种情况有一个好处，即让他们可以做好准备，但这也让他们心里犯嘀咕，不知自己最后究竟可以得到多少钱。

还有其他类型的意外财富事件，诸如一次性的退休金、保险结算，或者在自己的土地上发现了石油或天然气。我把这些类型的意外财富所要面对的税收、法务和财务方面问题放到了意外财富网上了。

现在，我们用问答的方式深入探讨上面提到的6种类型意外财富所面临的主要问题。

类型1
遗产继承

制订新的财务计划。

意外财富最普遍的形式就是遗产。根据波士顿学院退休研究中心的研究，三分之二婴儿潮时期出生的人将会收到巨额遗产。遗产数额令人吃惊——在他们生存期间共计继承了7.6万亿美元的遗产！更让人吃惊的是，这笔天文数字般的财富是多快消失的。华尔街日报报道说，这笔家庭财富很少长期传下去，70%的财富在第二代人手上蒸发了，余下部分中90%的财富又在第三代人那里消失了。

为什么如此巨大的家庭财富被花光得如此之快？你怎样才能保住自己继承的大部分遗产？本书和这一章的目的就是要帮助你和你的顾问一起作出最好的财务决策。我为许多收到遗产的客户提供服务达二十多年。尽管他们每个人的情况不同，但几乎所有人的共同点是他们感觉遗产是一个负担。

同其他意外财富形式不同，死亡是一定会产生遗产问题的。有个故事说有人出乎预料地接到一通电话，称其一个消失已久的亲戚去世了，给他留下了一小笔财产。任何人在自然规律面前都身不由己，但是加上一大笔遗产，这就让事情变复杂了。

一笔遗产有可能成为受欢迎的惊喜，或者成为亲人对死者悲伤的回忆。一大笔把你推出自己的财务舒适区的遗产还会因为怎样管理它而徒增你的焦虑。客户们声称他们感到庄重的感觉和责任——他们必须对自己继承的遗产格外小心看管。还有人说，尽管他们知道这是属于自己的财产了，可以用来做任何他们愿意做的事，但总感觉这笔钱是借来的。

一个死亡事件和随之而来的遗产能够引发大尺度的情感。根据与死者的关系，导致继承人对留给他的金钱持不一样的态度。如果继承人与死者有很深的矛盾或者留给他遗产的人属于非正常死亡，继承人会有意无意地表现出对这笔财富的不热心或不在意，可能会大把地挥霍掉或用它做冒险的投资。

我们怎样对待一笔遗产

然而，并非所有的意外财富得主都以同样的态度对待遗产。根据我的经验，受益人对待遗产有以下三种态度。

接　纳

同死者关系良好或关系一般通常导致继承人对新财富产生健康的态度。他们接纳遗产，尽管可能和死者有很强的情感联系，他们不会用这一感情来取代金钱。他们认为悲伤是一回事，金钱是另一回事。他们持有的是健康的观点，明白金钱意味着什么——它不会奇迹般地解除他们的悲痛，但它也不是造成亲人死亡的原因。

接纳遗产是最健康的反应。他们能够享有这笔钱带来的好处，而没有任何负面的情绪或内疚感。

冲　突

有些人会在情感上和遗产过不去。他们虽然可能感激金钱带来的价值，但还是对它怀有愤怒、难受或负疚的感情。一旦他们用这笔遗产改善生活，就会觉得这笔钱是一场贿赂。他们很难把死者留下来的钱和他的逝去区分开来。他们用赔付的钱买的新房子不断刺激着他们想起亲人的死亡或受到的伤害。享用以此种方式得到的钱是一件很不舒服的事，因为这让他们在精神上倍感疼痛。

时间能够慢慢减轻这种冲突感。他们还可以去做心理治疗，以把痛苦和金钱彻底剥离开。

拒　绝

三分之一的继承人采取了远离遗产的态度。这种情况的发生或是围绕着亡亲的悲痛造成的，或者因为他们继承的钱是虐待他们的父母留下的。不管是有意还是无意的，他们不是把痛苦和金钱分开，而是简单地把自己和金钱分开。这种态度可能导致各种形式的金钱放弃，不顾一切地乱花钱，或用于过分的冒险。

如果他们的顾问没有意识到发生了什么，会认为客户很傻。其实他们不傻，他们这样做只是追求一种道德上的完美。但是如果他们继续这么做下去，将会达到自己的“目标”：让这些钱尽早消失。

如果你对继承的遗产有很强烈的负面情感，临时冻结你用这笔钱的花费，并要求你的财务顾问制订一支套持你少花钱的制度。然后，求助于心理治疗师或财富心理师。你不会在一个晚上就把金钱和情感之间的疙瘩解开，这需要一段时间的治疗。要不了太久，你的情感会重新启动，你会对金钱作出健康的反应，并把它用于改善你和亲友的生活。如果你开始花销自己继承的部分遗产，你至少应该能够享用到它。

问：我继承了一个投资账户。我该用它做什么？

答：当你继承了一笔投资，你需要避开的一个陷阱就是抓牢不宜作为你的资产配置和不符合风险预测的资产。几年以前，一个客户继承了亡亲留下的一家很有名的大型技术公司中6500万美元的资产。经过几个月的会议和讨论，我们最终说服她不把大部分资产净值用来买单独一家公司的股票,那样风险太大。我们讨论了一套方案，以保护她的资产不受损失。如今，她原来准备投资的那家公司的股票已经不再是公开交易的股票了。通过客观地观察所继承的投资，考虑到她的其他资产，这个客户作出了一个理性的决定，结束了她在某家公司超过4000万美元的投资以终止损耗。尽管你不大可能从一家单一的公司继承6500万美元的股票，但你无论如何要根据正确的分析来处置你的遗产。你的财务顾问对你持有的每一个投资和继承的投资组合都作了总体的风险分析吗？例如，如果你居住在加利福尼亚，继承了一个纽约市的市政债券投资证券组合，他们可能并不适合你。同样，如果你继承了几乎不用缴税的市政债券，那么放弃要缴税的债券更合算。

如果你继承的一笔投资是你不愿意做的项目，那就卖掉它。

此外，一项投资遗产的资产通常会改变你的资产配置。例如，如果你原来的资产配置是60%的股票，40%的债券，而你继承的财产全部是股票，这就可能让你的股票配置上升到80%，而债券配置下降到20%。出现这种情况要和你的顾问一起商量：如何确保新流入的资产不至改变你的资产配置，以保持在每一项资产种类上的目标比例。

此外，还要确保你继承的每一个投资不违反你的投资参数。例如，如果你有一个规则，不能投入超过你投资组合总量 20% 的资金到一家单独的共同基金中，而你继承的基金占到了你投资组合的 30%，你就需要卖掉部分基金，以使百分比下降到最高限额的 20%。

最后，审查你的每一笔投资，以确保它符合你的投资理念。例如，一个客户最近继承了一大笔股票投资组合，其中包括了麦当劳的股票。拥有麦当劳的股票会是个问题吗？这既没有违反她的风险承受度，也没有违反她的投资参数，但这违反了她的道德原则……因为她是一个素食主义者，不赞成吃任何肉类。如果你对烟草、能源和武器或其他公司的股票反感强烈，那就要小心审查你所继承的股票，以确保你的投资反映出你的道德取向。

问：我从去世的父亲那里继承了一只股票。但我的顾问认为我应该卖掉它。我该怎么做？

答：这很容易让人看到我们对于自己亲人遗留下来的东西是多么依恋：父亲坐过的椅子，他的钓具，甚至你小时候住过的房子，但是一只股票也会是这种情况吗？会的。对作为遗产的一只股票产生情感依恋也是非常容易理解的事。

所以当我的客户说：“我不能卖掉那只股票，那是我爸爸最喜欢的一只股票。”我一点儿也不惊讶。如果你对持有的某只股票含有情感价值，而且它适合你的资产配置，并在你的风险预测范围内，那就想办法保留它。然而，如果它不适合或者太集中了，卖掉它。如果你舍不得卖掉全部，那么卖掉一部分，只保留一小部分。你剩下 100 股和 10000 股有什么不一样吗？如果死者知道你卖掉了这些股票，他会不干吗？难道还有什么其他办法既谨遵他的遗嘱又不危害你的财务安全吗？

问：我不久前得到了一大笔遗产，但是至今还没有用它来做任何事情。这样做可以吗？

答：完全可以。别用你得到的遗产来做任何让你感到有压力的事，直到你做好了充分的准备。把意外财富放一段时间的做法非常好，如我们在意外财富原则 2 中鼓励的一样——慢下来。然而，我也看到有些人把他们得到的现金遗产一放就是几十年。如果你只是把遗产放上一两年，可能没问题，但是你不要害怕用它来做任何事情或者是假装这笔钱不存在。对遗产有责任感并用它来做正确的事，这属于正常行为。如果你对遗产的情感依恋是如此强烈，以致妨碍了你享用它或把它用于投资，就需要同你的顾问交流，或者求助于心理师，让你从心理重压下解脱出来。考虑从小额的资金开始逐步做些投资吧，这样你不仅明白股票市场是怎么运行的，还能得到一定程度的安慰。买一些 CDS，把利息存到你的账户名下，这样你能亲手见证投资的力量。花些继承的钱去旅游或游戏。目的是打破你的情感对遗产的钳制，充分享受遗产给生活带来的利好。

为大富翁做职业规划

在很年轻的时候就得到遗产，势必造成挑战。如果你是个年轻人，刚刚收到一大笔遗产，或者你已经成年，现在有权取得一笔信托基金，而你的朋友们可能正在规划他们的职业，你们之间可能会产生冲突。如果你得到的几百万财产足以让你可以不工作，你还会去争取一份工作开始你的职业生涯吗？同心理师或职业教练一起讨论你的情感和工作可能性。你有财务能力支持你关注有意义、有目的生活道路，而不必为衣食而改变自己的志向。

问：我丈夫向我施加压力，让我用所继承的遗产去偿付信用卡的欠账。我该怎么办？

答：从财务上说，如果你需要支付16%的信用卡借款利息，但是银行账户上还有几十万元的现金，那么最好是把信用卡上的借债全部还了。如果你的压力来自于你不愿意这么做，想想看是什么原因使得你不愿意这么做。通常这种情况与个人心理有关，总觉得如果这么作了是对遗产的“浪费”，这样使用遗产资金会让你产生负罪感或负疚感。最好把你的这种心理顾虑让你的丈夫和顾问也知道。如果说我这些年学到了些什么，那便是我发现人们并不总是理性的，但是我们总能够为自己的行为找理由，即使只有逻辑上的理由。

问：我已经结婚了，有望在短期内得到一笔遗产，我该怎么做呢？

答：如果这是一小笔遗产（水准一），比较好的做法是把这笔钱存进你和配偶共同的账户中去。如果这是一大笔遗产，或者你正在准备离婚，那就要严肃考虑把这笔钱以你个人的名义存在一个独立的账户里。即使你已经结婚，遗产属于很特殊的财产，如果你把遗产和夫妻共同财产分开保管，那你的配偶无权分得或索取这笔遗产。如果你把遗产和夫妻共同财产混在了一起（例如存在了你们共同的账户里），那日后要认定你的独立财产将是一件困难的事。所以最好的做法是：不让遗产混在其他资产中，让它清清楚楚地独立保管。要这样做很容易，直接到银行以你的名义新开一个存款账户，把现金存进去。跟你的财务顾问和财产律师讲清楚，确保任何情况下都要保证这笔遗产的独立性。此外，考虑签订一份婚后协议以进一步保护你的资产。

问：我今年22岁，继承了几百万美元的遗产。有哪些特殊事项我该注意一下吗?

答:恭喜你获得使用遗产来打造你能想象的最好生活的好机会。这么年轻就得到这么多的钱,你将面临的挑战之一就是你的个性还没有形成。这笔钱可以像工具一样帮助你经历一些新事物,帮助你成长为你想要成为的人。但这笔钱也能像拐棍一样成为你行动中的一个障碍。我看到过年轻的意外财富得主失去了他们完成学业或努力工作的动力,但这并非是遗产带给你的必然命运,如果你把这笔钱看作是旧生活的结束,并用它来规划你的新人生的话。你能做的最好的事情之一就是:找到适合你的群体,在共同的经历中体现你的存在感与价值感。你可以向他们坦陈你的恐惧和困难,同时学习他人是如何成功地主导他们的新财富的。

问:我继承了一些艺术品和珠宝。这其中有什么是我特别应该做的?

答:是的,你需要联系财产和意外灾害保险代理人。你需要提交被保险的艺术品和珠宝的照片和录像,购买的发票复印件或者有关鉴定单位出具的鉴定和估价证书。把每一件物品都要妥加保管,可以考虑到当地银行租一个保险箱存放珠宝。

问:收到遗产后有哪些事情是我应该立即着手做的?

答:首先,给财产和意外灾害保险代理人打电话,增加你的责任险保额,最低限度要达到500万的保险额。但是大多数意外财富得主都投保了1000万,甚至更多。

其次,检查你指定的受益人、401(K)和人寿保险。如果你指定的某个受益人意外故去,确信以别的人替换掉死者。

最后,审核你的遗嘱和财产计划文件。如果你指定的孩子监护人、你遗嘱的执行人或者信托受益人意外故去,要把这些文件全部更新。

问：我是我父母遗嘱的执行人。我怎样才能避免与兄弟姐妹之间的争吵？

答：父母的离世既可以让孩子们更紧密地团结起来，也可以让家庭关系就此分崩离析。我见到过很多这样的情形，兄弟姐妹之间为争夺遗产争吵不休，最后相互之间成了敌人，甚至最牢固的家庭关系也在本该是悲伤的气氛中遭受了重创。如果兄弟姐妹之间关系本来就面和心不和，父母的去世会让这一关系彻底瓦解。很显然，你想要化解家庭成员间的这种矛盾，保持你与亲人的关系。

这个问题没有单一的解决办法，但是有一些做法对于保持家庭成员的克制和友善很有效果。

首先，执行人或受托人应该告知每个家庭成员发生了什么事。如果这个角色是你，你绝不能提供太多的信息，而是制作一份邮件清单，规律地更新关于财产继承的进度。一周做一个简单的小结，这样你的兄弟姐妹和其他亲戚知道他们该期待什么。即使从你上次最后一封邮件以来没有什么变化，还是要定期发信告知每一个人。强调一下，这其中的错误就在于提供了太多的信息或忘记更新最新进展。财产继承人通常对于该做什么没有主意，而缺乏相关的知识会让他们感到紧张和心里没着落。这个过程中，每一步都让他们精准地知道发生了什么比较好。

知名度不高但却非常重要的保险类型

如果你是一大笔遗产的执行人，认为某个或某几个遗产受益人会和你对财产的处理决定发生争论，可以考虑购买受托人过失和疏忽保险，以在针对你的索赔中保护自己。

其次，兄弟姐妹间吵架发生的一个共同原因是：他们中有人从父母的家中拿走了寄托着家庭成员情感的某些物品。例如，某个继承人拿走了精美的瓷器、纯银的餐具、油画或其他物品，这些物品十分贵重，但更贵重的是它们承载的情感价值。在这个阶段，你要注意防止任何人拿走任何物品。作为遗嘱执行人，发送短信给家庭成员，问问他们具体喜欢遗产中的哪些具体的物件。通常，总有些东西对某个家庭成员来说有特殊的情感价值，但对其他人来说则没有。如果有好几个人共同喜欢某件物品，让他们商量出一个大家都可以接受的方案来——也许他们会以以物易物的方式互相交换。目标就是想出方法来公平分配物品，解决纠纷。

另一个争吵的原因就是某人觉得自己没有公平地得到遗产。例如，姐姐对细瓷器和纯银餐具都一种特殊的感情，这两样东西价值25000美元，但是弟弟只想要一个22毫米口径步枪，价值250美元，这在价值上不公平。在这种情况下，需要有额外的资产或现金来补偿弟弟。

最理想的是，父母在生前就同家庭成员谈好，或者在他们的遗嘱中指定哪些物品属于某人。如果父母没有这么做，你就要尽最大的努力拟定一个公平合理的分配方案。在这个方案下，每个人都知道该怎么做，这样，也就没有人怀疑你以权谋私了。

问：把非流动性资产分配给继承人的最好办法是什么？

答：最容易划分的是那些由现金、股票、债券和共同基金组成的财产，因为你只需要简单地把它们均分成若干份就行了。然而，大多数财产不是这么直截了当就可以分配的。通常，有多位继承人存在，而非流动性资产诸如房子、土地、公寓大楼，或者是一家企业就很难分配。把200万美元的投资分成三份很容易，但你怎样均分一处商业租赁房产？

如果继承人一致同意，那么卖掉资产分配收益是最可行的。尤其是当继承人众多，而资产形式为跨州房地产的时候，这么做最为合理。

然而通常情况下，并非所有所有人都同意按照应该做的道理行事。例如，如果家庭有一处度假房地产，某个家庭成员对它情有独钟，依依不舍，那么该怎么办？或者说，兄弟姐妹中两人赞成出售，一人反对出售该怎么办？比较可行的办法是交换财产。即有的成员拿现金，有的成员拿非流动性资产。例如，想要保留度假房地产的拿到了房子，而按照等值的原则，其他成员应拿到一些现金。

强调一下，最好的分配前提是继承人之间达成某种共识。继承人应该共同开列出多种选项，看看在哪个选项上大家能达成一致。即使有不同意见，也能看到彼此对方案的一致程度有多高。这比某个人单方面作出决定而遭其他人反对的局面要强多了。

监督和分配财产是一件挑战性很强的事。也需要听听你顾问的意见，在此基础上提出合理选项。还可以考虑找一处家庭成员可以聚会的场所，所有的继承人在一起讨论各种选项，这样方便大家共同作出决定。否则，如果通过邮件或电话联系可能要花上几个月的时间才能完成。对于处理大型和复杂度高的遗产，这种方式出奇的好。

问：如果我不需要遗产，我的选项是什么？

答：如果你已经有较多的财产，想把遗产让给其他受益人，你可以考虑放弃。但当你放弃一份礼物或遗产的时候，你不能决定谁拥有它，而是把权利让渡给了其他受益人。为什么不能接受了遗产然后再把它赠送给下一个受益人呢？比起接受了遗产后再转交给其他受益人，放弃更容易做，而且不牵涉缴税事宜。

美国国家税务局有明确规定，你可以按照规定放弃财产，包括书写放弃声明。放弃程序应该在留下财产的死者去世后九个月内完成，以确认你没有收到任何你声明放弃的财物。

不要盲目地接受遗产，但也要同你的顾问商量一下：放弃财产是不是更明智的做法。

问：如果我接受了遗产，不会缴很多税吧？

答：一般来说，遗产受益人会缴很少一些所得税。然而，其中房地产要缴房地产税，这会减少继承人得到遗产的财产数量。此外，如果死者有没缴纳所得税，还要从遗产中扣除追缴的这部分。

小心提防50%的税！

如果你继承了一个退休账户，但没有从这账户中收到最低限度的分配，你可能是遭遇了你应该支取数量的平均50%的惩罚性税收。别让这个技术性的失误造成不必要税费损失。同你的财务顾问和会计师磋商，以确保你每年至少领取到最低限度的钱，而不必缴这冤枉的税。

资本利得税是根据对你买进资产和卖出资产之间溢出价值的评估而征收的税收。例如，如果你的母亲30年前买的房子花了10万美元，而如今，这所房子的价值达到了300万，意味着其中的价差达到290万。如果你继承了这所房子，国家税务局就会让你从你母亲去世那天开始提高基础的纳税金额。如果你立即转手以300万卖出这所房子，你就不得不缴纳资本利得税。同你的顾问商量，以确保你能从财产继承中得到最大的收益。

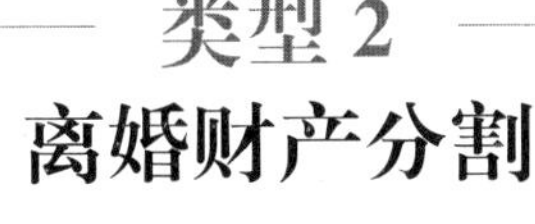

类型 2
离婚财产分割

确保财产安全。

离婚这件事戳到了我的痛处。我才 6 岁的时候，父母离婚。由母亲抚养我们兄弟姐妹 5 个人。我们的生活和家庭经济状况一夜之间被改变了。我亲身体会到了没有正确指导和规划的生活是怎样的。由于我个人经历的原因，我非常愿意帮助那些正在离婚或已经离婚了的女人。

离婚能够带来恐惧和不确定性。不管一对夫妇是多么富有，离婚通常也会让他们对自己未来的财务情况忧心忡忡。如果你正准备离婚，或处于犹豫不决之中，或已经办完了离婚手续，你需要立即明白你拥有什么，你新生活的经济基础如何。

当我每次讲到离婚是某种形式的意外财富时，人们通常会感到惊讶。因为财产被劈成了两半，还要付律师费，所以离婚通常会为双方带来经济损失。家被拆散了，经济状况被推到了最低点——一个普遍的预测认为离婚就是某种形式的破产。从我当年一个孩子的角度来看，家里的生活受父母离婚影响巨大。家里的经济情况本来就不宽裕，父母离婚后更是雪上加霜，所以不可能还有意外之财降临在我们头上。然而，对那些家财万贯的家庭来说，离婚可能造成如同许多意外财富事件一样的结果。

对于那些理财经验丰富、同财务顾问关系密切的配偶们来说，财产的变动和转移是一件不费劲的事。但对那些自己没有稳定职业或者没有请顾问管理财务的配偶来说，突然涌入的财富和责任让他们感觉和获得意外财富完全一样。虽然这些财富在他们离婚前就一直存在着的，但是他们没有亲自打理过，所以会感觉困惑、不知所措。这些都是很典型的意外财富得主体验到的共同点。同那些来自诉讼、彩票中奖或遗产继承的财富一样，意外财富 12 条原则同样适用于离婚财产。

问："无关配偶"是什么意思？

答：这个词通常被使用于《家庭法》和离婚法律师。有时候当一对夫妇闹着离婚时，双方此前都通过婚姻关系卷入了财务决策。也许，有一方忙于付账，并同会计师一起处理税务，而另一方管理用于投资的资产和保险事务。他们还可能一起同他们的律师、投资顾问和会计师开会，讨论工作。在这种情况下，双方都分担着许多法务、税务和财务方面的责任。如果这对夫妇离婚了，他们双方对于接管前配偶过去承担的工作不会有什么担忧或不确定感。

但是当配偶中的一方单独与专业人员联系，负责付款、投资和全部的财务、法务和税务方面的事宜，而另一方什么也没有参与时，这种情况下会发生什么？负责操持这一切的配偶被叫做"相关配偶"。他们与顾问保持关系，有自信、有能力接管自己的财务。

"无关配偶"自然就是另一半——同顾问们没有联系、也不为家庭财务操心的配偶。也许在婚前他们也做过这些事，但是多年不用考虑这些事，让他们感觉与这些事"无关"了。尽管如此，"无关配偶们”也完全能够重新学习相关的操作技能，发展相关的关系。而一些遭受离婚打击的这部分配偶，通常需要一段时间才能从萎靡的精神状态中恢复和振作起来。通常，他们不知道什么人是可以信任的，哪一个律师更适合他们，哪个财务顾问会真心诚意地为雇主的利益而竭尽全力。离婚期间和这以后，你想让你周围都是你认识和信得过的人，只有“相关配偶”能够做到这点，但是“无关配偶”只能从头开始建立自己的人际关系网。而这需要花些时间，也正因为如此造成了后者的焦虑。

协议离婚财产损失较小

在大吵大闹和持久的离婚诉讼中，不说上百万，也总得有成千上万的钱用来支付律师费。所以我们通常说离婚案子中只有律师是赢家。不过也有其他形式的离婚方式能够降低昂贵的费用，并使其更友好、更快捷地解决。建议可以考虑协议离婚和仲裁离婚的形式。比起传统的诉讼离婚，这样的离婚方式更高效，花费也相对更低。

问：我特别担心离婚后我的经济状态会是什么样的。我怎么才能明明白白地看到这一点？

答：离婚会让你身心俱疲。你和前配偶间的争吵，同律师频繁的电话沟通，协商孩子的监管问题，你今后居住在哪里，你的新生活会是什么样……这些几乎永远是离婚背后存在的不确定感或恐惧感。不管你们这对夫妻多么有钱，双方还是会为未来的经济状况而夜不能寐。

对一个专门为“无关配偶”服务的离婚财务顾问来说，出现下面三个担心是最普遍的事。尽管如此，一定程度的担心和恐惧是可以预见的，只要采用一些正确的做法和策略，这三个普遍性的离婚担忧便能得到消除，并帮助“无关配偶”感觉更自信，更有安全感。

1. **担忧财产分割不公平**。如果你们的财产很简单，财产的分配比较容易做到公平。但是如果你们的财产很复杂（例如多处房产、雇主股票、少数人持股的企业、非流动性投资、独立财产），这个过程会变得非常困难。解决的办法是回答以下两个问题：我们拥有什么？我所拥有的财产的价值如何？如果你担心对方对财产有所隐匿，那就同你的律师商量，考虑雇一个秘密调查员。根据财产调查，有助于揭开没有公开的财产秘密。这是一个已经成熟的、专门针对隐匿财产的行业。家庭财产评估公司或其他私人持股公司的工作就是专门针对在离婚环境中的不客观操作行为的。

2. **担忧不知道自己得到多少财产**。这是一个很普遍的恐惧，不过这种担心完全是正常的！在一桩离婚财产分割中，很容易在细节方面有所遗漏，或者是挂一漏万，捡起了芝麻忽略了西瓜。对会成为离婚后财产保持高度关注是非常紧要的事：你要知道你们有多少财产，还有你得到了多少；你将从哪些方面得到你应得的财产。例如，分配一套价值60万的房产或分配你们在银行的60万现金，或者是分配你前配偶的企业里价值60万的股票。弄清楚你们的财产才能让你摆脱恐惧。在离婚完成前就要找一位财务顾问，这样你就能确定你不久能收到公平的份额，而且不用担心你分到非流动性资产而你的前配偶却分得现金。

3. **担忧自己未来的生活方式会发生什么变化**。这归根结底是担心现金流动。工资收入和投资收入在扣除了老人赡养费、孩子供养费和基本的生活开销后，还会剩下多少？房贷我还付得起吗？这些都是在离婚即将成为现实时一想到就让人坐卧不宁的现实问题。为了消除这些担心，请财务顾问向你提供一份有关婚后收入和花销的预测报告，这样你可以迅速看到自己的财务情况将怎样影响你的生活水准。只是告诉顾问要把离婚后所有花销的因素都考虑进去，诸如健康保险、租金和车贷等。

当面临离婚这样的大事，从担心到激动，从激动到愤怒，从愤怒到最后还算满意的解决，经历大范围的情感起伏变化十分普遍和自然。因为对财务方面的事务缺乏悟性或者是缺乏管理财务的经验，对“无关配偶”来说，认为金钱充满恐惧和不确定性是太普通的事了。但是经过一些优秀人才的帮助和导引，你会逐渐对自己的未来和财务情况感到宽慰和有信心。

问：在离婚中我应该做些什么以便立即应对婚姻变化后的情况？

答：如果你正在经历或已经经历了离婚的过程，确信你做好准备或立即更新下面提到的这些文件。

1. **遗嘱/财产计划**。你过去的遗嘱和财产计划自始至终反映出的是你和前配偶处于婚姻状态时的意志。你应该更新内容以体现出你新的意图。

2. **委托律师/指令**。除了你的生后遗嘱，你还应该更新你的生前遗嘱，签订授权律师的文件和其他类似的文书。

3. **契约/署名**。可能你已经把你的财产文件改换成了你的名字，但是要逐一核实你的所有财产文件是否确凿地体现了你的名字的唯一性。

4. **受益人指定**。在个人退休、特殊退休储蓄计划、人寿保险、养老金和其他账户上修改指定的受益人。

5. **各类账户**。别忘了更新你的信用卡、经纪账户、银行账户、汽车与住房保险、驾驶证以及其他文件。

自我保护

离婚充满了压抑和情感，并带给我们最坏的情形。在离婚过程中或离婚后，寻求来自家庭成员和朋友或者新的生活伴侣的安慰和支持是非常自然和普遍的事。但是在此过程中，行事不要冲动，因为你此时很容易被人所利用。不要借钱给新的生活伴侣，不要投资他开办的公司或经手的项目上，或者与其开设共同账户。面临财务方面的决策时，请与你的财务顾问商量。

问：我丈夫有他自己的企业。在离婚过程中我应该注意哪些问题？

答：离婚一方持股的企业才是离婚中财产分割时真正的面临挑战。这样的企业很难被估价，因为它完全被你的丈夫操纵着。这种情况的发生非常普遍：一家运转得很好、每年都产生大量利润的企业，自打你们开始闹离婚后，突然就不可思议地出现了经营困难的局面，而企业出现了这样的意外低迷的情况也不在违法之列。但是根据我的经验，这一局面十有八九是虚构的。因为配偶中的一方想通过这样的手段破坏企业资产的估值，这样他在财产分割中就会独占便宜。

如果你的配偶运营的这家企业的赢利构成了你们收入的大部分，你就应该去找一个专家调查这家企业。法务会计师可以从企业的账簿中分析出它每年赢利多少、利润都到哪里去了，还能够从蛛丝马迹中发现欺诈和其他种种不规范的做法来。然而，通常仅有一个法务会计师还不够，因为有数不胜数的方法可以被企业主或经营者用来藏匿财产或延缓收入，包括故意推高成本开支。例如，一家年净利润100万美元的企业只要做点手脚，就能够轻易地在下一年里变成亏损。

私人持股公司在工资水平、雇员的额外津贴和费用方面有相当大的自由度。此外，企业主或经营者可能还有潜在的新的应收账款，或其他可以极大增加企业价值的商机，而这些都不大可能被“无关配偶”、估值专家或法务会计师所知晓。

问：要想不被利用，并从我们的企业中收到最大价值，我的选项有哪些？

答：如果你们有私人持股的企业，有以下几个可选项。首先，你可以建议共同所有权。它适用于这种情况：这家企业是你们婚内的主要资产，但它不适于由一个配偶从另一方手上买走另一半所有权。其次，两人能够继续共同经营这家企业。如果配偶双方即使离婚仍然比较友善，而且都在企业里担当一定角色的话，这样的选项是最好的。

此外，你可以把你的股权卖给出价最高的竞标人。在这种方案中，“相关配偶”和“无关配偶”双方的利益是一致的——他们都想从企业获得最大利益。配偶中原来极力贬低企业价值的一方现在也摇身一变，转而力挺把企业的价值推到最高。

问：离婚后，我需要做的主要决策有哪些？

答：一旦你找到一个优秀的顾问，并把你的收入和开销情况交代清楚后，剩下的基本上没你什么事了。如你在意外财富原则2中所读到的，人们在压力或情绪控制状态下很难作出正确的、事关长期的决定。在吵着离婚期间，人们普遍倍感压力和情感压抑，很少有人能够例外。在这样的状态下，让自己的行为慢下来，并且不做任何不是必须做的决定。你随后将有大量的时间去考虑“到哪里去居住”“能买得起什么物件”这样的事。别仓促间作出一个重大错误决定，例如买一所房子。如果没有地方住，可以租房住一段时间。离婚确实会带来心理上的不确定感，许多人急急忙忙地买房子，只是想通过购买一处房子来获得内心的稳定感。如果过渡时间不是很长，那么最佳选择是租住几个月时间而不是买房。调整自己的心态以面对新的生活局面，这样你才能够作出明智、理性的决定，而不被情绪所绑架。

例如，你不难看到这样的情况：一个刚离婚的人冲动地跑去买了一辆跑车或者一套海滨公寓房。刚开始这听起来很酷，但是随着激动海潮的退去，他们通常会发现自己的选择是很不实际的。

问：在离婚前我应该假定自己的花销处于怎样的水平吗？

答：每个人都可以有自己的想法。但是我发现，某些人的花销经常在一些方面出现戏剧性的增长，诸如娱乐、餐馆就餐和旅游，还有能提高他们颜值或者提升个人良好感觉的方面，诸如私人教练、面部护理、头发造型、时髦服装，甚至整容手术。当你同你的财务顾问一起商量时，要把这些方面考虑进去，以确定你的支付能否支持。

问：我发现自己的消费比离婚以前多，这样有什么不对劲儿吗？

答：这种情况很普遍。只要你能花得起，没什么不对劲儿的。但如果实际上你的经济情况不能提供这样的支持，这样的花销就会危害你的财务健康。我观察到不少离婚者把大肆购物当作一种治疗方式。因为购物可以分散他们对痛苦的注意力，并且带来一种诱导快乐的神经递质。情感性的消费不大可能让这种效应长期持续下去，尤其是你的经济能力并不能支持这种行为。如果你的经济状况不佳，你还可能没法延续你离婚前的生活水平。多年享受较高水准的生活方式后，迅速把你的预算调整到同以前一样是有困难的。如果你发现自己过度消费却又没有办法加以控制，请阅读意外财富原则 4、9 和 12。

问：离婚后，我发现自己在孩子身上花费较多。这种情形普遍吗？

答：是的。许多人对他们的离婚给孩子带来的影响心存内疚，所以会大量地给孩子买礼物。他们想通过这样的方式减少孩子受到的伤害，这是很自然的，但是物质方面的过多满足并无助于你和你孩子的情况改善。如果你的孩子情绪低落、郁郁寡欢，与其给他或她买大量的东西，不如考虑用那笔买东西的钱去经历一次难忘的活动体验或是做家庭心理治疗。

问：我得到了原配偶给的补偿款和孩子抚养费。这里面有哪些问题我应该重视？

答：配偶赡养和孩子抚养中最大、最有待处理的问题是：一旦当原配偶提供的这些经济补偿停止，而你什么准备都没做。你会为每月收到的支票而略感宽慰，但是当这笔钱到期不再支付的时候，会不会对你构成打击？要从这笔钱中每月省下一定的数额，这样当补偿费用终止后你还可以维持你的生活方式水准。一如既往地和你的财务顾问制订相关计划。只要有了准备，你就不会在情况突变后惊慌失措了。

不要勉强接受蕨类植物

蕨类植物需要很多水，而仙人掌不需要。一些资产需要数量不菲的费用来维护，而有的资产不需要。例如，玛莎拉蒂汽车需要很高的保险和保养费用，分割财产时最好让给你的原配偶，而你分到不会按月、按年收取费用的资产。不要仅仅从价值上去看待资产，还要考虑其持续产生的费用成本，这样才能避免分到“蕨类植物”。

问：我正准备离婚，需要了解哪些问题？

答：你要考虑下列问题：

1. **对所有的记录文件做个备份**。如果可能，在你离婚前，对所有记录文件诸如税务申报单、银行对账单、佣金报告、退休储蓄计划、贷款文件、信用卡报告和保险等都进行备份。如果有疑问，留一份复印件。这些文件在离婚判决中十分重要。而一旦进入离婚阶段，这些文件你并不容易接触得到。

2. **撤销共同的信用账户**。如果你们有共同的信用卡或信贷额度，把它们都撤销了吧。如果有余额，把账户冻结了并通知相关机构这些账户不允许重开或者增加信贷额度。

3. **申请一份信用报告**。办理这项服务有两个目的：第一，你想要知道自己是否有任何信用问题以免妨碍你租一套房或买一所房子；第二，报告可以列出你不知道的账目，而这是你需要关闭或冻结的账户。

4. **得到最新的信用和贷款申请**。信用和贷款申请（诸如抵押贷款或再贷款）通常有账目的完整列表及其价值。这能成为有价值的信息，尤其是如果你的配偶想要藏匿资产的话。

5. **开办新的银行或信用卡账户**。以你的名义开办一个银行账户或信用卡账户直到离婚完成，这可能是非常重要的一环。

问：我的配偶提议按照各占一半的比例来平均分割财产，我应该接受吗？

答：并非所有资产都是均等创建的。如果你得到500万，你的配偶得到500万，这公平吗？也许公平，也许不公平。例如，当你分到一笔500万的401（K）的时候，而你的配偶分到500万的应纳税投资账户，这就不是一个平等的分配。为什么？因为你从401（K）

提款的时候就必须缴纳所得税。所以，当你的前配偶分到税后的 500 万资产，而你的 500 万 401（K）扣除税收后可能只有 300 万！这是一个非常明显的例子。同你的财务顾问和和家庭律师密切磋商，如果需要的话，雇一个估价专家。最后，别仅仅看离婚时资产的价值，要根据每一个资产预期的增长率，得到一个更为清晰的资产真实价值的图景。

类型 3
彩票中奖

做正确的决策。

彩票中奖是一件让人疯狂的事。如果你中奖了，祝贺你！你可能已经意识到，随着情绪的冲动和肾上腺素的升高，你来不及做任何准备以应对这个局面。赢得一个大额的奖项，是一个人一生中可能遭遇的最为激动的事件。这一天本来和寻常日子没有什么不同，但是等到晚上睡觉的时候，他们的生活被永远地改变了。如果你刚刚中奖，你会感到有一丝焦虑掺杂在亢奋中，因为这其中有许多法务、税务和财务方面的决定需要你必须立即作出。

12 条意外财富原则为你提供一个牢固的基础，这一章将着重讲述一些你应该探索的主要观点和你作为一个彩票中奖者可能面临的挑战。

领取奖金之前

如果你还没有领取奖金，你应该做一些保护自己的事。

问：我是一个彩票中奖者，但是我还没有拿到奖金。我首先应该做什么？

答：给你买彩票的那个州的彩票委员会打电话（不要告诉他们你的姓名），问问他们是否需要你在彩票背后签字。如果回答是肯定的，迅速用签字笔签字。我还建议你对手持中奖彩票拍张照片或是做个录像。如果有什么难以预见的事发生了，这个做法有助于证明你才是真正的中奖者。

什么时候你不应该在彩票上签字？

如果你有信用问题或正在经历一场诉讼或离婚，把彩票拍照后储存在银行的保险柜里，但此时不要在彩票上签字。这是合法地保护你的中奖资金的策略。同财产保护律师商量何种选择对你更有利。

问：我应该怎样处理彩票？

答：首先要保证它的安全，一定要放在保险箱里！一旦你在彩票背后签了字，到当地银行租一个安全保险箱。告诉家庭成员彩票放哪里了，但是不要给任何人以开启保险箱的授权。

问：谁能帮助我？

答：时间紧迫。根据彩票发行机构和你购买彩票所在州的规定，你必须在有限的时间内领取奖金，通常甚至没有充分时间供你仔细考虑是一次性领取总额还是作为年金发放。如果你选择了以年金方式领取，从抽奖到发放奖金有180天的时间；而如果你要一次性领取，这个过程只有60天的时间。读一读意外财富原则3提供的指导方针。你需要一个律师——实际上，你会用到许多律师（例如商务方面的、税收方面的、信托方面的和房地产方面的），但你也不必担心不能一天内把他们找齐。找到一个优秀的律师引导你进入初始阶段，他会在需要时把其他律师介绍给你。此外，你还需要一个注册会计师和一个指导过意外财富得主的财务计划师。

问：我该选择一次性总额领取还是以年金方式领取呢？

答：绝大多数彩票都允许中奖者选择一次性总额领取或以年金的形式领取。总额领取就是单一的现金转移，年金则是连续的年度支付。大多数彩票中奖者会选择一次性领取，他们要想尽快得到全部的现金。这一选择的主要好处在于：在短时间内得到全部的货币资产。然而这个选择也有弊端。

首先，如果你的奖金少于1000万，而你选择了年金领取的方式，那你在税金缴纳方面就要比一次性总额领取合算得多。为什么？彩票奖金税是你领到奖金当年必须缴纳所得税的一个税种。如果你一次性领取总额，全部1000万都要按照当年的所得税范围被征税。然而，如果你选择按年金领取，支付过程要长达几十年。例如，如果你没有一次性领取总额1000万，你每年会领到30万。尽管这30万也是要缴纳所得税的，但是你避开了最高额度的联邦所得税征收。

其次，我完全相信对于某些有消费倾向又不会去请顾问的人或者某些有家族压力的人，一次性领取奖金总额会给他们带来更多的麻烦。你很少听到有多少做得多好的彩票中奖者，但是你能耳闻目睹到不少人因为一次中奖而毁了他们的财务、人际关系和家庭生活的例子。所以对中奖者来说，与其一次性领取1000万，还不如每年领取几十万年金更好。

年金这种方式通常被中奖者们嘲笑，但是逐年领取奖金很大的一个好处就是，它保证了你的生活不会大起大落。我们都听说过彩票中奖者在短短几年里失去他们全部奖金的故事。而领取年金虽然不能让你暴富，但每年得到一张现金支票会为你提供很多机会，并让你的生活保持在正确轨道上。这就是领取年金的极大好处。但是你很难用年金的这些优点来说服中奖者。结合中奖者对自己中奖的低调态度和财务顾问们对管理大额资产的渴望，你就能明白为什么那么多中奖者选择一次性领取奖金总额。

何种选择对你最有利？在意外财富网上做个测试。如果测试的结果是主张领取年金，把测试结果告诉你的顾问，要求他们据此推荐。年金虽然没有一次性巨额现金支票那么诱人，但是我没有听到有人抱怨每年收到一张支票有什么不好。

总额奖金对比年金

从严格的财务视角看，领取总额奖金和按年金领取哪个更好些？这是一个复杂的税务问题，要依据彩票奖金额的大小、预计所得税率、你获奖时居住在哪个州和获奖后打算居住在哪个州、你打算每年从你的投资组合中取出多少、从你的投资中可以获得的回报率有多大等综合因素而定。所以要同你的财务顾问、税务律师和会计师共同商量决定出哪种选择对你更有利。但是经验法则表明，如果你每年获得的回报率高于3% ~ 4%，那么总额奖金的利益就大于30年间领取的年金。

问：我很担心被媒体盯上。我该怎么做？

答：指定一个主要的计划。在我所居住的州，如果彩票中奖了，你是无处遁形的。只要你去领了奖金，全世界都会知道你的姓名。从各个角落赶来的报纸和电视记者纷纷要求采访你。在你领取奖金前，最好的方法就是准备一个公共关系策略，确定你跟媒体讲些什么，你什么时候接受他们的采访，你是自己做发言还是请什么人代替你接受采访，等等。

被电视镜头锁定，遭受一个接一个问题的轮番轰炸……这种阵势会让中奖人感到紧张和害怕。“尽管是在自己家里，我还是感到像是被围攻了似的。”一个中奖者抱怨说，“我觉得自己的家变成了一监狱一样，让人害怕得直想逃。”

你可以让你的某个顾问，诸如你的律师或是财务顾问来扮演你的发言人角色。在某些情形尤其是获得高额彩票奖金，并被全国性的媒体盯上的时候，考虑请一个临时的公关公司来帮你控制局面。

怎样避免年金被吃光花尽？

通常彩票中奖人很快就适应了新的生活方式。但是当他们的生活方式和年金的支票捆在一起时，很重要的一点是做好年金支付到期停止后的计划准备。例如，如果你已习惯于花光80万的年金支票的话，你需要有应对每年80万年金支付完以后局面的计划。同你的财务顾问商量，每年从年金中留出一部分用于储蓄或是投资。这样，当你的年金领取期满后，你已经积攒了足够的钱，以便让自己保持原有的生活水准。

问：我怎样才能保持匿名？

答：如果你认为赢得强力球彩票很困难，那你就试试保持匿名吧！尽管保持匿名非常困难，但也并非不可能。不过，首先问问你为什么想保持匿名？为什么不愿把纸板支票举得高高地面对成千上万的电视观众？如果你总是愿意出风头，这可是个实实在在的机会。尤其当你获得大额奖金的时候，来自各地的记者将蜂拥而至，拍下你的照片并采访你。他们会密集地赞扬你，祝贺你，然后刨根问底地想知道关于你的一切和你将会怎样使用这些钱。对一些人来说，赢得强力球彩票后发生的这一切就像中奖本身一样让人觉得激动和有趣。但对大多数人来说，这个过程让他们担惊受怕，并导致焦虑的产生。

你应该改名吗？

为了匿名的需要，先改了名字，待领了奖金后再改回来，这样做可能吗？可能不行。如你所能想象的一样，当你声称自己中奖了，彩票管理委员会就需要你完成各种各样的文件，包括一份不能以其他人名字签字的宣誓书。因为彩票管理委员会是由州政府管理的，所有这些文件都是属于《信息自由法案》要求的，因而是可以对公众开放的。不过改名这个策略也并非完全没有可能性，但像其他问题一样，你需要一个好的团队或顾问的参与。

当你拥有很多资产的时候，你可能变成来自亲戚、朋友甚至八竿子都打不着的陌生人的诉讼、骚扰或请求帮助的目标。管理强力球彩票的多州彩票管理委员会清楚地申明，如果你是在下述五个州内购买的彩票，你拥有改名的法律权利：

1. 特拉华州；
2. 堪萨斯州；
3. 马里兰州；
4. 北达科他州；
5. 俄亥俄州。

问：如果我买彩票中奖的州不允许保留匿名权，我应该怎么做以保护自己的隐私？

答：如果你想保持匿名，但你买彩票所在的州不在上述五个州内，这件事情就不大好办了。

问：我怎么保护我的资产？

答：增加你的超额损失保险。如同我们在意外财富原则 10 中讨论过的一样，你需要创建一个综合性的财产保护计划。你应该在得知中奖的消息后，立即打电话给处理你的房屋和车辆的保险公司，增加超额损失保险。保额取决于多个因素，但是我建议至少 500 万 ~ 1000 万美元才够充足。再说一遍，你需要创建一个综合性的资产保护计划。通过与顾问交谈，他们可以立即为你提供你一些方案。

申领奖金以后

一旦你申领到了彩票奖金，你和你的顾问还有很多事要做。把意外财富 12 条原则细读一遍，同时考虑下面这些额外提示。

问：我需要为我的彩票奖金缴税吗？

答：彩票奖金要缴纳属于联邦所得税的税金，可能还要缴纳属于州一级的所得税，尽管有些州不用缴（例如加利福尼亚、佛罗里达、得克萨斯和华盛顿州）。对彩票奖金在 600 ~ 5000 美元之间的人来说，你将得到一张 W-2G 的表格，向联邦政府的纳税机构报告你的中奖情况。如果你的彩票奖金额超过了 5000 美元，你所在州的税务机构会在你收到总额奖金或年金前扣除 25% 的联邦税收。

例如，如果你的总额奖金是 1 亿美元，将会被自动扣去 2500 万，你账户上收到的会是 7500 万。基于这一点，许多中奖者会想这 7500 万是归他们的。但这个想法错了！为什么？因为他们还欠着很多税没有缴呢！最高等级的联邦所得税是 39.6%，但是自动扣缴税款只收 25%。等到了缴税的时间，他们还得再缴近 15% 的联邦税，也许还有州一级的所得税。

免费的钞票？

你想毫无风险地另外挣一笔钱吗？美国的税收机制是一个“账单到期即付”制度，你需要为你挣得的收入付税。对于那些收入来自工资薪水的人来说，他们的工资会自动被扣除应缴税款的税。但是如果你有租赁收入、利息或其他来源的收入，这里的税收就不是自动扣款了，你需要预估每季度应缴的税金。当你赢得了彩票，25% 只是自动扣款涉及的税收，你可能还欠着另外一大笔税金呢。幸运的是，预估税有破例的情况。如果当年自动扣缴的税款达到了上一年的 100%，你就不用缴预估税了。换句话说，如果今年因为彩票中奖自动扣除了你 2500 万税收，你就不需要再缴任何预估税了，除非你去年缴的税超出了这个数。即使你需要缴预估税，也不要提前去缴税，让它在账上继续产生着每年 2% 或 3% 的利息，直到时间到期再去缴。通常这个过程有 16 个月长呢。

问：我很担心我家庭的安全。我能做什么？

答：如果你的彩票中奖是高度公开的，那你现在就已经变成了他人的目标。随后不仅可能有针对你的诉讼，只怕还有比这更严重的。所以，你至少应该为你的家安装一套安保系统。如果你赢的是高额头奖，还应该考虑至少在申领了奖金的第一二周当你成为了公众关注的焦点时，为你的家庭雇一个全天候的安保服务。每天的费用是从 250 ~ 1500 元不等。当然并不是每个中奖者都需要，但当你有可能受到威胁时，为求心安付出这点成本还是很值的。

问：我应该注意哪些问题以来保护自己和亲人？

答：考虑对绑架和勒索的防护。成为绑架和勒索牺牲品的可能性有些遥远了，但是你的彩票中奖会让你长期面临不安全因素。如果你周游世界，考虑买一份绑架和勒索的保险可能是非常明智的。这些事不可能发生在每个人身上，但是如果你到那些高风险国家旅游，我强烈建议你要有这些保险。

此外，你的资产计划中应该包括这样一份遗嘱，要求任何资产不要放入生前信托中，这样在你离世时资产会自动注入信托产品中。这是一份重要文件，因为如果你一生置办的资产（例如房子、汽车、艺术品、投资财产）没有放进信托产品中，它们就会属于遗嘱认证的范围。

虽然媒体喜欢关注从穷到富的故事，但真正收视率很高的却是从富变穷的故事。这其中有很多是彩票中奖者失去全部奖金的故事，但是更多的是成功地掌控了这个令人激动但让人倍感压力过程的故事。坚持意外财富的 12 条原则，你也能成为成功故事的主角。

类型 4
诉讼获赔

掌控问题。

当某些人听说我专门为得到意外之财的人工作，他们通常很激动并认为这样的工作一定很有趣，帮助彩票中奖者、职业运动员和演员们规划他们的生活、买房子、资助朋友……所有这些事都是我们梦到自己变富了以后打算做的，而他们却在现实中做到了。帮助这些人打造更好的生活可能是令人激动和回报不低的，但有时获得意外财富并非总是这样可乐。

有些意外财富得主是通过诉讼判决或庭外和解得到意外之财的。这些客户被伤害了两次。第一次是被被告伤害，第二次是被拖拉缓慢、不公正的法律制度所伤害。他们的意外之财不是因为他们赢得奖金或主演了一部电影，而是一次伤害的赔偿金，或是从他们难以忍受的失去事件中得到的补偿。有时候，过错造成的损失永远没法弥补，不管他们得到了多少物质上的补偿。

对诉讼或庭外和解的反应

然而，并非所有的意外财富得主对法庭判决或庭外和解的处理结果的反应都一样。在我的经验里，诉讼的受益人（类似遗产继承人）对赔偿金的反应有三种。

接 受

一些人认为这笔钱是对于伤害的赔付，所以他们接受这笔钱，尽管在他们心里因伤害造成的强烈情感仍然挥之不去。他们不是把这种感情和金钱做交易，而是认为“伤害是伤害，钱是钱”，不要把怨恨加之于金钱上面。事件的处理结果没有破坏他们的恢复或减轻他们的伤痛，但更重要的是，金钱没有造成额外的伤痛或内疚感。

接受金钱通常是对于财务解决方案最健康的反应。他们能够不带着负面的情绪和内疚感享用赔偿金带来的好处。

抵 触

一些人对赔偿金持抵触态度。他们不忽视这笔钱带来的价值，但它也唤起了他们的愤怒、悲痛或内疚。他们用这笔钱改善自己的生活，但这笔赔偿金在他们心里总像是一笔贿赂款。让他们把钱和伤害分开有点勉为其难。用这笔钱买的新房子让他们立即想起了失去的事物或伤害。花着赔偿金或享受着它提供的条件总感觉不太舒服，他们往往是“才下眉头，又上心头”。

时间有助于缓解一些抵触情绪。一些人通过用部分赔偿金做善事来疗伤，诸如支持他们感受强烈和与避免他们受到的伤害有关的公益事业。有些人通过心理医生把钱和伤痛分离开来。

拒 绝

意外财富得主们中对赔偿金的第三种反应是不想和它有任何联系。不论有意还是无意，他们不是尝试着将钱和伤痛分开，而是尝试着将钱和自己分开。他们受到的伤害是如此之深，以致他们认为花这笔钱就像经历缓刑。这种态度导致他们排斥赔偿金，不管不顾地用这笔钱大肆消费，或者用它来做过多的冒险。

如果他们的顾问没有醒悟到正在发生什么事情，可能会认为自己的客户在财务上不精明。其实不是。他们这样做完全是有自己的道理的，但是如果这种情形持续下去，他们会达到自己的目标——花光所有的赔偿金。

如果你对法庭判决或庭外和解有如此强烈的负面情绪，并发现自己花掉或送掉了太多的钱，立即临时冻结你的消费。要求你的财务顾问帮助你创建一套制度以帮助你在消费方面克制自己。然后去寻求心理专家的帮助。你的这种状态不可能在一夜之间就会有根本的好转，但你开始得越早，你对金钱的反应也会转变得越健康，随后你就能正常地用这笔钱来改善自己和周围人的生活了。

负责指导通过诉讼取得财产的意外财富客户，帮助他们在获得赔偿前后掌控无数由他们和他们的律师作出的法律、税务和财务方面决定，这通常是件极大的殊荣。如果你正处在接受法庭判决或庭外和解的过程中或者已经收到了赔偿，按照意外的财富的12条原则，考虑下面的问题。

问：我卷入了一场诉讼中，有可能收到一大笔钱。我应该怎么做？

答：做好这样的思想准备：你可能赢不了这场官司。每一个人都认为自己该赢，但情况并非如此。甚至有不少看来很有希望的案子，结果却败了。即使你的律师告诉你这桩案子赢的希望是十拿九稳。或者真的赢了，但你收到的判决数额未必有你希望的那么高。

你面临的主要危险是如果你把过重的砝码压在了自己能赢的这

边，你可能会预先开始保护自己的生命和财务。我看到过不少这样的情形，那些期待自己能赢得一大笔判决的人，已经计划好了辞去他们的工作或者不再做全职工作。他们不是买车、外出旅游、买新房子，就是慷慨地给其他人以金钱方面的资助，而不管他们的财力能否支撑。

希望最好的结局，尽最大的力量争取胜利，但不要现阶段就改变自己的生活水准或开销。而要像过去一样努力地工作，继续刻苦地学习，保持原来的开销，为退休节约每一美元。总之，把你的生活建立在有可能赢不了官司的可能性上。

问：我的律师说案子可能几个月后就要判下来了。我该做些什么？

答：什么都别做。期待着你的案子，即使最终你会赢，也要做好准备：结案的时间有可能是你预计时间的五倍。我的客户中有人用了数年时间，眼巴巴地盼着一场胜利的结局。我似乎还没有听到过某个客户或律师说他们的案子快得让他们感到吃惊。每一个案子都是不同的，但是通过审讯和上诉，等上几年的时间才收到判决的钱已是司空见惯的事。别光想着冲刺，想想马拉松吧！

问：我刚刚递上了我的诉状。我应该预期什么？

答：要有思想准备，这个过程极其漫长，而且司法制度并不总是那么合理。诉讼过程断断续续的，光开庭审判就要伴随几个月的等待。头天你还充满了希望，第二天就可以让你绝望得无路可走。这个过程就像是情感过山车。你和你的律师几个小时前还确信你们必胜，等一开庭宣判，你们却败了！同其他形式的意外财富不同，诉讼判决充满了大量的不确定性，你可能得不到判决的财富。

诉讼过程不仅仅慢，而且充满了攻击性。你可能会被要求坐在那里经历一场极其困难的作证。也许你的朋友和家人也会到场。你的私人生活也可能被袒露无遗。尽管你是受害者，但却会让你感到自己扮演了被审问的角色。

即使你是一个最坚强的人，这个过程也能让你精疲力竭。重要的是，你要明白自己要去什么地方，这样你就可以“做好上战场的准备”。

问：我怎么才能避免情感的起起伏伏？

答：这是无法避免的。但是你可以减少情感的起伏。当你的律师告诉你案子终于尘埃落定的时候，伴随着一声长叹获得宽慰是自然的，但是先不要激动。在判决的钱趴到了你的账户上之前，你得假定这个案子还要持续三年，而且你可能会败诉。这听起来是令人可怕的悲观情绪，但这是把注意力集中到自己目前的生活上，而不被卷入案情细节的最好方式。

在整个诉讼过程中，你会接到许多阶段性胜利的消息。这个过程中还有法庭取证、法庭审判，甚至也许还有有利于你的即决判决。赢了某个阶段，自然想要庆祝一番。我的忠告是，告诉律师们你已经知道了，不要让欣喜变成一场狂欢或者开始做必赢的白日梦。某次战役的胜利不等于整个战争的胜利。

问：庭外和解和法庭判决取得的钱在税金上有什么不一样？

答：它们的税率都是一样的。

问：庭外和解和法庭判决有什么区别？

答：尽管二者的缴税比例是一样的，但仍然有很大的区别。庭外和解和法庭判决的缴税都依据于“索赔之源”。这意味着它们的税率是根据你所控告的东西。例如，如果你控告你的老板因为歧视而解雇了你，索赔之源是损失的工资，因为工资是全纳税的，从诉讼中赢得的钱也应该作为工资一样纳税，属于所得税和工资税。

对于法庭判决的补偿，你基本上没有多少灵活性可以把钱的名目分配得适合于避税的目的。但是对于庭外和解的赔偿金，你却有很多的灵活性，因为你能够指定部分的赔偿金进入享受税收优惠的领域。例如，在我们上面讨论过的雇佣歧视诉讼中，部分赔偿的钱被归入工资范围，但是其中一些可以被归类为精神损失补偿（作为收入纳税，但不归入雇佣税），还有的作为退休金福利（不纳税）。所以，与其全部的伤害赔偿被征税并属于工资税，不如庭外和解，这样你可以有灵活性地拨出一些伤害赔偿到非工资类别，并削减你的税收。

问：人身伤害和疾病的赔偿金怎么缴税？

答：在国家税务局的免税代码中有具体的规定，在 104 部分，排除了基于人身伤害、疾病或非正常死亡赔偿支付的课税。记下来很重要，然而，你的伤害必须是看得见的。情感伤害等情况不被认定为身体伤害，因此是要征税的。

再说一遍，庭外和解可能更有利。因为庭外和解让你有了更多的控制权和灵活性来分派你的赔偿金。你的律师可以与被告达成一份协议使课税实体化。尽管在审计中联邦税务局不会同意你对赔偿金的分类，但庭外和解协议却能从对你有利的角度达成和解。

问：惩罚性伤害赔偿和补偿性赔偿在缴费上是一样的吗？

答：不一样。补偿性赔偿是免税的，而惩罚性赔偿是全额缴税的。这是我主张你采取庭外和解方式的另一个理由。如果你被车撞了，得到 10 万美元的补偿性赔偿（免税）和 600 万惩罚性赔偿（要缴税）。如果你能和被告方以 300 万美元的数额达成庭外和解，这样对你和对被告方都有利。

问：我有个律师正在帮我打理案子。在缴税问题上她不会不知道怎么做才更有利于我吧？

答：也许会，也许不会。就像医学行业一样，律师行业也是高度专业化的。你的代理律师未必对税收法律有专门的知识。我高度建议你最好请一个税务律师帮你分析一下案子。赔偿的数额越大，这种分析的重要性也就越大。

我的客户们因为在法庭宣判或庭外和解前后作了充分的税务策划，所以实实在在地省下了数千万美元。联邦税加州政府的税再加个人所得税能够超过50%，所以内行的税务策划应该是你最优先的人选。在法庭宣判或庭外和解达成前，有许多的税务策划和机会可以利用，所以接受一个聪明的税务建议永远别嫌太早。在案子刚开始和接近解决阶段时，让你的法庭代理律师和你的税务律师密切加强联系，以期得到后者的宝贵意见。

问：什么是结构化庭外和解？

答：即相对于一次性得到你的赔偿总额，结构化庭外和解的赔偿是逐年以年金的形式提供给你。为什么人们都选择（除非有法庭命令，否则结构化庭外和解是自愿的协议）通过庭外和解逐年得到赔偿而不是立即一次性地得到全部赔偿呢？结构化庭外和解有若干独特的好处。

结构化庭外和解的优势

1. **赔偿金免税**。结构化庭外和解的最大优势是其伤害性赔付免于联邦和州的两级征税，以及替代性最低税。免税的结构化庭外和解只有因为身体伤害、身体疾病或非正常死亡才是有效的。但是确定的伤害诸如个人伤害赔偿已经免税了，结构化庭外和解还有什么好处呢？让我们假设你遭遇了一场车祸，收到了总额为100万美元的和解赔偿，这是免税的。如果你把这100万用于投资，那么股利、利息和所得都是要纳税的。而采用结构性化外和解年金的支付方式，每年支付的每一笔年金包括了你的原始资本（100万）和利息部分。正常情况下，利息也是要征税的，但是在结构化庭外和解中，所有的支付都是免税的。

2. **灵活性**。结构化庭外和解另一大优势是灵活性。如果你得到100万的赔偿，你可以选择全部提走、拒绝或只提走部分。此外，你可以根据需要对这笔钱自由定义。例如，你可以选择现在就开始收取赔付金或者是等到退休后；你可以选择一开始小额支付，以后逐年增加；你可以安排一笔或更多的大额支付以应预计花费之需。例如，你可以要求分成10年支付，每年支付10万元，直到孩子上大学为止。在这一方式中，变化是不受限制的，你可以根据具体需要来自我定义。

3. **安全**。结构化庭外和解赔偿是由保险公司来担保支付的年金。同股票市场上投资不一样，结构化年金支付不受经济形势变化或者利率浮动影响。这能让你感到极大的宽慰：不管发生什么，都不会影响你按时收到现金支票。

4. **简单自保**。类似于彩票中奖者选择总额支付或者年金支付，我相信对于一些花钱大手大脚的人来说，如果没有顾问的帮助，或者没有家庭的压力，总额支付这种选择会带来更多的问题。而较少有机会碰到钱会对你比较有利。比起亲自去管理100万，他们还不如每年管理5万更好。

你的赔偿金全部或部分结构化的较大好处是：它可以每年

提供你一张一年之计的“牌”。由于错误的财务决策，在几年时间内失掉了赔偿金的事情并非罕见。如果每年得到一张年金支票，即使第一年乱花掉了，你还有很多机会改正。这就是结构性年金具有重大意义的优势所在。

5. **促进问题解决**。如果原告和被告在协商解决中立场相距甚远，结构化的和解可以为双方提供一个双赢的局面，并引导问题走向快速和更好的解决方向。

6. 如果赔偿金的接受者过早去世，年金的其他受益人可以继续收到有担保的支付。

结构化庭外和解的不利之处

1. **高度技巧化**。为了保持年金支付的免税性质，在和解协议达成以前，你构建的赔偿金名日很关键。同你的诉讼代理律师、税务律师及和解经纪人保持密切联系十分非常重要。

2. **限制了财务资源**。你构建的判决数字变成了锁起来的年金。在总额支付这一形式中，你拥有了全部和可以自由自在支配的赔偿金；而在年金中的钱，你难以企及。如果你的全部赔偿金被捆绑在了年金上，支付一次大宗开销（例如新车、房子、医疗账单）时你会感到囊中羞涩。

3. **修改很难**。一旦你锁定了结构化支付年金，想在数额和时间安排上作出任何修改——不是不可能，通常也是非常困难的。免税代码 130 节特别陈述了支付安排“既不能被提前，也不能延后；既不能增加，也不能减少”。

4. **低于投资回报率**。你可以用总额赔偿金去投资，以获得较高的长期回报。

5. **兑现的成本很高**。毫无疑问，你在夜间的商业广告中听到过购买结构化支付年金的声音。他们提出“立即可以兑现”。但把你的年金兑现要付出高昂的成本。许多州要求在同意你卖出结构化年金之前还要举行法庭听证会。

问：基于结构化庭外和解的种种利弊，我应该进行结构化庭外和解吗？

答：首先，要看你的庭外和解赔偿金是否能够结构化。除了伤害赔偿外，这里面还有一些例外情况。其次，总体来讲，我不大赞成将全部赔偿金结构化。同你的财务顾问一起商量确定你的即时现金需要和你持续的花销。这样的选项可能比较好，即结构化的资金刚刚超过你基本生活的开销。这样可以确保你总能够保持你的标准开销。然后你把赔偿金的剩余部分以总额的形式领走，投入有潜在高额回报的项目中。要考虑让你的年金部分每年增加一些，以适应通货膨胀造成的生活成本升高。还有，除了同财务顾问一起工作外，你还需要请教结构化赔偿方面的专家。

专业小窍门

人身伤害的受害者面临一个一生中只有一次的决定。他们是应该领取赔偿金总额，还是领取免税的、结构化的、由保险公司担保的赔偿金年金？人身伤害的受害者是“独特的投资者”，他们必须把资本投入有长期收入但不太复杂且稳定的市场中去。这样的独特投资者有机会用一个安全的结构化赔偿金计划来确保他们的未来需要和心理上的安宁。

比尔·威克利　齐若诺娃公司首席策划师

问：我有一个结构化和解赔偿年金，但是我现在需要现金。我该怎么办？

答：不要用你的结构化赔偿金做抵押去借贷，除非你的税务律师或者和解经纪人同意你这么做。你不应该允许自己分配或妨害结构年金，丧失其免税的好处。

你可能是受到了诱惑准备卖掉你的全部或部分年金。如果你要这么做，可要准备好耗费你的时间。这可不像一个商业提议那么迅速和容易。大多数州都需要司法审核来确定年金的持有者没有被利用。此外，如果你卖掉它，还会从价值上损失不小。最理想的是，寻求一个替代的办法。你有其他资金来源可以先借用一下吗？卖掉你的免税的、有保障的年金应该是你穷尽了其他选项后的最后一张牌。

问：我的律师说我付他聘金时应该还有收入税在其中。这是真的吗？

答：让人难过的是，这可能是真的。假设你因一个突发事件而雇了一个律师，并同意将争取到的赔偿金的 40% 作为给他的酬劳。如果你获得的 200 万美元的赔偿金是不上税的，你应该付你的律师 80 万作为作为胜诉费。但是如果你的赔偿金是需要上税的，这就有点问题了。为什么呢？尽管 80 万给了你的律师，但是 200 万是作为你的收入。美国国家税务局可以让你扣除 80 万，但这会受到若干限制，包括可怕的替代性最低税，它可能导致毫无价值的扣除。这样的话，你将以 200 万上税，而且还不得不再付你的律师的 80 万（而你的律师还不得不再为他的这笔收入去上税）！

专业小窍门

追索一笔赔偿通常是一个非常漫长的过程。当事者不可低估了早期和解方案规划的需要。先回答下面的问题：

· 对你身体的恢复所需来说，什么是合理的预期？我可能得到多大一笔数额的赔偿款（扣除了诉讼开销和其他费用后）？

· 哪些可以支持你合理的生活方式？什么是我们的基本需要？我想要买些什么或做些什么？

· 我将怎样支付我的贷款、税金、每月的账单？

· 我应该拥有什么样的持续医疗费用？

· 哪些健康险及其他保险和政府的福利是合理可用的？哪个最值得购买？

· 我该怎样为未来节省预算开支？

· 什么能让我的生活变得更轻松些？

· 信托产品有意义吗？

· 需要拿出一部分赔偿金作为结构化的处理方式来满足我每年的部分需要吗？

· 我需要什么样的专家来帮助自己或家庭？

在诉讼的过程刚一开始时，就要尽早地问自己这些问题。把问题想透彻，确保这些疑惑在思考或咨询中得到澄清，以得到令人满意的答案。

凯伦 · 迈耶斯　小迈耶斯联合公司创办合伙人

问：我担心媒体的关注。我该怎么做？

答：绝大多数诉讼判决和庭外和解都不希望得到关注，但也有些人希望吸引媒体的注意。如果你的诉讼所得数额高度向公众曝光，那你可能已经接到报纸记者打来的电话，在你家前门的草坪上可能已经有电视台的摄影镜头对准了你的家门。如果你认为你的案子判决会成为新闻，那么考虑一个采访计划。确定什么东西、什么事你愿意分享，以及你想什么时候分享。你可以成为自己当发言人，或者请其他人为你做代言人。

你可以请你的律师或者财务顾问来作为你的发言人。在某种情况下，特别是面对案情重大、牵涉面广、为全国性媒体关注的诉讼时，考虑临时雇请公关公司给你做参谋，并帮助你控制局面。

问：我担心我家人的安全，该怎么办呢？

答：如果你的诉讼是高度公开化的，那么你现在已经被别人盯上了。最好在家里安装一套安保系统。如果你赢得重大案件的判决或庭外和解，在你成为媒体的新闻人物和关注焦点的至少头一两个星期，你也可以考虑为家庭雇 24 小时的安保服务。

类型5
股票期权

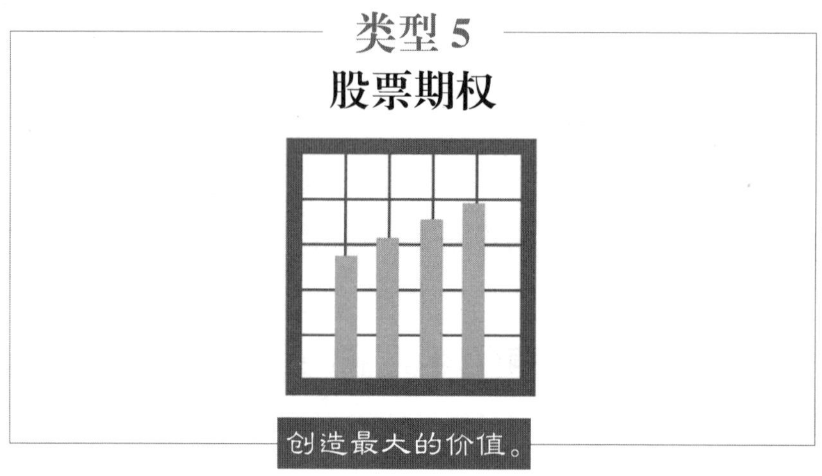

创造最大的价值。

有一个领域需要你全神贯注地关注其细节，并运用恰当的策略和税务知识，这就是股票期权规划。股票期权可以在一夜之间创造出意外财富。一个客户的股票期权能够占到其净资产的80%～90%，但是如果它们没有被投资或使用，那就应该对其做一个大规划。一个简单的疏忽，比如在一个相当长时间内没有运用你的期权，可能损失的价值成千上万甚至更多。由于未被视为所得税等级或替代性最低税，可能让你缴纳比应缴更多的税。如果你有大量财富在股票期权中，有一些懂得税务、法务和财务方面问题的顾问组成的团队非常必要。

股票期权每年创造出许多意外财富获得者。尽管大的技术公司——诸如脸谱和推特——经常获得媒体的关注，但其他上市公司和私人公司每年也会为员工带来了大量的横财。研究显示，2010年美国大约1900万在股份公司就职的雇员拥有公司的股票，930万人持有股票期权。

公司股票期权的危险性

因为针对安然公司的调查，其公司雇员损失了超过10亿美元的退休资产。如果你有太多的财富集中在你的老板手里，应考虑出让或对冲一部分以降低风险。

常见的股票期权错误

股票期权规划可能是复杂的，而且经常充满了错误。我见到过的最普遍和最惊人的错误有以下几个方面。

1. **太集中**。无论你是老板还是董事长，抑或是雇员，你的股票期权能值相当大一笔钱，有时候多得相当于普通雇员100%的净资产。无论何时，你拥有的这么大一笔财富被一个单一形式的资产绑定，尤其是集中一家公司里，你就像是在掷骰子，输赢难料。巨额财富的取得或失去都系在公司经营状况这根头发丝上。所以，从“赌桌上”抽回部分资金是明智的。但在本章你会读到，许多老板和员工却不是这样做的，他们揣着自己的股票随市场的跌宕而上下起伏，而没有对他们的股票作出任何运用。
2. **错过了期权的截止日期**。你的股票期权就像一加仑牛奶：它是有截止日期的。如果你错过了日期，你的“牛奶”就变质了，你的期权将变得一钱不值。把你的期权安排标注在日历上，经常看看，至少一年两次。
3. **使用期权太早**。许多雇员使用他们的期权太早了。研究显示，接近期满时员工卖掉手上的股票期权通常是最好的。此时时间的价值溢价最低。

4. **失掉了你的职位和期权**。如果你辞去工作或是被炒掉会发生什么？如果你从竞争对手那里得到了工作又会发生些什么？变成一个对你的股票期权计划书熟悉的专家（或者通过你的顾问变成专家），这样你就会知道当你解除雇佣关系后会发生什么了。许多雇主会允许雇员在离职90天后使用他们的期权，但是你需要阅读你的计划书以确定这点。如果你认为你会辞去工作或可能被炒，提前做些规划或策略性地使用股票期权可能让自己更有保障。此外，离开你的老板后，别混淆了你的解雇补偿金和你不得不使用期权的时间。检查你的每一个股票期权的时间，因为它们可能有完全不同的时间段。

5. **公司易主影响期权计划**。如果你所在的公司被竞争对手收购了或者你跳槽到了另一家公司，而你还没有使用期权会发生什么？如果一家私募股权公司被收购了，或者你所在的上市公司变成了一家私人股权公司会发生什么？每一个股票期权计划都不一样，所以知道你的期权计划发生了哪些变化是非常重要的。当你得知公司即将易主时，迅速地同你的顾问商量以利用一切可能的机会。

6. **离婚产生的所有权问题**。普遍来说，在共有的财产状态中，婚姻存续期得到和被授予的股票期权被认为是夫妻共有财产。如果虽然得到了期权却还没有授予到期，而此时你们离婚了该怎么办？或者股票期权是在婚前得到的，但是在婚姻存续期间被授予的又该怎么办？或者如果期权是在离婚后被授予但在婚姻存续期间收到了对员工服务的期权奖励该怎么办？你可以看到，这里没有很精准的标准来确定股票期权的所有权或在离婚中被确定价值。关键是你得有一个有才气、对股票期权规划很精通的法律顾问，这样才可以使你避免错误，以达成公平的妥协方案。

7. **预测市场错误**。许多财富的失掉就是因为没有坚守事先计划好的期权使用安排。此外，如果你成功地预测到使用和卖掉公司股票期权的时机，你可能会引起证交会的注意并被盘问内部交易的可能性。

问：最好的员工股票期权策略是什么？

答：不幸的是，这里面没有最好的策略，但是这里有几个步骤，你和你的顾问可以借鉴，以帮助你们确定最好的策略。

首先，了解你的股票期权计划。你可能会感到惊讶：居然没什么人读过他们的老板制订的股票期权计划。你和你的顾问需要知道你的期权怎样授予和期满，你拥有或将收到什么类型的期权，以及如果你退休、离职、变成残疾、去世会发生什么，怎样终止，等等。

接下来，你需要将股票期权规划和你的财务目标（例如退休、大学深造、职业转变）整合起来。尽管考虑股票期权时税金通常构成巨大的推动力，但在决定何时使用、何时卖掉你的股票时，你的财务和生活目标才是最重要的。

怎样避免成为戈登·盖克

当使用和卖出你的股票时千万要小心。如果你在非公开信息平台做交易，可能被美国证券交易委员会视为内幕交易而让你锒铛入狱，并吃上一笔罚款。

你还需要分析你所在公司的经营情况及其股票。同你的财务顾问一起对你所在的公司、公司对手以及整个行业做一个全面综合的分析：

这是一家蒸蒸日上的、靠得住的公司，还是一家勉强维持的公司？是一家处于业内领导地位的公司，还是一家日渐衰落的公司？这样做的目的是通过公司的现实价值确定股票的预期表现。例如，如果公司处在增长模式中，你就应该有一个与应对其衰退的完全不同的规划。

最后，你还需要根据上面所做的研究和分析确定最适宜的使用和卖出计划。

问：我如何判断股票是否太集中于所在的公司了？

答：拥有太多的公司股票不是坏事，但是如果公司不行了呢？在出手前做好预测是重要的。把你的股票投资限制在合理的水平是较好的。第一，确定你目前有多少股票投资，增加全限制股票、公开交易股票、从期权转让来的股票和公司股票到你的401（K）退休福利计划、实值期权和雇员股票拥有计划中。第二，把这些股票和你的总体投资净值（不包括你家里的抵押资产或个人所有）相比较。如果你的公司股票总额超过了10% ~ 15%，同你的财务顾问商量削减你的投资。开始卖掉你的401（K）退休福利计划中的股票和你佣金账户中的股份。如果这么作了仍然觉得投资过多，考虑我们在随后的章节中将要讨论到的对冲策略。

现在纳税是为了以后收益更多

现在的纳税是为了减少以后因为一个83（b）选项的税。如果你在一家刚启动的公司工作，它的股票现在是很便宜的，但是该公司有很好的机会上市或者未来有很好的发展前景，你可以选择在使用时纳税，这样将来其增值后你已经作为资本收益纳过税了，比你苦等到被授予上市交易后的期权价值要高很多。就大多数股票期权规划而言，规则通常是非常复杂的。同你的顾问商量确定83（b）选项是否适合你。

问：除了卖掉公司的股票，还有其他办法限制我的股票投资额吗？

答：有很多对冲策略，你可以和你的顾问一起研究，但是要小心。这些策略可能比较花钱，你需要避开“推定出售规则”，因为这会招致如同你卖掉所有股票的税收。

1. **削减在同行业的股票投资**。如果你拥有大量的你所在公司的股票投资，你可以削减或卖掉同行业其他公司的股票。例如，如果你在一家互联网公司工作，并拥有很多该公司分配的股票，你可以让你的财务顾问削减你投资在其他互联网公司的股票。这个理念就是基于同一行业里的公司表现通常是大同小异。如果你老板的股票跌了，其他公司的股票命运也好不到哪里去。

2. **减少本公司竞争对手的股票**。除了削减与你所在公司同行业的其他公司的股票外，你还可以挑出本公司的2~3家主要竞争对手的股票卖掉。你的财务顾问应该挑出同你所在公司股票变化非常一致的其他竞争公司（也就是高度相关性）的股票。通过这样的方法，如果你所在公司的股票跌了，竞争对手的股票同样也跌了，而你在前者中的损失通过预先出手后者的股票而大体上得到了弥补。

3. **缩减技术指标相同公司的股票**。如果你在一家兴旺的技术公司工作，与其试着卖掉几个竞争对手的股票，不如卖空一个技术指标相同的公司股票或购买反趋向指标的交易型开放式指数基金。策略是相同的——如果你的公司股票走低，你可以想象同行业其他公司的股票也会走低。如果你在本公司的股票中亏了，但是你从卖空技术指标相同的公司股票中赚了。

4. **使用期权**。除了公司发行的私人股票期权外，还有大型公共股票期权市场，在这里你可以买卖看涨或看跌期权。你可以买你公司股票的看跌期权以预防亏损。你可以通过期权组合策略削减你的成本，即你买进看跌期权，卖掉看涨期权。通过卖掉看涨期权，你产生了收入，而这收入至少可以用于抵消部分购买成本。此外，你可以买交易所买卖的长期的看涨期权和使用未使用过的期权作为抵押（你需要得到你老板的批准并参与做这件事）。

5. **使用可变预付远期策略**。如同之前讨论过的，这个对冲策略为我的客户避免了大约4000万美元的损失。这个策略非常复杂，需要你所有的顾问聚在一起共同研究以确认是否对你适用。从根本上来说是这样一个做法：你同意把一个预定的股票份额数目在未来某个时候转让给经纪公司。经纪公司按照这些股票现行价值的75% ~ 90%以现金方式支付给你，即使你不会在数月或者甚至数年内把股票给予经纪公司。如果这些股票走低了，经纪公司自己承担损失；如果股票上涨了，你仍能从中分到一些份额。从事这种结构性的交易，你能够拥有极大的灵活性。

问：什么时候需要尽早使用和卖掉你的股票期权？

答：为什么你想或需要使用或卖掉你的股票期权？这里有许多原因。下面这些情况是最普遍的。

1. **股票太集中了**。再说一遍，如果你拥有超过10% ~ 15%的投资净值在你所就职公司的股票上，你应该考虑尽早卖掉一些，以削减你对公司股票的投资。

2. **公司面临很大的挑战**。如果你不看好公司前景及其股票，你可能需要尽早把公司股票出手。别试图预测市场，别根据内部消息去做交易，但是如果你不再相信你所就职的公司，那么这可能是削减你所有权的最佳时机。我总是这样问客户："如果你不再为公司工作了，还愿意继续持有公司的股票吗？"

3. **减少税金**。使用期权会产生纳税问题。随着时间的消逝，当你使用股票期权时，你可能想要减少被按照较高的等级来纳税的可能性。同你的会计师商量确定一个期权使用的适度的量，以避免使用得太多而被归入下一个纳税等级。

4. **个人原因**。这里有无数的原因促使你想尽早使用期权或把股票卖出去。你可能需要资金来缴付孩子的大学学费，或者涉及一件大宗物品购买的支付。

问：我拥有较大比例的公司股票，这会产生什么问题吗？

答：甚至在安然公司、世界通讯公司、环球电讯公司轰然塌地以及其他无数知名度低一些的公司相继破产后，参加养老金固定型缴款计划的雇员中仍有40%依然被允许向他们老板的股票投资。成千上万的雇员有意无意地把其老板的股票高度集中在他们退休的账户上。事实上，超过1600万雇员的退休账户是由其公司股票的20%以上所组成。

无知是一种解释。许多人纯粹就是不懂怎么办更好，或者只知道他们这样做可以增加股份份额分配，但是确定你的资产分配是否适合你的需要，这不是你的老板应负的责任。不过，说不定让你们保持无知就是你们老板的阴谋，因为雇员购买公司的股票越多，公司股票价格的潜在回报率就越高。

我经常听到这样一种关于投资的说法，说投资就像赌博一样令人恐怖。"当我能够投资于自己熟悉、了解并且通过自己的努力能有助于它变得更好的公司时，干嘛要去投资一家你什么都不知道的公司呢？”这样的想法似乎是合乎逻辑的，但却是错误的，并可能会让你为此付出高昂的代价。理性、智慧的投资不会让人感到害怕，而且非常确定地说这种投资也不是一场赌博。反倒是把过多的股票投资集中于你所在的公司将产生以下四个方面的危险。

1. **缺乏多样化**。投资于个人股一般来说属于坏主意。如果你这样做，你将受制于本可避免的风险，增大了证券投资组合中的大部分资金招致损失的可能性。

2. **屋漏偏遭连阴雨**。如果公司所在行业不景气，就像 21 世纪初期的技术公司和 2008~2009 年的房地产业那样，你可能遭受双重打击。首先，被解雇后你晦气连连；第二，公司的股票表现最可能遭受打击。当你失掉了工作，你可能需要从你的投资账户中开掘生计，但因为投资账户包含了大量的你所在公司的股票，结果你会发现，它们的价值严重缩水了。当你投资公司股票的时候，你太多的生计包括你的收入和你的投资便与公司的成功捆绑在了一起。所以我建议你的投资不仅在你公司之外，而且在你公司的行业以外。

3. **缺乏理性视角**。当你离某个事物太近时，你就容易失去理性思考的能力。是不是所有你的朋友都认为他们的孩子是天才？其实你知道他们天资平平，和普通孩子没什么两样。而当你工作和投资在某家公司的时候，同样的事情也会发生——你在看问题时失去了理性视角，认为你所在的公司很强，而且还颇具创新能力，而实际上它就是一个中不溜甚至偏下的公司。

群体思维也会对你的投资产生影响。换句话说，如果你的老板和你所有的同事都是投资人，当你应该卖出股票的时候，你会感到某种促使你继续投资或持有股票的压力。一个很典型的集体思维的例子发生在安然公司。在1999年12月1日的一次全体员工的大会上，公司副总裁辛迪·奥尔森鼓励员工们投资于安然公司的股票。她是这样讲的：

“我们应该把我们所有的401（K）计划中的资金投进安然公司的股票吗？绝对的！你们这些家伙不同意吗？……我们今年的情况非常好……当然，我们希望在剩下的几周很好地完成利润指标，然后信心满满地进入新的千禧年……如果不犯错误，明年公司的股票每股肯定上涨15~20美元，甚至是25美元！”

4. **认知不协调**。认知失调是当你致力于某事发现它是错误之时所发生的状态。这是一种由两种对立思想引起的心里不舒服的感觉。当这种不一致的状态存在时，我们自然的倾向是不理睬负面的新闻，并增强我们现存的认知。通过化解对立的思想，我们再一次地创造了认识和谐的感觉。

你每天清晨起床后，开车来到公司，然后投入到一整天的工作中。你认为这种行为是非常自然合理的，公司是很不错的，你也在变得杰出，公司提供的服务或是生产的产品能造福社会。如果你投资于公司，你看到的、听到的或阅读到的负面的东西，例如报道你的老板的事，即使是真实的，认识失调理论告诉我们你想要卖掉公司的股票也是非常困难的。因为如果你真的卖了，就等于承认了你为之如此卖命的公司是不值得投资的。你不会根据负面新闻而卖掉公司的股票，而是倾向于认为新闻报道是假的，有偏见的，甚至是捏造的，以此来保持自己认知上的和谐。

类型 6 运动员和艺人合同签约

在一个不确定的世界里创造确定性。

职业运动员或演艺人员真的有法律、税务和财务方面的需要吗？绝对的！其他形式的意外财富一般只有一次（例如遗产、诉讼、彩票），体育和演艺人士在他们的事业过程中可以通过签约获得的奖金、合同付款或者广告费多次得到横财。所以，他们的意外财富需要独特的规划。

在过去多年里，我为众多的运动员、作家、音乐家、导演、制片人和演员提供过服务，深知他们在这些方面有独特的需要。

你去年挣了多少钱？对大多数人来说，这是一个高度个人化、只有配偶、会计师和财务顾问才知道的答案。如果你是一个运动员或明星，我能通过维基百科，要不了 20 秒钟搜索到你的收入。有钱人是诉讼的目标，有钱的名人是更大的诉讼目标。所以同家政服务员和保姆签订隐私协议是非常重要的。

拥有相关的保险也是非常重要的。对于某些客户来说，他们有很高的颜值，所以甚至需要投保绑架和勒索方面的保险。此外，严格的法律协议、保险、房屋和涵盖其他资产的有限责任公司都能保护客户的隐私和资产。

运动员和演艺人士的现金流可能是不稳定的，所以收入和包括生活花费、纳税、储蓄在内的消费规划是很关键的。如果你是一个运动员或演艺人士，你需要有一个团队来保护你的资产，并为你不确定的未来制订一套计划。本章将深度挖掘职业运动员和演艺人士面临的独特机会和挑战。

问：什么是运动员和演艺人士所面临的最大的挑战之一？

答："近视"。许多人的梦想是得到一份大额的合同，站在一个恢弘的舞台上进行表演。但这应该仅仅是他们通向终极目标——财务之路上的一个里程碑——财务自由。大多数运动员和演艺人士常犯的错误是混淆职业成功和财务成功。尽管他们取得了他人难以取得的成绩，达到了常人无法达到的高度，但他们最终的胜利不是表演给全国橄榄球联盟看的，或者是得到某个故事片中的主角签约。一份赚钱的合同让你待在正确的轨道上，但它不是为了把你带到目的地。

你最终的财务目标应该是提前做好投资，打下坚实的财务基础。一旦你受伤了或无法再签约了，你可以继续过无衣食之忧的日子。

别混淆了你现在在哪里和你想去哪里之间的区别。让你的眼睛紧盯着奖金，并通过节约和投资实现财务自由。

问：我应该怎样看待自己的意外财富？

答：为了成为一个职业运动员或者演艺明星，你一定要有坚定的决心，付出大量艰苦的训练，甚至要作出巨大的牺牲。你的"意外"财富可以是任何东西，唯独不是"意外"。尽管你看起来像是一个一夜成功者，但你知道自己为此付出了多少泪水和血汗。当你被人们称为"一夜成名者"或被归为运气使然时，可能会让自己心烦意乱，倍感委屈。既然如此，为什么我还鼓励这些运动员和演艺明星把他们的横财看作是赢得的彩票一样？那可是不需要训练，不需要才华，不需要努力工作的！我这样做是为了转变你们的心态，让你们能够最大限度地利用机会。当你在某项技艺上成为世界上最优秀的人时，让你冷静客观地看到有可能对你事业造成危害的潜在威胁是一件非常困难的事。认识到你的成功是努力奋斗的结果，但是更要认识到你挣到的金钱如同彩票资金，以充分关注你事业的短暂性质。

问：我应该攒下多少钱？

答：许多职业运动员和演艺明星的职业生涯都非常短暂。不仅存在伤病问题、运气不佳等问题，还要面对因公众期待所造成的无形压力。在短期时期挣下一大笔钱后，接下来却再无进项。这样的情况太普遍了，某些运动员或演艺名人日渐提高的生活方式需要很高的开销来维持，甚至超过了他们的收入所能承受的程度。一旦他们能够继续出场，钱就又来了，他们又能按较高的标准生活了。但是如果他们的现金流断了，他们这才发现自己没有攒下几个钱，没有能力满足日常所需——每个月必须要支付的基本的生活花费。

下面告诉你怎样避免那种情景和实现财务自由的方法。

首先，在你签下大额合同前，你需要确定消费基线。满足你的生活标准需要多少钱？一旦你得到签约奖金或合同支付款，你可能会升级你的汽车、改善生活条件，但是不要让你的消费基线超过 10 万美元或者 25% 的额度。

其次，如果你不得不退役或淡出事业的话，确定让你满意的生活方式标准。同财务顾问一起确定这样的生活标准需要多少钱才能维持，以及你需要攒下多少钱用于投资以产生足够的收入来支付你想要的生活方式。这代表了你的攒钱目标。

最后，攒下所有超过消费基线的钱。不要花掉超过你基线 25%

以上的钱，直到你达到攒钱目标。一旦你达到目标，用不了多久，你就可以增加你的现时生活花费。

这个策略在现实生活中是这样应用的。让我们假设你是一位运动员或演艺界人士，一年的总收入有4万美元。你签下了一份三年期的合同，从中得到200万，而你的基准生活线是4万。你被允许将生活基线提高到10万或是超过基线25%。在这个案例中，即提高到5万到10万之间。于是，你愿意提高你的基线到10万一年。接下来，你会确定你想要的生活方式标准需要多少钱维持。在这个例子里，我们假定它是40万/年。保守估计，为了达到每年40万的收入，你需要省下大约1000万。那么，你就需要保持你现时的生活方式花费不超过10万一年，直到你攒够了1000万。一旦你的存款达到这个数目，代表着你获得了财务自由，然后，你就可以增加你的生活方式标准花费，而减少攒钱。尽管数字不是被设置得像石头一样不可改变，但策略是不可改变的。确定为了实现财务自由你需要做什么。不要在事业的早期阶段就把你挣来的钱吃光花尽，而要尽最大的努力攒钱直到实现设定的攒钱目标。一旦你实现了那个目标，不管你在以后的事业中遇到什么，你都会有足够的资产和收入来支持你余下的生活。

意外财富亲历

首先，必须明白一件事：橄榄球运动员在资金管理方面确实做得很糟糕。哦，他们的收入多了去了。但是他们不懂得攒钱。美国国家橄榄球联盟的队员在所有体育运动中挣得最少，职业生涯最短暂，受伤和残疾的比例也最高。

我几乎变成了那些负面统计数字中的一个。我不得不转行，在一个全新的职业中做一个新人，而这并不容易。首先，我不得不认识到，生命的重要性超过了运动，而运动的残酷性是每个运动员都要面对的。我们大多数人都还没什么生活经验，没有受过很好的教育，却不得不去面对离开运动场后的真正挑战。

在我的著作《新财富：保持富裕》中，我分享了一些宝贵的忠告，希望年轻的运动员和意外财富得主可以避免犯我犯过的类似的错误。下面是我的忠告。

· 新财富就像新出生的婴儿，不会带着说明书降临，你必须自己来书写。你最好尽快学会怎样对待它，因为没有任何财务顾问或金融天才会比你更关心你的财富了。

· 你的“有趣的”朋友和你的亲戚会把你看成一台自动取款机。相信我，无论何时他们看见你总会缠着你借钱。他们会诉说自己生活如何困难，可拿到你的钱后一转身就换上最新款的运动鞋赛狗去了。当面对那些走得很近的亲友时，你要学会分辨“我真的需要用钱”和“我真的喜欢钱”之间的差别。

· 当白手起家的百万富翁正盘算着怎样增长他们的资产时，我却在琢磨着怎样花掉我的钱。很快你就明白了，这是个坏计划。也许——仅仅是也许——我不应该带着那么多的钱坐到 VIP 包间，不该参加聚会，不该参加周末的加勒比海之旅。要享受生活，但更要理智消费。

如果你不尊重你的财富，这些财富也不会尊重你。

菲利普·布坎南　美国国家橄榄球联盟前侧卫

问：我还应该做哪些事情来确保我未来的财政？

答：许多运动员和演艺人士达到其事业全盛的状态时都非常年轻，他们的事业是如此短暂，以致他们退役或淡出事业时通常才二三十岁。而其他人在这个年龄才刚开始自己的事业。然而，事情本不应当那样。如同你在意外财富原则 8 中读到的，工作不仅可以提供收入，还可以带来生活的目标感。某个事业结束后可以开启下一个事业。许多运动员和演艺人士都成功地开启了他们的第二事业。开始考虑事业的转型永远都不嫌早。

有很多选项你可以考虑，从创办自己的公司到购买、营运某个生意都可以，你还可以借助自己的名气拉赞助或成为自己公司的代言人。同你的代理人、经理和顾问一起商量公司未来的可行性发展和业务计划。

问：我怎样才能抗拒购买物件，以保持家庭财政的正常？

答：找到一个指导者。你所在的行业里有没有这样的能人——当别人还在迷宫中转悠的时候，他早就走出来了？有没有为了确保家庭财政的安全避免过度消费的人？影响你财务成功的最重要的因素之一就是你身边总有占你便宜的人。所有这一切显示，一个积极的行为榜样能让事情完全不一样。五六个律师给予你的建议可能被你置于脑后，而一个你所尊敬的朋友给了同样的建议却立马就引起了你的重视。找寻某个人向你提供自己也会面临的消费方面的反例，以吸取教训。

专业小窍门

为了确保长期的成功，运动员有必要把自己看成一个高净值的企业高管。高净值的个体面对的法务和商务方面的问题非常复杂，涉及多个层面，需要倾听特殊重要领域一流专家的意见。所以，高净值个体通常被一个训练有素、有着丰富法务和商务头脑的团队包围着。“万金油”类型的人才再也不能吃香喝辣了，依靠他们通常意味着灾难。当一名运动员受伤了，他或她不去寻求专业医生的帮助，而是去找一个普通的全科医生吗？相反，运动员通常都会去听从专业分工细致的运动创伤专家的意见。所以，仅仅有一个体育经纪人是不够的，即使这位经纪人是个律师。为了拥有充分的保护，职业运动员需要一个由富有才干的律师顾问所组成的团队，来为其掌管涉及税务、知识产权保护、信托和财产、房地产事务、普通商业法事务、公益信托规划和诉讼等方面的业务。而且，职业运动员还需要有精明的财务顾问和投资顾问。假设运动员允许先前提到的专家们各司其责，他就可以期待短期和长期的财务成功。要像一名运动员那样去做事，但要像一位高管那样去想问题。

阿迪莎·P. 巴克利　体育经纪人、体育娱乐集团主席、美国凯利律师事务所有限合伙人

问：难道职业运动员协会不应该做得更多些吗？

答：关于运动员的破产是令人吃惊和厌恶的新闻。他们在职业生涯期间挣下 2000 万、4000 千万甚至超过一亿美元，最后却申请破产。各职业运动员协会已经注意到了这个问题。例如，美国国家篮球协会在新运动员入职要举办三天的入职培训，强调理财素养，最近还创立了一个强制退休年金以及可选的储蓄项目，以帮助运动员为其退休而攒钱。美国国家橄榄球联盟有一个财政教育项目帮助其运动员，回答他们的各种问题，以最好的理财实例教育他们。这

些都是非常需要的项目和非常好的开始，但是如果你需要实现真正的财务自由，这还远远不够。

对运动员最好的忠告是：尽自己最大的努力在“意外财富原则1：做好控制”这方面做好准备，并把这一原则应用于脱离运动场以后的生活，以控制和改善自身的财务状况。职业运动员不会被动地做着希望成功的白日梦，他们会跳出那种状态并让希望变成为现实。当他们的财务状况因事业的成功而有所改善，他们应该投入同样的热情和精力让自己也获得财务上的成功。别寄希望于你的运动员协会、经纪人、经理或财务顾问会主动关心你。这是你的生活。这是你的财富。做好控制吧。

为什么如此之多的运动员会破产？

在过去的一些年中，我读到无数关于世界级的运动员破产的故事，大多数人认为他们之所以破产是因为他们太年轻并且不善表达。尽管他们可能很年轻，以我同运动员交往的经验，他们完全不是不会表达。我想要为这些运动员辩护，找到他们破产的真实原因。

你们听到了关于职业运动员宣布破产的消息吗？你们当然听到了。因为当这样的消息与运动员和钱挂钩的时候，我们倾向于仅仅听他们新签的合同价值有多大或者他们损失了多少钱。不幸的是，这以后也不缺乏这样的例子。《体育画报》杂志的一篇文章报道了糟糕的统计数字：78% 的美国国家橄榄球联盟运动员在离开赛场后两年内面临破产或严重的压力；60% 的 NBA 篮球运动员在脱下球衣后五年内面临同样可怕的结局。尽管统计数字没有引起争论，但关于为什么如此之多的运动员面临财政破产的原因却众说纷纭。通常被归结为“四肢发达、头脑简单”这样的陈词滥调。似乎这些体育领域的超级明星其实就是彻底的废物。确实，这样的说法也许能解释某些运动员的命运，但对于解释数量如此之多的运动员破产现象是毫无根据，也毫无无益的。事实上，橄榄球运动员的智商测试得分高过一般人的平均水平。许多职业运动员遭遇财政问题——不是因为他们不聪明，而是一些更细微的原因。

在我帮意外财富得主管理财富和指导职业运动员的工作中，帮助他们的最好办法是克服常见的障碍，正是这些障碍阻挡了意外财富得主们作出正确的事。下面是一些职业运动员们共同面临的问题，其中的每一个问题都可能对当事人的财务造成重大破坏。

信任问题

对于那些不信任任何人的运动员来说，他们不会以开放的心态接受他人在税务、法务和财务方面提供的忠告，而这些忠告却是能够保护他们财产，并确保他们终生财务稳定。换句话说，不少职业运动员上当受骗，被人利用，完全是因为他们盲目地信任了那些巧舌如簧的经纪人。

心理差别

我们从人群中一眼就能认出谁是运动员。从身体外形上看，他们和你我迥然有别。其实他们在心理上与常人也有很大的差异。研究发现，运动员和普通人的重大区别在于人格特征，诸如抑制、情绪性和攻击性。但运动场上的良好特性，未必适宜于做财务决策。

更关注眼下

发表在《判断和决策》上的研究显示，与普通人相比，职业运动员对现实的关注度远远超过了对未来的关注度。换句话说，他们更重视今天而非明天。这可能符合运动员“赢者通吃”的心态需要，但却妨碍了他们攒钱和投资以备未来的任何尝试。

家庭的压力

“如果你不是亲身经历了，这事没法向你说清楚。”这是一个客户表达伴随意外之财而产生的急迫感和来自亲友的压力。对一些运动员来说，他们对那些当初曾经帮助过他们的人所开办的企业进行投资，完全是出于一种责任感。他们之所以完全满足亲友的要求，是不想让亲友们认为他人一阔就变脸。“看吧，”他们会说，“金钱没有改变我，我要证明给你们看。”

自我膨胀

对职业运动员来说，这是种乌比冈湖效应——每个人都认为自己比其他人强的心理倾向，但这是基于类固醇的作用。运动员在他们领域里的表现确实是最好的。问题在于，这种过于自信的心理影响到了他们在财务方面的决策。他们会认为自己不需要指导，可他们在这个领域里的一点见识或才能远远不能应付自身所面临的挑战。

激动的需要

股票市场的稳定回报通常让运动员觉得不过瘾、不刺激，所以他们就寻求高风险的、赢者通吃的投资，但是这类投资经常带给他们很低的回报和很高的肾上腺素。

两个世界

当与职业运动员们讨论资产分配、家庭有限合伙企业和替代性最低税的时候，他们就像是个外星人。前棒球运动员波比·格瑞奇(Bobby Grich)说:“运动员们没有受过财富管理方面的训练。当我亲身接触到这方面的要求后,那个世界总起来说有些吓人。”

让运动员们觉得财富管理很痛苦的原因有很多,但是说他们笨显然不是事实。他们在某些方面的灵气和才能是普通人难以企及的。有时候,需要我们做的只是进入他们的世界,再提供一些指导,让他们认识到这些障碍,并帮他们克服障碍。

问:我应该知道哪些与现金流有关的问题?

答:与传统的朝九晚五工作领取固定工资的工薪族不同,运动员和艺人的现金流通常很不稳定。这样的情况对他们来说很普遍——得到一大笔奖金后一连数月只有极少收入,甚至完全没有收入。所以在这种情况下花大额奖金的钱是很自然的事。然而,想要减少现金流的起伏,你需要同你的财务顾问和会计师商量以帮助你做好有进项和没有进项时候的财政预算。在你没有收到钱之前就要做好计划,以明确你要用这些钱做些什么。

每花一个钢镚儿的时候,你都应该留出一定数量以备缴纳税金,并把它们专立账户。一些意外财富得主认为得到的横财都是自己的,没有留下足够的税金。做到这点是很容易的,只需从得到的钱中留出一笔用于支付税金,并把它们安全地存入独立账户。

下一步,考虑清偿债务,特别是信用卡中的债务。当运动员和艺人缺乏现金的时候,他们喜欢使用信用卡支付生活花费,这种情形很普遍。用你收到的奖金把这些高利息的债务尽早清偿掉。

留下一些钱用于你的基本生活开销,并且别忘了为你的一次性或偶尔的开销做好预算,诸如财产税和汽车保险。这笔钱是为度过收入淡季或没有收入时所准备的。

有了恰当的预算和一点前瞻性的眼光,你就能避免被突然出现的税金惊着了，同时还避免了像过山车似的一会儿拥有巨额金钱一会儿又跑得一个子儿不剩。

问：怎样才能专注于攒钱，避免大手大脚？

答：对于普通人来说，很难理解攒钱和正常花费有何困难。首先，我们所处的环境对我们的思想、信念和行为产生的影响和塑造力量是多么强大，认识到这一点非常重要。“我们是谁”通常不及“我们在哪里”和“我们和谁在一起”更重要。

如在意外财富原则 4 中讨论过的，我们接受了所归属的群体的特征。我们说话方式像他们，装束像他们，甚至在投票选举方面也与他们保持一致。令人吃惊的是，尼古拉斯·克里斯塔基斯的研究表明，我们可能在体重上也像他们（群体）！如果你的朋友肥胖，你有大于 57% 的可能变成胖子；如果你的闺蜜或哥们儿是胖人，你有 171% 的可能成为胖妞或胖汉！

那么，什么是运动员和艺人最典型的生活环境呢？他们毫无时间观念地与其他运动员和艺人泡在一起。他们居住在像“泡沫”一样的空间里。运动员的时间花在训练、旅行中，在这期间，他们被其他运动员所包围。演员、导演和其他人经常按照档期时间的设定数月住在一起。在这样一个紧密的圈子里，通过群体思维形成或加强负面的金钱观念，这是非常普遍的情形。

在群体思维的氛围中，个体的创造性、独特性和独立思想在群体的粘合力和任务面前，变成了次等重要的事。群体越是强大和团结，群体思维越是有市场。换句话说，群体思维是当一个成员进入群体的大门时收敛自己的个性和见解，以与群体的意志保持统一的现象。最极端的是，群体思维常常为邪教组织洗脑所需要，以形成组织并开展活动。

也就是说，如果你被其他人不良的花钱习惯所包围，你会不知不觉地就接受了那些习惯。这种“泡沫”氛围有助于解释如此之多的运动员和艺人都做很糟糕的投资或被无良的顾问所欺诈。当所有你的同龄人都在做某一件事时，你是很难抗拒的。即使你从没有想过在假期里要那么奢侈地消费，但如果你所有的朋友都掏出 10 万元参加加勒比海的旅游，以庆祝赛季的结束或拍摄的杀青，你会很容易失去理性，从而导致改变看问题的角度，并放弃对这趟旅行花费合理性的质疑。

这就是为什么找到一个堪为榜样的朋友或教练是如此紧要的原因。他们在花钱时总是很精明，并严格地按照花钱计划行事。所以不管某事或某物听起来多好，遵从你的顾问的要求，并倾听他们的意见反馈。

问：为什么似乎有很多的运动员和艺人上当受骗，被居心叵测的顾问指导得山穷水尽？

答：一旦某个顾问插进了团队，并说服了一两个人，其他人通常就跟着他们走——这就是所谓的“羊群效应”。如果你走在大街上，看见一个人仰着头盯着天空看，你可能会想这个人有些不正常。但是如果你看到有三四个人也都盯着天上看，你会突然停下脚步也朝天上看。心理学家把这种根据他人来确定行为正当的倾向叫做“社会认同”。这种现象不仅发生于街头巷尾，也发生在电影中和衣帽间里。

如果我们处于新的环境中，不知道或不确定该做些什么，便会注意看其他人做些什么。如果你的同辈人赞扬他的投资顾问，尽管你不根本不了解投资这档子事或者怎么评价一个顾问，但你很容易就跟着他的思路走了。然而，这是你应该独立思考研究的问题。记住，信任是建立在对相关事件的核查基础上的。从头到尾把意外财富原则 3 读一遍，以此评价你正在考察的顾问。尤其小心考察财务顾问和商务经理，因为他们经常有机会接触你的资金。

问：我不认为自己有经济能力关照我的亲友，所以我觉得有压力。我该怎么做？

答：这里有一个非常简单的办法，但并非容易。如果照顾他们让你在经济上承受不了，那你就不应该再作了。长时期的资助对谁都不是一件能力范围内的事。这样做虽然可以一时减轻你的内疚感和压力，但一段时间后，会给你和你的亲友带来问题。同你的顾问商量决定你该怎样帮助他们。关注意外财富原则 7。

问：除此之外，我还能怎样保护自己呢？

答：运动员和艺人背上有双重靶子——不仅是他们的财富，连他们自己都在聚光灯下。因为这个原因，有些人总想利用他们。确信你已经与雇用的生活助手签订了律师为你准备好的有关保密和其他隐私的协议文件，而且你还应该有保额充足的雇佣行为责任保险。如果你做环游旅行，要考虑购买绑架和勒索保险。如果你动不动就通过网络传播你的行踪，你很容易成为受害人。

还有，因为你的名气和影响力，你可能会被邀请加入非营利组织。如果你决定参加，确信他们为参与者提供了足够责任限制的保险。

结束语

我非常有幸地为意外财富得主们工作了接近二十年。尽管每个客户的情况都是不同的，但是 12 条意外财富原则是我为他们所有人工作的基础。我应用它们为客户工作了这么多年，所以能够非常自信地说：它们为客户提供了更多的平静、慰藉、幸福和一生的财务安全。

尽管这些原则是我为客户工作的基础，但它们仅仅是出发点，还需要有许多东西来配合。这就是为什么说找到一个好顾问一起工作如此重要。这 12 条原则只是开端，而不是结束。

意外财富规划是一个不断发展的领域。尽管 12 条意外财富原则存在于今天，但它们不是雕刻在石头上一成不变的。它们会也应该随着我们对关于人类心理、行为和金融学的更多了解而更丰富。每一个新的意外财富得主都是测试这些原则和更新应对策略的新机会。

我发现“读本书”与“实施书中推荐的策略”是完全不同的两件事。因此，如果读完这本书后能对指导你怎么做有点帮助的话，那我的使命就算完成了。如果你有额外的问题或需要其他帮助，不要犹豫，请立即联系我。每当我通过电子邮件或电话单独回答问题时，当事人通常都感到惊讶。我这么做是因为我热爱这项工作。我喜欢帮助那些客户，因为他们正经历着一生中从来没有经历过的最令人激动同时也是最让人心烦意乱的事件。我非常乐意通过回答有关问题点拨你找对方向。我的电子邮箱是 robert@pacificawealth.com；电话：949-305-0500。请把你在管理意外财富方面遇到问题或面临的挑战写信告诉我。总之，我们能够持续地改善这个领域并确保得到意外财富的任何人都能得到我们提供的最好的手段和策略，为他们创造最大的机遇。

致谢

有时候当我为财经专栏写稿时，“缓慢”这个词就溢出心底。因为每一个词、每一句话都颇为费力。但是写作本书时完全不是这种情况,而是内心充满了激动。同意外财富得主一起工作了这么多年，这本书似乎就是在写这个工作本身。为此，我必须感谢我的客户们。他们中的每一个人，无论成年男女，还是青少年，无论居住在这个地球的哪一个角落，都对我敞开了他们的心扉和灵魂。在情绪激动和倍感压力的时候，他们信任我，让我陪伴在他们身边并指导他们。每天清晨一觉醒来，想到能为这么好的人服务真是我的荣幸。是你们每一个人让我作了我热爱做的事，我要再次为此感谢你们!

我还要感谢所有那些为此书提出宝贵意见的人。说实话，请求别人审阅你的书稿并非易事。他们都是非常忙碌的成功人士，但是他们对本书的审阅表现了足够的友好和善意。我深深地感激他们花费宝贵时间来阅读这么长，甚至颇具技术性的书稿。他们不是必须要这么做，但他们相信本书的内容和我所做的这项工作的价值。

我还需要感谢那些在书中分享他们小窍门的专业人员。他们具有非常深厚的相关知识。能分享他们的智慧是我们的幸运。

我还要把特别的感谢送给那些撰写亲历意外财富故事的人。谢谢你们把个人经历分享给了这个世界。你们的经验和教训不仅帮助我形成了这本书，而且对我个人的工作有特殊的意义。

当然啦，我还应该感谢我充满爱意的家庭给予我的支持和鼓励。为客户服务的工作和写书这项大工程让我疲乏到了极点。是他们给了我自由的空间去创造、冒险和追求自己所喜欢做的事。我无法要求两个支持我、鼓舞我的女儿做得更好一些了。